多边贸易体制、
全球贸易治理与国际贸易新规则

高 疆 著

Multilateral Trading System,

Global Trade

Governance

and

New Trade Rules

上海社会科学院出版社
SHANGHAI ACADEMY OF SOCIAL SCIENCES PRESS

编 审 委 员 会

总　序

　　当代世界是飞速发展和变化的世界,全球性的新技术革命迅速而深刻地改变着人类的观念形态、行为模式和社会生活,同时推动着人类知识系统的高度互渗,新领域、新学科不断被开拓。面对新时代新情况,年轻人更具有特殊的优越性,他们的思想可能更解放、更勇于探索,他们的研究可能更具生命力、更富创造性。美国人类学家玛格丽特·米德(Margaret Mead)在《文化与承诺——一项有关代沟问题的研究》一书中提出,向年轻人学习,将成为当代世界独特的文化传递方式。我们应当为年轻人建构更大的平台,倾听和学习他们的研究成果。

　　上海社会科学院自1958年建院以来,倾力为青年学者的成长提供清新空气和肥沃土壤。在此环境下,青年学者奋然崛起,以犀利的锐气、独到的见识和严谨的学风,向社会贡献了一批批令人振奋的研究成果。面对学术理论新人辈出的形势,上海社会科学院每年向全院40岁以下年轻科研人员组织征集高质量书稿,组织资助出版"上海社会科学院青年学者丛书",把他们有价值的研究成果推向社会,希冀对我国学术的发展和青年学者的成长有所助益。

　　本套丛书精选本院青年科研人员最新代表作,内容涵盖经济、社会、生态环境、文学、国际贸易、城市治理等方面,反映了上海社会科学院新一代学人创新的能力和不俗的见地。年轻人是上海社会科学院最宝贵的财富之一,是上海社会科学院面向未来的根基。

上海社会科学院科研处

2020 年 3 月

前　言

第二次世界大战之后,为重建国际贸易秩序,避免"大萧条"时代"超级贸易保护主义"的复苏,以"互惠"和"非歧视"原则为基石的世界贸易组织应运而生。据 WTO 统计,GATT 前八回合的贸易谈判使得世界货物贸易平均关税水平从高于 40％降至不足 4％,同时各成员方的非关税壁垒实现大幅度降低。随后启动的多哈发展回合试图进一步将知识产权、政府采购透明度、投资政策、贸易便利化等新议题纳入多边框架,但多以失败告终。与此同时,21 世纪以来,随着信息通信技术的发展、运输成本的降低,生产和服务被分割为不同的任务和工序在全球范围内进行资源的最优配置,国际贸易模式由传统的"一国生产,一国销售"发展为"跨国生产、全球销售",投资、竞争政策等边境后措施对国际贸易的影响不断增强。在这一时代背景下,价值链贸易的主要参与者发达国家和跨国公司对新规则进行谈判的诉求愈发强烈。然而,处于"多哈旋涡"的 WTO 始终无法有效回应发达国家的谈判诉求。相反,双边、诸边、区域贸易协定在服务、投资、竞争政策、知识产权等领域取得的不俗表现使其迅速受到发达国家的追捧,并得以蓬勃发展。

在这一背景之下,本书考察的核心问题为多边贸易体制应如何有效回应价值链贸易对国际贸易新规则的呼唤,WTO 能否从现有贸易协定的谈判中汲取相关经验,以实现在多边框架内续构国际贸易新规则,巩固 WTO 在国际贸易治理体系中的核心地位。

本书由九章构成。第一章为导论,介绍本书的研究背景、目的与意义,研究思路与方法,及本书的主要创新点。第二章为多边贸易体制与国际贸易规则的演进:历史与现实。回顾乌拉圭回合的成功与WTO的建立,分析"多哈回合"陷入困局的内外因素,综述全球价值链的发展现状,以及为回应价值链贸易的诉求贸易协定进行的探索。第三章为贸易协定的深度一体化对双边贸易流量影响的经验研究。构造贸易协定"深度"一体化的量化指标体系,测算其对国际贸易,特别是全球生产网络的影响。第四章为多边贸易体制与国际贸易规则演进的理论基础。本章将剖析市场准入型议题与规制融合类议题的经济学原理与差异。第五—七章分别从多边、诸边和区域维度探讨贸易协定对新规则的探索,并从中概括可供多边贸易体制吸收并借鉴的参考经验。第五章基于协定文本内容对WTO成立以来达成的首个多边协定——《贸易便利化协定》进行评估,并与区域贸易协定中的"贸易便利化"条款进行对比,进而论证该协定对世界经济与贸易、国际贸易治理的潜在影响。第六章为WTO诸边协定谈判。这部分分别考察了《信息技术协定》《政府采购协定》《环境产品协定》《国际服务贸易协定》四个代表性诸边协定的谈判背景、历程、难点与利益分歧点。第七章为巨型区域主义对国际贸易新规则的谈判。对TPP协定(包括CPTPP协定)和TTIP协定的议题条款进行深入分析,揭示其对多边贸易体制及对中国的冲击、影响、启示。第八章为在多边贸易体制框架下续构国际贸易规则。本章将基于前文的分析提出在21世纪国际贸易模式和格局中,在WTO框架内续构国际贸易新规则的可行建议。第九章为结论和政策建议。对全书进行总结,归纳主要研究结论及其政策启示,并对下一步研究进行展望。

限于笔者研究能力,书中难免舛误之处,祈望读者批评指正。

目　录

第一章
导　论

第一节　研究背景、目的与意义

一、研究背景

（一）现实背景

第二次世界大战（简称二战）之后，为尽快重建各国国内经济，修复国际经济秩序，避免再次陷入"大萧条"时代"以邻为壑"的超级贸易保护主义对世界经济造成的毁灭性打击，以"互惠"为基础的货物贸易自由化的国际贸易准则逐渐形成。据 WTO 估计，GATT 前八回合的贸易谈判使得制成品平均税率从高于 40％降至低于 4％，极大地降低了各国关税壁垒，促进了 20 世纪传统贸易的蓬勃发展。随后启动的多哈发展回合试图进一步拓展国际贸易规则的适用范围与边界，但无一例外均以失败告终，以"新加坡"议题（包括知识产权、政府采购透明度、投资政策、贸易便利化）退出多哈发展回合为典型代表。尽管 2015 年 WTO 第九届部长级会议达成了包括《贸易便利化协定》在内的"巴厘岛协定"在一定程度上满足了不同利益集团的多样化利益诉求，为复活多边贸易体系重燃了希望，但是"早期收获"实质上仅仅解决了那些利益分歧最少的谈判议题，并未触及"多哈回合"的根本性议题。

21 世纪以来，随着信息通信技术的变革、运输成本的降低和跨国公司组织方式的变化,生产制造与服务的不同工序与任务被不断细分,并在全球范围内进行资源的最优配置,生产、服务、贸易与投资逐渐形成"一体化综合体"。知识产权、标准、投资、竞争政策、劳工、环境等以规制融合为导向的边界内措施对国际贸易和跨境资本流动的制约效应日益凸显。在这种背景下,发达国家和领先型跨国公司倡导与呼唤新的全球贸易治理改革——构建基于价值链贸易的 21 世纪商业规则,以实现全球价值链中各工序和生产环节的"无缝对接"。因此,国际贸易形式由传统贸易发展为价值链贸易,国际贸易理念由互惠贸易、自由贸易拓展为公平贸易,国际贸易规则由市场准入拓展为规制融合。但是,巨大的执行成本以及在规制改革过程中存在的复杂性和不确定性大大降低了发展中成员群体在多边贸易体制中进行新规则谈判的动机和热情。他们担忧新规则的设定与执行极有可能会削弱他们现有的竞争优势,同时也为发达经济体对其实行替代性的贸易壁垒(如苛刻的劳工与环境标准)提供新的口实。由于发展中成员对新规则谈判的抗拒与怀疑心理,WTO 始终未找到全面启动新规则谈判的破局良药。

多哈回合结束的遥遥无期不仅延缓了各国在多边框架内的贸易自由化进程,同时也迫使许多国家不得不另辟蹊径——在双边、诸边或区域安排上寻求替代性的路径方案。据 WTO 秘书处统计,目前进行通报的区域贸易安排(RTAs)协定共有 670 项,其中已生效的有 456 个[1]。其中,相当多的为 21 世纪贸易模式度身剪裁的 RTAs/FTAs 已将协定的条款内容延伸至诸多边界内措施,并在 WTO 谈判中无法取得进展的内容(如服务、投资、竞争政策、环境等)以及尚未触及的横向或"交叉性"议题(如电子商务、国有企业、监管一致性等)上设立了较为严格的纪律。发达国家试图通过与发展中成员签订 FTAs 来进一步降低后者货物、服务以及规制壁垒和提高市场准入的承诺水平。可见,高标准 FTAs 在世界贸易体系中的作用愈发明显,并

---

[1] Word Trade Organization (WTO), "Regional Trade Agreement", available at http://rtais. wto.org/UI/charts.aspx, Marvh 5th 2018.

有逐步在国际贸易治理规则中占据核心地位的趋势。

(二) 理论背景

对国际贸易规则经济学理论的系统分析始于 Bagwell 和 Staiger,在完全竞争市场环境中,贸易国受福利最大化驱使将采取"以邻为壑"战略,单方面提高关税水平改善贸易条件,进而提高本国福利水平。最终却陷入使双方受损的"囚徒困境"中。WTO 通过"互惠"和"非歧视"原则实现"平衡的关税削减"有效化解了"贸易条件外部性"并达到合作均衡,最终使贸易参与国做出政治最优同时兼具效率的关税税率。随后,Ossa 放松了 Bagwell 和 Staiger 中完全竞争市场的假定,证明了在规模报酬递增的垄断竞争模型中,"互惠"和"非歧视"原则将促使各国参与贸易的厂商数量和相应市场份额保持恒定,从而消除"生产再分配外部性"效应,将均衡点从无效率的非合作均衡推向提高所有国家福利水平的均衡点,同时排除了各国单边提高关税的动机。

随着 21 世纪价值链贸易的发展,贸易模式、贸易结构和贸易方向均发生结构性变革,投资、竞争、知识产权等边境后措施对价值链贸易的阻碍作用日益凸显,并成为贸易协定的重要组成部分。Baldwin 首次开创性提出自由贸易协定通过"新"规则谈判深化跨国公司与发展中成员政府间的协调统一,实现规制协调与融合,从而化解"套牢问题"。这一理论对国际贸易新规则的经济学原理进行了全新解释,从理论上阐述了"边境后"措施逐渐演化为贸易规制融合谈判前沿阵地的经济学基础。

自 Lawrence 引入"'深度'一体化贸易协定"的概念后,研究者逐步将研究视角延伸至贸易协定中的具体条款及内容,其中以 Horn, Mavroidis 和 Sapir 的研究最具代表性。他们根据美国和欧盟所签署的 28 个 FTAs 文本,将 FTAs 所包括的条款划分为"WTO+"和"WTO-X"两类,前者指现已存在于 WTO 框架之内的"第一代"贸易政策规则,后者指全新的、尚未包含在 WTO 框架和规则之下的"第二代"贸易政策。这一分类方法于 2011

年被 WTO 的《世界贸易报告》所采用，成为区分"第一代"贸易政策和"第二代"贸易政策的官方分类方法，并不断改造、完善与创新被广泛用于学术研究及量化分析中。但是，已有文献对贸易协定"深度"一体化程度的量化普遍围绕协定中具有"法律约束力"的强制性条款，而忽略了"软"法律在协定执行过程中所发挥的实际作用。

二、研究目的及意义

基于上述现实和理论背景，本书的核心问题为 WTO 应如何回应价值链贸易对贸易政策的新需求，多边贸易体制应如何通过续构国际贸易新规则保持 WTO 在国际贸易治理中的核心地位。具体来看，本书将通过以下子目标实现这一核心目标。

第一，本书将构建量化贸易协定"深度"一体化程度的系统指标体系，检验贸易协定的"深化"对传统贸易和价值链贸易的影响，重点验证"第二代"贸易政策是否对价值链贸易有显著的正向促进效应。

第二，构建 21 世纪价值链贸易规则的理论模型，分析论证国际贸易新规则如何有效化解"套牢困境"，对比价值链贸易与传统贸易的机制差异。

第三，分析并评估 WTO 内达成的唯一一个多边协定——《贸易便利化协定》将对世界经济与贸易、多边贸易体制产生的潜在影响及启示意义；对比 WTO《贸易便利化协定》和区域贸易协定中的"贸易便利化"条款的共性与差异。

第四，梳理代表性诸边协定（包括《信息技术协定》《政府采购协定》《环境产品协定》《国际服务贸易协定》）的谈判背景、进展、难点与分歧及对中国的影响。

第五，基于 TPP 协定（包括 CPTPP 协定）和 TTIP 协定文本剖析巨型区域贸易协定中的"深化"条款及其特征，论证巨型区域贸易协定中的"新规则"将对多边贸易体制及中国产生的潜在冲击和影响。

第六，探讨目前多边、诸边、区域中的新规则将如何影响世界最大的贸易国——中国，以及中国在国际贸易治理改革中应充当何种角色和地位。

本书具有以下研究意义。

从理论意义上看，第一，本书补充并拓展了 21 世纪价值链贸易中规制融合型规则经济学原理的理论空白。在 Baldwin 的基础上，构建动态三阶段博弈树模型，系统论证贸易协定通过边境后措施内部化市场风险，进而规避不完全契约导致的"套牢风险"的经济学逻辑，丰富并完善了规制融合类国际贸易规则的内在机制。第二，基于 HMS 分类法，综合考虑协定的"执行力"和"覆盖力"条款，通过两个步骤、三个阶段构建了衡量贸易协定"深度"一体化的 12 个系统指标，有助于科学准确地衡量贸易协定的"深化"程度，并就不同协定的"深化"程度进行横向对比。

从现实意义上看，第一，随着 2016 年 6 月 24 日英国公投脱欧，2017 年 1 月 23 日美国新任总统特朗普签署行政命令宣布美国退出"跨太平洋伙伴关系协定"，随后"跨大西洋贸易与投资伙伴协议"和"服务贸易总协定"谈判相继停摆，区域主义受到重创。巨型区域主义陷入停滞的窗口期为多边贸易体制采取"自救"措施，重回国际贸易治理体系的核心地位赢得喘息之机。本书将从 21 世纪新型国际贸易模式出发，为 WTO 破解"多哈困局"，在多边贸易体系内引入国际贸易"新规则"，同时进行自身机制改革提供可行性政策建议。第二，中国作为发展中成员的领先力量，也是世界上最重要的国际贸易参与国，在价值链贸易及国际贸易治理体系中的影响力与日俱增。本书对中国更多承担大国责任、更好发挥中国在国际贸易治理体系中的大国影响力具有较强的启示意义。与此同时，必须承认的是，目前中国尚不具备达成某些高标准议题的客观条件，然而高标准协定中的绝大多数条款与中国构建开放型经济新体系的目标与议程并不相悖。加强对创新度强的高标准贸易协定及具体条款的研究，将为中国构建市场化、国际化与法治化的现代化营商环境和政府规制提供有益标尺和参考。

第二节　研究思路、篇章结构与研究方法

一、研究思路与篇章结构

本书以价值链贸易发生并繁盛、自由贸易协定和"第二代"贸易政策逐渐成为国际贸易规则谈判主要内容的时代背景为出发点,考察在多边贸易体制内续构国际贸易"新规则"的方法与路径。具体来看,首先回溯历史,剖析 GATT 取得成功及"多哈回合"陷入困局的内外动因;然后解读 WTO 框架外的贸易协定有效回应 21 世纪价值链贸易的新诉求,构造了量化贸易协定"深度"一体化的系统指标,检验贸易协定的"深化"对全球生产网络的促进作用,剖析了以规制融合与公平贸易为要义的高标准区域贸易协定的经济学原理,与基于"互惠"和"非歧视"原则的传统贸易经济学理论基础进行对照;后分别考察了多边、诸边、区域维度中的代表性贸易协定,由此归纳出在多边贸易体制内续构国际贸易规则的启示;最后,基于上述分析提出WTO 在中短期内可着手进行改革的可行性措施,以保障 WTO 在全球贸易治理体系中的核心地位。根据上述思路,本书总共由 9 个部分构成(结构框架见图 1-1),具体安排如下:

第一章为导论。简要的介绍研究背景、目的与意义,研究思路与方法,以及研究的主要创新点。

第二章为多边贸易体制与国际贸易规则的演进:历史与现实。主要从四个部分展开:一是 GATT 乌拉圭回合取得成功和 WTO 得以顺利成立的主要原因;二是对多哈发展议程启动的动因及多哈回合谈判陷入困局的内外因素分析;三是综述目前全球价值链的发展现状,由此引出价值链贸易对国际贸易规则的新需求;四是区域贸易协定在新规则领域探索方面呈现出的典型事实。

```
┌────────────────────────────────────────┐
│   多边贸易体制、全球贸易治理与国际贸易新规则   │
└────────────────────────────────────────┘
                    │
                    ▼
              ┌──────────┐
              │   导论    │
              │ (第一章)  │
              └──────────┘
                    │
                    ▼
┌────────────────────────────────────────┐
│   多边贸易体制与国际贸易规则的演进：       │
│   历史与现实                             │
│   (第二章)                               │
└────────────────────────────────────────┘
  ┌────────┐                      ┌──────────┐
  │ WTO困局 │                      │ 新区域主义 │
  └────────┘                      │   探索    │
                                  └──────────┘
```

┌──────────────────────────┐   ┌──────────────────────────┐
│ 贸易协定的深度一体化对双边   │   │ 多边贸易体制与国际贸   │
│ 贸易流量影响的经验研究   │   │ 易规则演进的理论基础   │
│ (第三章)   │   │ (第四章)   │
└──────────────────────────┘   └──────────────────────────┘
  ┌────────┐   ┌────────┐
  │ 经验检验 │   │ 理论基石 │
  └────────┘   └────────┘

    多边   诸边   区域

┌──────────────────┐ ┌──────────────┐ ┌──────────────────┐
│ WTO贸易便利化协定： │ │ 诸边协定谈判 │ │ 巨型区域贸易协定对国 │
│ 评估与影响   │ │ (第六章)   │ │ 际贸易新规则的谈判   │
│ (第五章)   │ │   │ │ (第七章)   │
└──────────────────┘ └──────────────┘ └──────────────────┘

┌──┐
│   在多边贸易体制框架下续构国际贸易规则   │
│   (第八章)   │
└──┘
                    │
                    ▼
              ┌──────────────┐
              │ 结论和政策建议 │
              │ (第九章)   │
              └──────────────┘

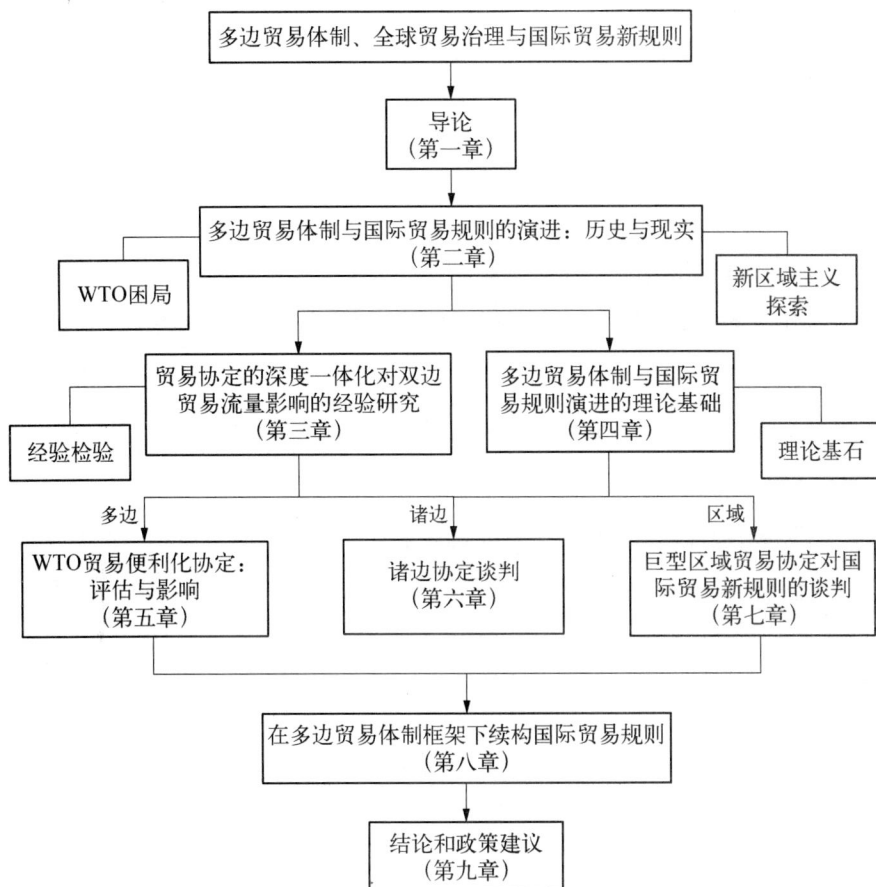

图 1-1 研究框架结构

　　第三章为贸易协定的深度一体化对双边贸易流量影响的经验研究。使用 2017 年世界银行发布的 RTAs 数据库,综合考虑了 RTAs 的"覆盖力"和"约束力",分别构建 PTAs/RTAs"总指数""核心指数""WTO＋指数""WTO-X 指数""关税指数"和"非关税指数"等 12 项"深度"一体化指标,作为贸易协定"深化"程度的代理变量,多维、系统估测 PTAs/RTAs 的发展现状。随后,分别利用 UNCOMTRADE 数据库中的中间品贸易和最终品贸易数据,及 WIOD 数据库的国外附加值测度贸易协定的"深化"对价值链贸易和传统贸易的影响差异,结果证实贸易协定的"深度"一体化对价值链贸易的促进效用显著大于对传统贸易的促进效用。对价值链贸易而言,与贸易直接相关的"核心指标""WTO‐X指标"和"关税壁垒指标"是促进各国融入全球生产网络、参与国际分工的主要动力,"第一代"贸易政策仍是制约传统贸易发展的主要壁垒。最后,得到以下结论:第一,在短期内,协定中的"软"法律将在一定程度上奏效,但在缔结协定后的长期内对贸易的促进作用将迅速降低,具有法律强制约束力并适用争端解决机制的"硬"条款才能切实保障协定的执行;第二,贸易协定的"深度"一体化对低技术、高技术和中高技术含量行业的价值链嵌入有显著的正向促进作用,而对中低技术含量行业的价值链嵌入并无明显的推动作用。

第四章为多边贸易体制与国际贸易规则演进的理论基础。剖析了传统贸易与价值链贸易的经济学理论基础,认为服务于不同贸易形态的WTO与FTAs,其解决不同经济学困境的内在机制及措施亦完全不同。"互惠"及"非歧视"原则作为世界贸易组织(WTO)的两大基石,在完全竞争与垄断竞争市场环境中分别通过内生化"贸易条件效应"及"生产再分配效应"保持世界相对价格水平和各国相对市场份额不变,从而破解传统贸易中的"囚徒困境",促使市场准入型的贸易自由化取得显著成果。在价值链贸易中,本章在Baldwin(2012)的基础上,利用静态博弈模型和动态三阶段模型博弈树系统阐述规制融合型贸易规则的经济学原理,认为价值链贸易的区域/自由贸易协定(RTAs/FTAs)以规制融合为手段,通过边界后措施内部化市场风险,规避了由不完全契约导致的政府行为的动态不一致性,最终化解了跨国公司关系型专有投资被发展中成员政府"锁定"而面临的"套牢风险",顺利实现生产的国际化,回应了全球价值链发展对制度的强烈需求。最后,总结了基于不同经济学逻辑制定的国际贸易规则在谈判议题、谈判内容、特殊和差别待遇条款、贸易和投资政策的关系、对国内政策的影响、政策的实施难点等方面的差异。

第五章为 WTO 贸易便利化协定：评估与影响。首先回顾了 20 年来《贸易便利化协定》的谈判历程，并简要分析了协定谈判历经磨难的主要原因；随后，基于《贸易便利化协定》的文本内容提取出协定的主要成果要点，并引入 OECD 构建的 16 个贸易便利化指标，可用于考察不同成员实施贸易便利化措施的进展情况，对比不同贸易便利化措施的重要程度差异。再次，从贸易便利化措施的覆盖程度、承诺深度、特殊和差别待遇、争端和解决条款等方面对比并分析了 WTO《贸易便利化协定》与区域贸易协定中的"贸易便利化"条款；剖析了执行 WTO《贸易便利化协定》将对全球经济和贸易，以及 WTO 体制和多边贸易谈判的积极作用。最后，本章评述了中国为《贸易便利化协定》生效所作出的贡献，并对目前中国的贸易便利化程度进行评估。

第六章为 WTO 诸边协定谈判。考察了四个代表性诸边协定：《信息技术协定》《政府采购协定》《环境产品协定》《国际服务贸易协定》。将《国际服务贸易协定》作为重点考察对象，详述服务贸易的发展背景，重点分析了与 GATS 协定相比，《国际服务贸易协定》在具体承诺减让表、市场准入、规则与纪律议题、机制设置上的进步与成就。此外，还考察了《信息技术协定》《政府采购协定》《环境产品协定》的谈判背景、历程、难点与分歧、对中国的影响等。

第七章为巨型区域贸易协定对国际贸易新规则的谈判。以高标准贸易协定——"跨太平洋伙伴关系协定"（以下简称 TPP 协定）、"全面与进步跨太平洋伙伴关系协定"（以下简称 CPTPP 协定）和"跨大西洋贸易与投资伙伴协议"（以下简称 TTIP 协定）为代表，解析协定结构，剖析协定所反映的 21 世纪新型贸易理念，并重点考察协定在"规制融合"类新条款和规则上的突破，以及在传统市场准入和规则议题上的进展及创新。同时，本章将结合 TPP 协定、CPTPP 协定和 TTIP 协定的具体条款内容，论证作为上述协定的"局外人"，巨型贸易协定将对中国贸易、投资、原产地、规则竞争等领域，及对特定行业带来的冲击和影响。此外,本章将构建博弈论模型讨论在巨型区域贸易协定成功和失败的情境中,世贸组织的最优策略选择。最后,总结并评述目前巨型区域主义的积极影响及其所存在的潜在问题和挑战。

第八章为在多边贸易体制框架下续构国际贸易规则。首先,回顾自《关税及贸易总协定》时期起,世贸组织不断推进的各项改革措施;其次,立足当下,着眼于剖析近年来多边贸易体制所面临的新风险,对当前国际经贸环境中的美日欧《联合声明》、欧盟《世贸组织改革建议》、加拿大渥太华部长级会议"三点共识"、中国《关于世贸组织改革的建议文件》进行全面分析和评估,并针对中国和美欧等发达国家之间存在明显分歧和对立之处的核心议题进行具体分析。基于上述分析,提出在中短期内可供中国参考的、应对当前国际经贸环境新变化和新风险的政策建议。最后,将从 21 世纪新型国际贸易模式出发,在第五章、第六章、第七章所得结论的基础之上,为 WTO 破解"多哈困局",在多边贸易体系内引入国际贸易"新规则",同时进行自身机制改革,重回国际贸易治理体系的核心地位提供可行政策建议。

第九章为本书的主要结论和政策建议。将对全书进行总结,归纳全书的主要研究结论,得到相应的政策启示,并对下一步研究进行展望。

二、研究方法

本书以价值链贸易背景下双边、诸边、区域贸易协定的繁盛为背景,"第二代"贸易政策成为发达国家和自由贸易协定的重要组成部分为出发点,系统研究在多边贸易体制内续构国际贸易新规则的可行性与可能路径,是国际经济学、政治经济学、国际关系学、法律学等相结合的交叉性研究课题。为了使研究结论更具理论和实践意义,灵活运用了统计分析、政治经济分析、博弈论、文献研究、访谈调查等研究方法进行多维度、多方法和多层次的分析。

具体来看,第一,描述性统计分析。虽然统计描述是一种基本而简单的分析工具,但因其具有的直观性与客观无偏性而在本书的研究中扮演着重要角色。通过统计分析,本书得到了世界范围内贸易协定的分布与发展现状,更可进一步就某一特定议题的深化程度、或某一特定协定的执行情况、或某一(几个)特定成员国的发展执行情况进行客观的横向与纵向对比,为验证假说提供直观的现实依据。

第二,政治经济分析法。在国际层面,考虑到国际政治、不同利益集团之间的利益矛盾与冲突对各国贸易关系的影响,聚焦于各国在贸易谈判中就贸易政策的相互博弈;在国内层面,从国家目标和社会利益分配的角度来解释各国贸易保护、贸易政策制定和变化的政治过程和影响要素。

第三,博弈论分析。博弈模型是国家、企业、个体等不同利益集团间进行行为预测、优化战略决策的重要分析工具。Baldwin(2012)初步提出了化解"套牢困境"是国际贸易新规则受到双边、诸边、多边贸易协定追捧的主要原因。在此基础上,分别构建了静态博弈模型和序贯博弈模型,剖析了以规制融合与公平贸易为要义的高标准贸易协定的经济学原理。

第四,实证分析法。将世界银行 2017 年 3 月发布的贸易协定的 PTAs 数据库和联合国贸易统计数据库(UNCOMTRADE)、世界投入产出表数据库(WIOD)相匹配,利用普通最小二乘法(OLS)分别测算了贸易协定的"深化"对中间品贸易和最终品贸易的影响程度,另外考虑到计量模型中可能出现的样本选择偏误问题,利用拟泊松似然估计法(PPML)进行稳健性检验。

第五,文献研究法。本书的研究涉及多个正在谈判中的重要协定,更包括尚未正式对外披露具体协定文本的《服务贸易总协定》,大量的文献阅读和筛选成为获取研究资料、支撑论证客观性的重要基石。此外,基于已有文献对全球贸易治理和国际贸易新规则的评估分析,本书系统全面地从多个维度考察了在多边贸易体制内纳入国际贸易新规则的可行性与科学路径。

第六,访谈调查法。本书的研究具有较强的时效性,研究难点之一在于如何获得实时动态且可靠的研究资料和信息。在撰写过程中,笔者充分利用参加学术会议和在外访学的机会对本领域的国内外专家学者、政府官员、国际组织工作人员进行个体访谈和交流,为获知具体谈判过程中的谈判细节与各国博弈过程提供了极大的帮助。在与政府官员的访谈过程中,为避免样本选择偏误,综合考虑了访谈对象所属国家的发展程度、所属利益集团等因素。

第三节　研究创新点

首先,在理论方面,本书通过构建模型推演并剖析了规制融合类规则的经济学逻辑,系统解释了国际贸易新规则受到发达国家主导的双边、诸边和区域贸易协定追捧的经济学原理,进一步完善了 Baldwin(2012)所提出的贸易协定通过化解"套牢困境"促进价值链贸易发生的背后机理。此外,本书将规制融合类规则与完全竞争和垄断竞争等不同市场环境中的市场准入型规则进行对照分析,明确指明二者的差异,在理论上丰富和拓展了国际贸易政策和规则制定的研究视角。

第二,在衡量贸易协定"深度"一体化的指标上,本书系统构建了衡量贸易协定"深度"一体化的定量评估体系。在 Hofmann(2017)的研究基础上对其进一步改进,综合考虑了贸易协定的"覆盖力"和"约束力",分别构建贸易协定的"总指数""核心指数""WTO+指数""WTO-X指数""关税指数"和"非关税指数"等共计 12 项协定"深度"一体化的衡量指标,有效提高量化贸易协定"深度"的科学性和准确性,为区分并对比"第一代"贸易政策和"第二代"贸易政策,关税措施和非关税措施在贸易协定中的深化程度提供依据。

第三,在数据与经验检验上,本书引入了 2017 年世界银行发布的 PTAs数据库,该数据库包含了 1958—2015 年向 WTO 备案的 279 个贸易协定,是目前最新的研究贸易协定"深度"一体化程度的数据库,保障了大样本容量和数据的时效性。在经验检验中,同时测算了协定的"约束力"和"覆盖力"条款对双边贸易流量的影响,是目前为数不多的将贸易协定的"覆盖力"和"约束力"分别纳入经验检验的学术文章。其次,结合联合国商品贸易统计数据库(UNCOMTRADE 数据库)和世界投入产出表数据库(WIOD),分别测算了贸易协定质量对中间品贸易和最终品贸易和以"国外附加值"代表的价值链贸易的影响程度,有助于横向对比贸易协定的"深化"对传统贸易和价值链贸易的影响差异;最后,基于 WIOD 数据库,首次区分了不同技术含量的制造业行业,测算了协定质量对不同制造业行业的价值链贸易的影响程度。

第四,在研究框架上,本书结合历史变迁、时代变革等因素,采用政治学、经济学、法学相融合的分析视角,对多边贸易体制的发展进程、成就收获、内在挑战、外在压力进行了全面梳理,更利用理论模型和实证回归分析证实国际贸易新规则的谈判已成为正在发生并将在全球贸易治理中进一步强化的时代必然趋势。其次,分别从多边、诸边和区域等三个不同维度探讨了代表性贸易协定的谈判背景、谈判内容、谈判重难点、谈判收益与成本,及其所体现的新型贸易理念,较为全面地勾勒出现存各类贸易协定的全貌。在上述分析的基础之上,提出了在多边贸易体制框架内续构国际贸易规则的可能路径。

第五,在研究视角上,立足于未来,本书一方面分析目前 WTO 体制内在新规则领域中取得的最显著成果,另一方面剖析 WTO 体制外最高标准、议题覆盖最为全面的贸易协定,从而提出未来在多边贸易体制内续构国际贸易新规则的可行模式与路径,具有较强的现实政策含义。特别是对中国而言,中国既是"世界工厂"亚太地区的核心贸易参与国,也是发展中成员集团的重要成员,本书为中国就不同贸易议题制定差异化政策、实施差异化战略提供政策参考。

第二章
多边贸易体制与国际贸易
规则的演进：历史与现实

　　本章首先回顾二战至今，多边贸易体制发展与演进的历史背景，概括《关税及贸易总协定》及世界贸易组织制定国际贸易政策的核心原则，进而剖析《关税及贸易总协定》时期，全球经贸治理体系取得巨大成功的政治经济原因；第二节回顾"多哈发展议程"启动的背景、主要谈判议题，以及迄今为止所经历的主要谈判阶段，从外部压力和内在机制困局两方面剖析"多哈发展回合"陷入困局的主要原因；第三节从现实出发，揭示21世纪国际贸易格局发生的结构性变化，并阐释伴随着价值链贸易的繁盛和数字贸易的发展，发达经济体和跨国公司对"边境后措施"及"规制融合"类议题产生的新诉求；第四节简要梳理新区域主义对国际贸易规则的探索，概括近年来区域贸易协定发展所存在的典型事实。

第一节　GATT 乌拉圭回合与 WTO 的建立

一、历史回顾：从 GATT 到 WTO

　　二战之后，为重构世界经济秩序，同盟国着手设计三大国际经济组织：在国际投资领域，成立世界银行（World Bank）向发展中经济体和最不发达经济体提供贷款和投资，推进国际贸易均衡发展；在国际金融领域，成立货币基金组织（International Monetary Fund，IMF）监察货币汇率和各国贸易情况，提供技术和资金协助，确保全球金融制度运作正常；在国际贸易领域，成立国际贸易组织（International Trade Organization，ITO）扭转日益盛行的贸易保护主义，促进国际贸易的发展。世界银行、国际货币基金组织和国际贸易组织共同构成"布雷顿森林体系"的三大机构，分别处理国际经济合作关系。

随后，由 50 多个国家共同起草的《ITO 宪章》草案包括世界贸易规则、就业、商品协定、限制性商业惯例、国际投资以及服务贸易等多个方面。然而由于美国国会的反对，《ITO 宪章》未能在 1948 年 3 月在古巴哈瓦那召开的联合国贸易与就业大会上最终达成协议。1950 年，美国政府正式宣布将不会再寻求国会批准《ITO 宪章》。国际贸易组织成为二战后世界经济体系中唯一一次失败的尝试。在此之前，23 个国家或地区已达成 45 000 项关税减让承诺，约占世界贸易的 1/5，同时谈判方就《ITO 宪章》草案中的部分贸易规则达成一致。为尽快推动贸易自由化、纠正大量遗留的贸易保护措施，保护谈判达成的关税减让的经济价值，1948 年 1 月，在 23 个缔约方之间达成的包括关税减让和贸易规则的一揽子内容——《关税与贸易总协定》（General Agreement on Tariffs and Trade，GATT）"临时性"生效。在 1948—1995 年 WTO 建立之前，GATT 以"临时性"身份成为管理国际贸易的唯一一个多边管理工具。

经过 GATT 时期多个回合的谈判，成功将工业品的平均关税水平降至 4.7%，刺激并维持了世界贸易在 50、60 年代的高速增长，年平均增长率在 8% 左右。然而，20 世纪 70 年代和 80 年代的一系列经济衰退，促使各国政府采取补贴等形式的保护措施，应对外国竞争性产业，多边贸易体制在农产品领域的漏洞被缔约方滥用，农产品贸易自由化的努力成果收效甚微，GATT 的可靠性和有效性受到质疑。此外，除了贸易政策环境的不断恶化，世界贸易形式变得更为复杂，GATT 规则未涉及的服务贸易成为越来越多国家或地区的主要利益，多种形式的国际投资逐渐兴起。在这些内外因素的综合影响下,GATT 缔约方尝试做出新的努力以加强和扩大多边贸易体制。

1986 年 9 月,各国部长在乌拉圭发动了"乌拉圭回合"谈判。谈判议程①涉及几乎所有悬而未决的贸易政策问题,包括将贸易体制扩展到服务贸易和知识产权等新领域,对农产品和纺织品等敏感部门的贸易进行改革,全部原 GATT 条款都将被审议。1990 年 12 月,各国部长未能就如何对农产品贸易进行改革达成协议,乌拉圭回合陷入僵局,谈判时间被迫延长。除农产品贸易外,服务贸易、市场准入、反倾销规则及关于建立新机构的建议成为成员方之间新的主要冲突点,美国和欧盟之间的分歧成为最后能否结束谈判、达成协议的焦点所在。1992 年美国和欧盟达成"布莱尔宫协议"(Blair House Accord),解决了农产品议题上的主要分歧;1993 年 7 月,美欧日加(四方国)就关税和其他市场准入谈判取得了实质性进展;1993 年 12 月 15 日,有关货物贸易和服务贸易的市场准入谈判宣告结束,所有问题得以解决。1994 年 4 月 15 日,125 个谈判参与方在马拉喀什签署乌拉圭回合"一揽子协议",协议涉及货物贸易、服务贸易和知识产权,包括各方削减关税及其他贸易壁垒的承诺、开放和保持服务市场开放的承诺、规定了争端解决的程序、规定给予发展中成员特殊待遇。协议要求各国政府保障本国贸易政策的透明度,赋予 WTO 秘书处定期对其进行贸易政策审议的权利。此外,谈判参与方同意将于 1995 年 1 月成立世界贸易组织(World Trade Organization,简称 WTO)。

二、WTO 的发展与收获

(一) WTO 成员方数量不断扩大

自 1995 年至今,WTO 成员方数目从 128 个发展为 164 个,成为覆盖世界 GDP96%、全球贸易 98%的全球性经济组织。这进一步拓宽了 WTO 规

---

① 乌拉圭回合最初的 15 个议题为关税、非关税壁垒、自然资源产品、纺织品与服装、农产品、热带产品、GATT 条款、东京回合守则、反倾销、补贴、知识产权、投资措施、争端解决、GATT 体制、服务贸易。

则的适用范围，便于开展成员方间的经贸合作、政策协调和资源信息共享。同时，随着中国、俄罗斯等巨型经济体的加入，发展中成员（特别是新兴经济体）在全球贸易中发挥着越来越重要的作用。

（二）WTO 推动的贸易自由化进程使全球边界贸易壁垒逐年降低

WTO 成立 20 年来，世界关税平均水平从高于 15％降为不足 8％，60％的商品贸易实现了零关税。特别是许多传统上的高保护国家的关税得到显著削减，例如，印度的平均关税水平从 1995 年的 38.6％降低到目前的 13.5％。此外，WTO 成立前成员方约束关税的平均覆盖率为 74％，而目前绝大多数成员的约束关税覆盖率已达到 100％。[①] 同时，非关税壁垒也不断降低。例如，按照 GATT 乌拉圭回合的承诺，以配额与出口自动限制形式存在的数量限制得以废除；多边化的《进口许可程序协议》使发放进口许可的透明度与公开性大为提高；《技术性贸易壁垒协定》降低了技术性贸易壁垒对贸易的扭曲程度，并成为现行 WTO 内解决与贸易相关的规制问题的唯一平台。[②]

（三）WTO 在部分多边贸易新规则谈判方面有所收获

2013 年 12 月的多哈回合"早期收获"（巴厘岛协定）达成囊括贸易便利化、农业、棉花、发展与最不发达经济体等在内的十项决议，为继续推进多边贸易谈判注入了一剂强心针。特别是《贸易便利化协定》成为 WTO 成立以来的首份里程碑式的多边协定，内容包括简化海关流程、标准化海关程序、加速货物放行等，它对提高全球贸易政策透明度、改善边境措施效率、降低贸易成本、提升海关等基础设施现代化与标准化水平具有重要的意义。据OECD 估计，该协定将使全球贸易成本在未来降低 12.5％—17.5％[③]，并为

---

① World Trade Organization（WTO），*The WTO at Twenty: Challenges and Achievements*，Geneva：WTO，2015.

② Ibid.

③ Organisation for Economic and Co-operation Development（OECD），"Implementation of the WTO Trade Facilitation Agreement：The Potential Impact on Trade Costs"，Retrieved on March 10，2016 at http：//www.oecd.org/tad/tradedev/WTO-TF-Implementation-Policy-Brief _EN_2015_06.pdf.

在多边贸易体制内探索新规则谈判提供可借鉴的经验。此外，2015 年 12 月结束的 WTO 内罗毕部长级会议在农业出口竞争议题上取得一定突破性进展，它要求发达经济体立即取消现有所有形式的农业出口补贴，发展中经济体也必须在 2018 年之前取消所有出口补贴。该协定是自 GATT 对工业产品禁止实施出口补贴以来的一个重大突破，也是 WTO 成立以来在农业议题上取得的最重要成果。[①]

（四）WTO 诸边谈判得到稳步推进

WTO 信息技术协定（ITA）、政府采购协定（GPA）及环境产品协定（EPA）等诸边协定的达成与推进实现了全球具有重大商业意义的特定行业或部门的进一步开放。在满足一定条件后，相关协定将作为公共产品无条件适用于所有 WTO 成员方，产生巨大的溢出效应。[②] 具体来看，2015 年 WTO 内罗毕部长级会议的显著成就之一就是宣布结束 54 个 WTO 成员就扩大 ITA 产品范围进行的诸边谈判（即 ITA 2.0 协定），新协定纳入了包括半导体、GPS 导航系统、通信卫星和触摸屏等共计 201 种新型信息技术产品。据 WTO 统计，2013 年 IT 产品世界贸易总额达 1.6 万亿美元，为 1997 年 ITA 1.0 协定生效时的 3 倍，而新协定所覆盖的新增种类的 IT 产品的贸易金额每年将达到 1.3 万亿美元，约占全球贸易的 7%。[③] ITA 2.0 协定是 WTO 成立以来的首个零关税产品协定，标志着"开放的诸边主义"可以成为推动多边贸易协定与谈判的有效模式。其次，2011 年 12 月 45 个 WTO 成员方完成对 GPA 的修订，新协定于 2014 年 4 月正式生效。与 1994 年的 GPA 相比，新协定对透明度提出了更高的要求，并在采购实体和采购范围

---

① 不过需要注意的是，关于农业出口补贴的决议在 2005 年香港部长会议上已获得各成员方支持，决定将在 2013 年取消农业出口补贴，但后来由于多哈谈判的停滞，这一截止期失效。因此，此次内罗毕会议达成的农业出口补贴决议是对 2005 香港决议的"复活"，并非达成的新成果。
② 服务贸易协定（TISA）谈判由 48 个 WTO 成员方组成，也具有某种诸边协定谈判的属性。但 TISA 谈判的发起并不像以上三个复边协定得到 WTO 总理事会的授权，也无须向 WTO 秘书处汇报，并且无"观察国"制度，使得它有别于 WTO 系内的诸边谈判。
③ World Trade Organization （WTO），"Information Technology Agreement"，available at https：//www.wto.org/english/tratop_e/inftec_e/inftec_e.htm，March 10th 2016.

上取得较大拓展。在市场准入方面，协定新增 500 多家中央、次中央及其他采购实体，鼓励成员方在招投标过程中使用电子采购模式，同时首次明确将 BOT、多种新型服务部门（如通信服务）纳入协定，并实现对所有成员方建筑服务的全覆盖。据 WTO 估计，新增的全球政府采购市场准入承诺金额每年将达到 800 亿—1 000 亿美元。[①] 此外，2015 年 12 月，44 个 EPA 谈判方确定了关税削减草案清单，该清单以 APEC 所包含的 54 种环境产品清单为基础，涉及与环境保护和气候变化等相关的 1 000 多种产品，其关税削减目标将超过 APEC 内将环境产品关税率削减至最高 5% 的目标，这一协定将为实现贸易与可持续发展做出重要的贡献。

（五）WTO 贸易政策审评、监督职能和争端解决机制为应对全球贸易保护主义发挥着重要作用

WTO 贸易政策审评与监督职能不仅将监控成员方遵守规则与承诺的履约情况、提高成员方的政策透明度、增强成员方间信息共享与交换，还将评估区域贸易协定中各项新规则对货物、服务、资本和商务人士流动的影响。特别是在 2008 年全球金融危机爆发后，WTO 与 OECD 和 UNCTAD 合作定期对成员方贸易自由化政策的执行情况和所采取的临时性贸易限制措施进行盘点、披露与监督[②]，有效地避免了类似 20 世纪二三十年代经济"大危机"中全球"贸易战"的再此重演，对遏制贸易保护主义爆发与力促世界经济复苏做出了积极贡献。此外，WTO 通过建立与实施更加独立、公正、透明和有效的争端解决机制解决成员方之间的贸易摩擦与争端，特别是通过程序的公正性保障中小经济体在贸易争端中的利益。自 1995 年起，WTO 争端解决机制成功处理了 500 余件贸易争端案件，是在此之前 GATT

① World Trade Organization（WTO），"Ministers Greet Progress on Ratification of Revised Agreement on Government Procurement"，available at https：//www.wto.org/english/news_e/news13_e/gpro_04dec13_e.htm，December 4th 2013.

② 金融危机后至今，WTO 共发布两份贸易监督报告以增强各成员方贸易政策的透明度，一是 WTO 定期对所有成员方和观察国与贸易相关的发展问题进行监督并报告，二是 WTO 与 OECD 和 UNCTAD 合作，对所有 G20 经济体的贸易与投资措施进行监督并报告。

在 50 年间处理的争端解决案件的 5 倍之多，也远超国际仲裁法庭与联合国主要司法机构所处理的案件数量。

（六）WTO 通过与其他国际组织与机构加强合作实现"包容性发展"

WTO 与世界银行、IMF 等机构紧密合作确保对外开放与贸易成为发展中经济体与最不发达经济体(LDCs)的发展战略，协助它们识别与克服其在经济一体化和开放路径上的各类障碍，并为其提供所需的技术、能力建设和资金援助。仅 2013 年 WTO 主导的"贸易援助计划"（Aid for Trade）对 LDCs 提供的资金总额就高达 416 亿美元。[①] 此外，WTO 与其他国际组织还共同协作成立了多种专项基金，为 LDCs 提供特定的贸易援助，如成立"全球贸易流动性专项基金"为 LDCs 提供贸易融资渠道，以及创建"贸易便利化协定基金"以支持发展中成员全面实施 WTO《贸易便利化协定》。

三、GATT/WTO 制定贸易政策的核心原则

GATT/WTO 通过设计、执行、更新各类程序、规则、指导方针，将一系列规范成员方贸易政策的具体法律义务分别纳入《关税与贸易总协定》《服务贸易总协定》《与贸易有关的知识产权协议》等协定中。具体来看，GATT/WTO 在规则谈判和实施中主要包括以下四项基本原则：

（一）互惠原则

《关税与贸易总协定》以权利与义务的平衡为基础，缔约方通过"平衡的市场准入承诺"取得这一平衡，最大限度地减少最惠国待遇可能引起的"搭便车"效应。互惠可以多种形式出现，包括定量、定性、适用于保护的水平、保护程度的变化等。GATT 允许成员方采取报复性反应是互惠原则的另一体现，即《关税与贸易总协定》中的"互惠"原则要求各方进行"平衡的关税削减"，当一方政府首先采取行动，试图修改或退出先前修订的减让协议，

---

① World Trade Organization（WTO），*The WTO at Twenty: Challenges and Achievements*, Geneva：WTO, 2015.

GATT 允许贸易伙伴方做出报复性反应，通过退出"实质性对等的减让"协议，使得受影响的国家或地区获得相互对等的利益。

（二）非歧视原则

非歧视原则一方面指成员方在"边境上"享有最惠国待遇（Most-Favored-Nations）原则，即给惠国给予受惠国或者与该受惠国有确定关系的人或物的优惠，不低于该给惠国给予第三国或者与该第三国有同样关系的人或物的待遇。另一方面指缔约方在"边境后"应享有的国民待遇（National Treatment）原则，指外国产品在国内税收和具有同等效应的措施方面所享有的待遇不能低于本国产品享有的待遇。GATT 的最惠国待遇原则和国民待遇原则均为"无条件"适用①原则，两者相互补充。

（三）透明度原则

GATT 的目标为推动互利双赢的合作，同时降低成员方之间与贸易相关的冲突。多边和各方不同层次的透明度对于减少成员方国内保护主义压力和保障协议的顺利实施必不可少。GATT 的透明度原则包括 WTO 行为本身和各缔约方的行动。对于 WTO 自身来说，WTO 的决定、专家组判决和主要文件均公开出版发布；对于成员方来说，GATT 第 10 条、GATS 第 3 条和 TRIPS 第 63 条均要求成员方所有相关的法律、规章、司法判决及行政决定都要及时发布，同时定期向 WTO 秘书处通报。

（四）灵活度原则

为化解 GATT 成员方国内面临的施加贸易壁垒的压力，GATT 一方面允许成员方在特定情况下临时停止履行协定规定的正常义务，另一方面通过设定约束条件和要求对该行为进行规范，如反倾销措施、反补贴、国际收支平衡、保护幼稚产业、紧急保护措施等。此类保障机制条款既是一种保险机制，又发挥着安全阀的作用，对贸易自由化协议的存在及运作至关重要。

---

① 国民待遇原则在 GATT 中的适用是无条件的，仅适用于列入 GATS 承诺表中所列的限定和条件。

四、GATT 取得成功的政治经济分析

(一) 发达经济体的关税削减承诺是 GATT 取得成功的重要推手

在 GATT 以前，各国的关税水平根据国内"政治最优关税"水平决定，本国出口商与进口品的关税水平并无直接关系。GATT 互惠原则要求各国进行"平衡的关税削减"，外国进口关税水平与本国进口关税水平直接挂钩，关税削减和市场准入成为驱动成员方进行谈判和磋商的主要驱动力，将发达经济体之间的关税水平由非合作模式固定在合作模式中的最优水平。受"滚雪球"效应的刺激，一旦成员方开启互惠的关税削减，成员方国内出口获益集团具有强烈的政治经济动机诱发下一回合关税水平的进一步削减，直至关税的进一步削减所带来的边际收益为 0 为止。[①] GATT 各回合关税削减幅度如表所示。

表 2-1　GATT 各回合平均约束关税削减幅度

	谈判日期(年)	关税削减幅度(%)	缔约方数量
日内瓦回合 I	1947	26	23
安纳西回合	1949	3	29
托奎回合	1950—1951	4	32
日内瓦回合 II	1955—1956	3	33
狄龙回合	1960—1961	4	39
肯尼迪回合	1963—1967	37	74
东京回合	1973—1979	33	99
乌拉圭回合	1986—1994	38	128
多哈回合	2001—	——	162

资料来源：Richard Baldwin, "A World without the WTO: What's at Stake?", *CEPR Policy Insight No.84*, July 2015.

[①] Richard Baldwin, "Understanding the GATT's Wins and the WTO's woes", *CEPR Policy Insight* No.49, 2010.

（二）"回合＋一揽子协议"式的谈判模式有效地保障了 GATT 规则谈判的校正、更新与达成

乌拉圭回合将谈判议题拓展至除关税和边境措施以外的服务、知识产权保护等议题，各个议题和新规则的谈判均为"一揽子协议"的构成要素，当且仅当成员方接受所有谈判议题，谈判方能结束并生效。当成员方追逐本国的"攻势利益"时，通过适度放弃本国守势利益平衡不同国家或地区间的利益分歧，在一定程度上降低了议题的谈判难度，可在国际制度体系内实现就单独议题进行谈判时无法达成的谈判目标。[①] 例如，乌拉圭回合利用"回合"式谈判有效平衡了发达成员和发展中成员在知识产权和纺织品议题上的利益分歧，不仅满足发达成员要求发展中成员在 10 年内逐步提高对知识产权的保护，同时符合发展中成员利益在 10 年内逐步增强对纺织品和服装的保护。"回合＋一揽子协议"式的谈判模式助力乌拉圭回合谈判收获"三赢"局面：加快各国自由化进程、提高协定执行的公平性、改善协定透明度。

（三）"一致同意"原则和"不支持、不反对"原则共存

"一致同意"原则是 GATT 的主要决策之一，但是为了避免成员方之间利益分歧致使谈判陷入僵局，GATT 同时赋予了对国际市场无实际影响力的小型经济体"搭便车"的权利。在乌拉圭回合中，对世界市场无实质影响的发展中成员方无须遵守与发达经济体对等的关税削减、准入承诺，即可依照最惠国待遇条款享有发达经济体关税削减带来的经济收益。因此，以美国、欧盟、日本、加拿大为核心的"四方国"集团实际上充当推进乌拉圭回合谈判顺利进行的重要非正式平台，"四方国"集团分别通过双边谈判设置最终谈判议程，并以"绿屋会议"模式进行表决，这一模式保障了乌拉圭回合谈判进程不受某一成员方的束缚。

---

① Siebert Horst，"What Does Globalization Mean for the World Trading System?"，*Kiel Working Paper No.856*，1998.

（四）特殊和差别待遇条款保障发展中成员在多边贸易体制中享有特殊地位

GATT 时期，发展中成员可通过援引非互惠原则而免于履行互惠的削减贸易壁垒的义务。东京回合则进一步达成"授权条款"把处于国际收支平衡目的而使用贸易措施的有关原则、惯例和程序法规化，给予发展中成员使用贸易措施而达到"基本的发展需求"的灵活性。行至乌拉圭回合，随着发展中成员贸易政策自由化程度的加深，进入工业化国家市场的诉求日益明显，发展中成员开始通过关税的减让参与至 GATT 的互惠谈判中。乌拉圭回合更是给予发展中成员和最不发达经济体以下五种类型的"特殊和差别待遇"：（1）较低水平的义务；（2）更灵活的执行时间表；（3）发达经济体的"尽最大努力"承诺；（4）对最不发达经济体的特惠待遇；（5）技术援助和培训。通过给予发展中经济体和最不发达经济体较长的过渡期和技术援助，而非实质性的豁免，一方面提高发展中经济体国内经济改革的可信度、经济环境的稳定性，增加发达经济体对发展中经济体的投资动力；另一方面将逐步缩小发展中经济体与发达经济体的差距水平，为发展中经济体的可持续发展注入动力，鼓励发展中经济体真正参与至多边贸易体系内。

第二节 "多哈发展议程"的启动与停滞

一、"多哈发展议程"启动的背景、内容与历程

1996 年 12 月 WTO 第一届部长级会议在新加坡召开，会议完成了对《信息技术协定》(Information Technology Agreement，简称 ITA) 的实质性谈判；确定采纳"全面综合行动计划"(Comprehensive and Integrated Plan of Action) 对最不发达经济体进行援助；对乌拉圭回合农产品、纺织品协议的执行，以及劳工标准展开了激烈的讨论。此外，WTO 第一届部长级会议

《部长宣言》授权 WTO 成立贸易与环境委员会、贸易与投资工作组、贸易与竞争政策工作组、政府采购透明度工作组，并指示 WTO 货物贸易理事会展开对简化货物贸易程序问题的讨论和分析，以评估 WTO 现有规则在该领域的作用。会议虽未明确表示将启动新一轮的多边贸易谈判，但已着手考虑新一轮谈判的议题。

（一）"多哈发展议程"启动的背景

（1）世界经济和贸易的增速明显放慢。1997 年东南亚金融危机爆发并迅速扩散，东南亚国家或地区的金融系统和整个经济社会受到严重创伤，出现严重的经济衰退。2001 年全球货物贸易总额出现近 10 多年来最大幅度的负增长，全球货物贸易总量更是出现自 1982 年以来的首次负增长。① 除此以外，2001 年爆发的"9·11"事件令世界经济形势雪上加霜。在经济复苏速度、力度都缓慢的背景之下，全球贸易保护主义势力抬头，争端解决案件的数量显著增加。WTO 成员方希望通过新一轮的多边贸易谈判改善全球贸易环境，恢复各方对世界经济的信心。

（2）乌拉圭回合结束后，各成员方国内贸易政策逐渐趋向自由化，但是不同类型的全球贸易壁垒仍然存在，多边贸易体制是有效消除或规范此类贸易壁垒的唯一有效平台。② 此外，随着信息与通信技术的发展，运输成本的降低，生产与制造根据要求禀赋和价格差异在全球范围内进行最优配置，在地理上逐步出现离散化和集聚化的双重趋势，国际贸易领域不断出现新现象和新问题，需要通过新的贸易谈判给予磋商并达成共识。WTO 作为唯一一个具有法律地位的世界性贸易组织，被成员方寄予厚望。

（3）发达经济体和发展中经济体均有开启新一轮谈判的动机。WTO 成立后，以欧盟为主的发达经济体联盟希望引入投资政策、竞争政策等发达

① 陆燕：《未能如期结束的谈判——WTO"多哈发展议程"启动三年评析》，《国际贸易》2005 年第 1 期，第 16—21 页。
② 同上。

经济体具有传统竞争优势的议题,改善营商环境、实现进一步自由化、获得更大的市场准入机会;另一方面,发展中经济体在乌拉圭回合中的谈判利益尚未完全兑现,呼吁 WTO 应充分考虑发展中经济体和最不发达经济体在执行和实施协议过程中的问题和困难。发达经济体和发展中经济体希望借助新的谈判回合对 WTO 现有缺陷和不足进行审议,并进行必要的改正、补充、拓展,以进一步制定和完善多边贸易规则。

(4)乌拉圭回合的未尽事宜要求新一轮的贸易谈判。WTO 在结束乌拉圭回合时承诺,WTO 未来的两项主要工作内容为:一是乌拉圭回合协议中的"既定议程"(build-in agenda),用于处理执行各项议题和承诺的计划,特别是对相关议题展开新谈判或重新谈判的时间表;二是当前阶段被广泛讨论的其他议题(如区域经济集团、贸易与环境、贸易与投资、竞争政策、政府采购透明度、贸易便利化、电子商务等),将作为乌拉圭回合的"未尽事宜"在下一回合中展开谈判,以推动进一步的贸易自由化。因此,乌拉圭回合的结束已为下一回合谈判的开启埋下伏笔。

(二)多哈回合的谈判议题

2001 年 11 月 WTO 在卡塔尔首都多哈举行 WTO 第四届部长级会议并设立 WTO 未来工作计划,即"多哈发展议程",以期进一步加强市场准入、建立平衡的贸易规则、促进经济发展和解除贫困问题。本议程分为两部分工作计划:一为展开新一轮多边贸易谈判,即多哈回合谈判(谈判议题如下表 2-2 所示);二是与实施有关的问题与关注。与《关税与贸易总协定》和《乌拉圭回合协定》相比,多哈回合谈判议题从广度和深度上均有所超越。具体来看,发展议题是"多哈发展议程"的精髓所在,主要谈判内容包括:小型经济体、贸易债务与金融、贸易与技术转让、技术合作与能力建设、最不发达经济体、特殊和差别待遇。在农业议题上,《农业协定》与《世贸组织协定》于 1995 年 1 月 1 日同时生效,作为专门性守则规范长期游离于多边贸易体制框架之外的农产品贸易。多哈回合围绕市场准入、出口补贴、国内支持三大支柱进行基础性改革，力求建立以公平市场为导向的国际贸易体制。农业议题谈判同时将对发展中经济体的特殊和差别待遇作为谈判的重要组成部分。农产品谈判是多哈回合谈判中分歧最大的议题，也是加剧其他议题的关键和焦点所在。2015 年，WTO 第十届部长级会议承诺发达经济体将立即取消现有的农业出口补贴，发展中经济体将在 2018 年年底前取消出口补贴。此外，发展中经济体有权"基于进口数量和价格触发器使用农产品特殊保障机制"，该决议是 WTO 成立 20 年来"最为重要的农业成果"。[①] 在非农产品市场准入议题上，成员方同意就谈判模式达成框架协议，削减或取消关税高峰、高关税和关税升级以及非关税壁垒。谈判覆盖的产品范围应是全面的，任何产品都不得排除在外。目前，非农产品市场准入议题谈判进展缓慢，谈判工作组尚未就谈判模式达成一致。在服务贸易领域，谈判包括处理具体服务贸易部门所适用的规则，和各方提供市场准入机会的具体承诺。乌拉圭回合谈判结束后，成员方继续就基础电信、海运、自然人流动、金融服务等议题进行谈判。伴随着多哈回合的启动，以美国、欧盟、加拿大、日本为代表的发达经济体要求继续以正面清单形式提供新的服务业市场准入出价，包括能源服务、运输服务、专业服务、旅游服务、教育服务等多个部门或行业，以寻求服务贸易领域的进一步自由化。在知识产权领域，谈判包括：（1）关于专利的强制许可制度，主要涉及公共健康问题；（2）关于建议地理标识通知和注册多边制度的问题；（3）关于审查《与贸易有关的知识产权协议》与《生物多样性公约》问题。目前，世界贸易组织总理事会仅就"公共健康"问题达成一致并通过有关实施专利药品强制许可制度的最后法律文件。在 WTO 规则领域，谈判包括《反倾销协定》《补贴与反补贴协定》（包括渔业补贴）和区域贸易协定等。

[①]　International Centre for Trade and Sustaibable Development (ICTSD)，*"WTO Ministerial: In Landmark Mone，Country Coalitions Set Plans to Advance on New Issues"*，Bridge Weekly，2017 - 12 - 13(1).

表 2-2　多边贸易体制内谈判议题列表

议　　题	哈瓦那宪章(1947)	GATT(1947)	乌拉圭回合协定(1994)	多哈回合
贸易与发展	√	√	√√	√√
地理标识	√	√	√√	√√
WTO 规则	√	√	√√	√√
区域贸易协定	√	√	√	√√
农　　业	×	×	√	√√
服　　务	×	×	√	√√
知识产权	×	×	TRIPS	√√
投　　资	√	×	TRIMs；GATS	√
政府采购透明度	√	×	GPA	√
非农产品市场准入	×	×		√
竞争政策	√	×	×	√
环　　境	×	×	×	√
贸易便利化	×	×	×	√
电子商务	×	×	×	√

资料来源：Craig VanGrasstek, *The History and Future of the World Trade Organization*, Geneva：WTO，2013.

随着经济全球化的深入发展，领先经济体要求在更为广泛的领域内建立并深化多边规则体系。继乌拉圭回合将服务贸易、知识产权以及与知识产权有关的投资措施引入多边贸易体系后，美欧等发达经济体希望将投资、竞争政策、环境、劳工等诸多问题逐步引入 WTO 多边框架。1996 年 WTO 新加坡第一届部长级会议授权成立三个工作组，分别研究贸易与投资、竞争政策和政府采购透明度问题，会议还指示 WTO 货物贸易理事会就简化贸易手续(贸易便利化)开展分析工作。2002 年 1 月，WTO 贸易谈判委员会会议决定成立贸易与环境委员会特别会议，专门负责贸易与环境议题的谈判。此外，1998 年 WTO 设立"电子商务工作项目"以检查所有与全球电子商务相关的贸易议题，"多哈发展议程"明确总理事会在电子商务工作项目中的核心地位，要求其"定期对电子商务工作组的各项工作进行审议，工作组需每六个月向总理事会提交工作进展报告"。然而，多边贸易体制在新规则领域的探索多以失败告终。如除了"贸易便利化"议题以外，投资、竞争政策、政府采购透明度均不再列入多哈回合谈判议程。此外，WTO"电子商务工作项目"从未进行任何实质性的议题磋商与讨论。

（三）多哈回合的主要阶段

第一阶段：2001 年 11 月—2003 年 9 月

多哈回合启动，WTO 设立"贸易谈判委员会"，成员方就新回合的形式达成共识，多哈回合将与乌拉圭回合采用相同的"回合＋一揽子协定"模式展开，谈判最迟不晚于 2005 年 1 月 1 日前结束。但是，随后的两年中谈判进展缓慢，坎昆部长级会议本应对"多哈发展议程"进行中期审议，并就主要谈判议题确立谈判框架，然而成员方之间复杂的利益分歧直接导致坎昆会议的失败，更使 WTO 遭遇自成立以来的最大危机。具体来看，坎昆会议失败的原因有三：（1）成员方在农产品议题上的巨大分歧，发达经济体和发展中经济体、美国和欧盟之间在农产品议题上的分歧是多边谈判的顽疾；（2）棉花议题并非多哈回合的初始谈判议题，随着其对非洲国家的重要性日益增强而被逐渐提上日程。美国对棉花生产者补贴的削减始终无法满足非洲国家的预期；（3）成员方对新加坡议题的顾虑。

第二阶段：2003 年 9 月—2005 年 12 月

尽管坎昆会议以失败而告终，但是"德贝兹草案"（Derbez Text）①中的若干印迹仍在 2004 年的"七月套案"中得以体现。"七月套案"将各方分歧最为严重的棘手问题暂时搁置，奠定了未来"多哈发展议程"的核心内容将围绕农业、非农产品市场准入、贸易与发展、服务贸易及贸易便利化等议题

---

① World Trade Organization（WTO），"Draft Cancun Ministerial Text"，available at https：//www.wto.org/english/thewto_e/minist_e/min03_e/draft_decl_rev2_e.htm，March 5th 2018.

展开,同时规定"新加坡议题"中的政府采购透明度、竞争政策、知识产权等三项议题"将不再构成'多哈发展议程'的组成部分,多哈回合将不再就上述三个议题展开任何形式的谈判。"[1]"七月套案"的达成再次燃起了成员方对多哈回合谈判的信心,并希冀依托"七月套案"使多哈回合重回谈判轨迹。2005年12月香港部长级会议基于"七月套案"达成长达44页的部长会议宣言,进一步确定了多哈回合的谈判程序,并就各议题的谈判期限达成共识,确定于2006年4月30日结束主要议题的谈判。同时各方承诺将出资数十亿美元启动贸易援助(Aid for Trade)计划以突出多哈回合的"发展"理念。

第三阶段:2005年12月—2006年7月

由于各成员方之间分歧严重,立场顽固,谈判进展缓慢。直至2006年7月31日,各方始终未能就非农产品市场准入议题和农业议题达成最终草案,同时服务业的修正议案也未能如期提交。美国、欧盟分别就出口补贴、棉花补贴做出一定退让,但仍不足以结束农业议题谈判。2006年7月,WTO总干事拉米于贸易谈判委员会上无奈表示"成员方之间就市场准入和本地支持之间的分歧巨大难以弥合,多哈回合谈判将无限期暂停以使成员方冷静反思"[2]。

第四阶段:2006年7月—2008年7月

2007年1月WTO呼吁各方全面重启多哈回合谈判。2008年上半年农业和非农产品谈判委员会就"多哈发展议程"进行压缩与改进,形成"拉米草案"(Lamy Draft),该草案规定了削减农产品和非农产品关税、农产品补贴的形式和方法,同时包含农产品特殊保障机制和本地支持等议题。2008年7月G7国家(澳大利亚、巴西、中国、欧盟、印度、日本、美国)在日内瓦召开长达九天的小型部长级会议对此草案进行磋商,各方一度接近达成最终

---

[1] World Trade Organization (WTO),"Doha Work Programme",WT/L/579, 1st August 2004.
[2] World Trade Organization (WTO),"Informal Trade Negotiations Committee Meeting at the Level of Heads of Delegation",JOB(06)/231, 2006.

协定。然而，美国和印度在特殊保障机制议题上存在的巨大分歧使得谈判再次破裂。

第五阶段：2008 年 7 月—2013 年 12 月

2009 年 11 月 WTO 第七届部长级会议在全球金融危机和经济形势疲软的大背景下展开，会议并未就多哈回合展开谈判，但是 WTO 成员方呼吁各方尽快采取实际行动，缩小各方利益分歧以期在 2010 年完成多哈回合谈判。[①] 2010 年 3 月 22 日 WTO 召开为期一周的高官会议对多哈回合谈判议题进行"盘点"，探讨推动谈判走向最后阶段的可能性。2010 年 5 月 4 日，WTO 总干事拉米提出以"鸡尾酒法"（Cocktail Approach）推进多哈回合进程，具体包括不同谈判小组分别与成员方就具体议题展开磋商、鼓励成员方之间展开多种形式的对话、秘书处与各代表团之间磋商的常态化。[②] 2011 年 12 月 WTO 第八届部长级会议中，成员方试图就最不发达经济体的免税免配额议题、原产地规则、最不发达经济体的服务贸易豁免权等议题达成共识，然而最终仅就"同意给予最不发达经济体服务和服务提供者 15 年优惠待遇豁免权"达成共识。[③] 2012 年 2 月 14 日，WTO 总干事拉米在其对总理事会的报告中提及 WTO 应"逐步推进多哈回合中相对成熟、存在共识的谈判议题，重新思考成员方之间分歧巨大的议题"。[④] 2013 年 12 月 WTO 第九届部长级会议达成多哈回合"早期收获"，通过《贸易便利化协定》实现了 18 年来多边谈判"零的突破"。

[①] World Trade Organization (WTO), "Lamy Urges Unity in Efforts to Conclude Doha Round Next Year"; "Chair Underlines Stabilizing Role of the WTO Amid Economic Crisis", available at https://www.wto.org/english/news_e/news09_e/mn09a_30nov09_e.htm, March 5th 2018.

[②] World Trade Organization (WTO), "Lamy Outlines 'Cocktail Approach' in Moving Doha Forward", available at https://www.wto.org/english/news_e/news10_e/tnc_chair_report_04may10_e.htm, March 5th 2018.

[③] World Trade Organization (WTO), "WTO Ministers Adopt Waiver to Permit Preferential Treatment of LDC Service Suppliers", available at https://www.wto.org/english/news_e/news11_e/serv_17dec11_e.htm, March 5th 2018.

[④] World Trade Organization (WTO), "The Way Forward on Doha is 'to Move in Small Steps'", available at https://www.wto.org/english/news_e/news12_e/gc_rpt_14feb12_e.htm, March 5th 2018.

第六阶段：2013 年 12 月至今

在经历"早期收获"的短暂曙光后，WTO 再次陷入谈判无实质性收获的困局。2015 年 WTO 第十届部长级会议明确"后内罗毕"时代的世界贸易组织在机构设置和谈判模式都将与以前大不相同，成员方达成共识将"寻求推进多边谈判的新途径、协力维护并增强 WTO 的谈判职能"，并倡议 WTO 主动探索应对 21 世纪新议题的有效模式。

表 2-3 "多哈发展议程"的主要事件

时　间	事　　件
2001 年 11 月 14 日	《多哈部长宣言》宣布启动"多哈发展议程"
2002 年 2 月 1 日	贸易谈判委员会就谈判形式达成共识；两周后各谈判组分别选举出谈判主席
2003 年 3 月 31 日	成员方错过农业和服务业谈判的截止日期
2003 年 8 月 13 日	欧盟和美国发布农产品联合草案，该草案受到其他农产品出口方的严厉批评
2003 年 8 月	G20 集团公开反对美欧农产品草案
2003 年 9 月 10—14 日	WTO 第四届部长级会议（坎昆会议）以失败告终，其中农业议题和"新加坡"议题饱受争议
2004 年 8 月 2 日	成员方就"多哈发展议程"达成框架性协议——"七月套案"，将结束时间推迟至 2006 年年底
2005 年 1 月 1 日	错过原定结束多哈回合谈判的日期
2005 年 12 月 13—18 日	WTO 第六届部长级会议（香港部长级会议）结束，会议就结束农产品出口补贴达成协议，其他农产品议题皆陷入停滞
2006 年 4 月 30 日	成员方再次错过在香港部长级会议上确定的结束 NAMA 和农产品议题谈判的截止日期
2006 年 7 月 24 日	G6 集团未能打破农产品谈判的僵局，WTO 总干事拉米宣布谈判中止
2007 年 1 月 31 日	WTO 呼吁成员方重新开启谈判
2007 年 4 月 12 日	G4 集团在新德里磋商未来谈判的优先领域及敏感议题

续　表

时　间	事　件
2007 年 6 月 21 日	G4 集团的谈判在德国波茨坦破裂
2008 年 2 月 8 日	NAMA 和农产品谈判主席签署谈判修订草案
2008 年 7 月 21—29 日	日内瓦小型部长级会议几近达成共识，最终印度和美国之间就农产品安全保障和其他议题的冲突使谈判再次破裂
2013 年 12 月 3—7 日	WTO 第九届部长级会议在巴厘岛落幕。WTO 达成 20 年来的第一个多边贸易协议——《贸易便利化协定》
2015 年 12 月 15—19 日	WTO 第十届部长级会议的决议表明"后内罗毕"时代世界贸易组织的格局，无论是在机构上还是作为一个谈判论坛，都将与以前大不相同
2017 年 2 月 22 日	《贸易便利化协定》正式生效

资料来源：作者根据相关资料整理所得。

二、多哈回合陷入困局的原因分析

（一）外部压力：WTO 管理体制面临的新挑战

第一，"多哈发展议程"本身存在巨大的谈判难度，关税减让已不足以成为推进多哈回合的动力。"多哈发展议程"继承于乌拉圭回合的未尽事宜，谈判议题由关税、配额等边境上议题拓展为非关税壁垒、投资、知识产权等正向一体化导向的规制融合类议题，进一步增大了议题之间、成员方之间的利益分歧和谈判复杂度。另一方面，为融入全球价值链，降低贸易成本，提升出口竞争力，发展中经济体均通过单边、双边、区域等形式不间断进行关税削减，目前各方实际的实施税率远低于约束税率，助推乌拉圭回合成功的关税谈判已无法在多哈回合中发挥同等作用。

第二，多哈回合的利益分配格局未能及时反映成员方的动态变化。"多哈发展议程"设定于 WTO 成立之初，随着中国加入 WTO 并在入世议定书中做出巨大让步，成员方之间的利益格局与政治经济版图被彻底打破。然而，"多哈发展议程"的设置并未进行更新，未能考虑中国入世的新承诺，亦未反映中国等新加入成员方的利益诉求。此外，随着 WTO 的成立，WTO 逐渐扩大为由 164 个成员方构成的世界性组织。特别是随着中国、巴西、印度等经济体对价值链贸易加工制造环节的承接逐步发展为世界经济增长的重要驱动力，发展中经济体在多边贸易体制中的整体谈判话语权进一步增强，乌拉圭回合时期"绿屋会议"式的表决模式已彻底改变，发达经济体和发展中经济体在市场准入类型、幼稚工业保护等议题上无法弥合的分歧是造成多哈回合止步不前的主要动因。

第三，"边境后"措施对贸易的制约作用日益明显，各方正向一体化诉求愈发强烈。随着生产、服务、贸易与投资逐渐形成"一体化综合体"①，知识产权、标准、投资、竞争政策、劳工、环境等以规制融合为导向的边界内措施对国际贸易和跨境资本流动的制约效应日益凸显，贸易规则谈判从互惠的非关税壁垒（如配额）的削减转变为具体的"边界后"的各项贸易壁垒（如投资条款、知识产权保护、竞争政策等）以及与 21 世纪贸易相关的正向一体化挑战（如技术进步、可贸易性服务、数据保护等）。

第四，自由/区域贸易协定对多边贸易体制构成巨大挑战。多边贸易体制在规则谈判上裹足不前的同时，各成员方出于出口歧视、战略、地缘政治等动机的考量逐渐将目光转向自由/区域贸易协定的谈判。特别是"全面与进步跨太平洋伙伴关系协定""跨大西洋贸易与投资伙伴关系协定"等巨型贸易协定的出现在一定程度上改善了错综复杂的 FTAs 网络所形成的"意大利面碗"效应，缓解规制标准的不一致所形成的制度壁垒。此外，巨型贸易协定在创新贸易协定模板、把控全球价值链的布局与发展、安排未来互惠贸易协定的形式与目录上具有巨大的先驱、指引和规范作用，其对多边贸易体制所造成的冲击将超过传统的贸易协定，以巨型贸

---

① Richard Baldwin, "21st Century Regionalism: Filling the Gap between 21st Century Trade and 20th Century Trade Rules", *WTO Staff Working Paper ERSD - 2011 - 08*, 2011.

易协定为代表的"新区域主义"要求 WTO 以不同于传统贸易协定的方式进行回应。

（二）内在机制困局：WTO 自身存在的弊端

第一，"一揽子承诺"（the Single Undertaking）决策模式使得议题复杂、利益交叉的多边谈判难以取得实质性进展。截至目前，WTO 成员方数目由 128 个扩大为 164 个，谈判议题由关税、配额等边境上议题逐步拓展为非关税壁垒、投资、知识产权等正向一体化导向的规制融合类议题，多边贸易体系中发展程度不同的成员方间的利益分歧与利益冲突被进一步放大。成员方进行谈判的出发点由攻势利益转变为守势利益，各方对本国敏感性议题持谨慎态度，由此形成的守势联盟（即阻止其他成员方更好地进入本国市场的集团组织）数目远超攻势联盟（致力于促进更好地进入外国市场的利益联盟）。在这一背景之下，"一揽子协定"谈判模式不仅无法助力多边贸易协定的快速达成，还将拖累谈判整体进度，并使 WTO 多边贸易谈判陷入持续无解的困局之中。此外，"一揽子协定"谈判模式并非要求所有谈判议题在同一时刻达成最终协定，在上一回合中未能达成的焦点议题均遗留至下一回合乃至未来若干回合进行谈判解决。虽然乌拉圭回合引入的"一揽子协定"承诺模式曾取得巨大成功，但是内置式议题（Build-in Agenda）将一系列与农业和服务贸易有关的问题留待"后乌拉圭回合"进行谈判。

第二，自下而上的成员方驱动（memeber-driven）属性致使相关职能部门和商业组织的潜力未被充分发掘。长期以来，WTO 表现为"成员方主导"型国际组织，委员会、总干事、秘书处等职能部门的权力受到成员方的刻意约束和限制，委员会等职能机构仅在谈判过程中充当"协调者"和"发言人"的角色。尽管《马拉喀什协定》第 5 条第 2 款明确授权常务理事会"进行合理的安排促进与非政府组织间就 WTO 相关的议题进行咨询与合作"，然而，据 WTO 统计，自 WTO 成立以来，商业组织、非政府组织和劳工团体正式参与 WTO 部长级会议的数目于 2003 年坎昆部长级会议达到峰值(近 900 个代表团),随后在历届部长级会议中逐年降低,至 2009 年日内瓦部长级会议代表团数目仅为 400 家。从参与程度来看,商业组织并不直接参与谈判,仅限于向政府提供所需基础信息。WTO 是现存唯一的既无商业论坛,亦无商业咨询委员会的国际组织①。

第三,"协商一致"(Consensus)决策机制在多极化世界贸易体系中难以达成决议。1994 年签订的《建立世界贸易组织的马拉喀什协定》(以下简称《WTO 协定》)第 9 条第 1 款明确规定"世界贸易组织应沿袭《1947 年关贸总协定》所遵循的协商一致原则。除非另有规定,否则若无法以协商一致方式作出决定,则应通过投票决定争议事项"。随着发展中成员的崛起,以及新兴经济体的产生与壮大,一方面 WTO 要求发展中成员承担与发达成员对等的责任和义务;另一方面发展中成员自身产生参与、引导谈判并反映政治诉求的动机与愿景。WTO 已发展为"四方国"和非"四方国"之间进行利益博弈的平台,"四方国"内部就谈判议题达成的共识退化为 WTO 达成最终协定的必要非充分条件。这从根本上摧毁了在 164 个成员方内达成"一致"的可能性,相反,"协商一致"原则成为发展中成员阻碍协定达成的有力武器。

第四,争端解决机制(Dispute Settlement Mechanism)的制度弊端降低了成员方的承诺意愿。具体来看,磋商程序是 WTO 争端解决机制中解决纠纷的重要手段。目前,在 201 个已结案的 WTO 争端解决案件中有 78 个通过磋商得以解决。然而,磋商程序隐含着以各方经济实力为谈判筹码,当争端双方政治和经济实力相差悬殊时,经济实力较弱的一方将处于不利地位,该原则难以保障国际经济秩序的公平性。专家组程序是 WTO 争端解决机制的核心程序,也是目前弊端最为突出的程序。专家组对案件审议的

---

① APEC、世界银行等其他国际组织至少有一个此类机制。

保密性贯穿于提交材料、审议案件、草拟专家组报告的全过程，直到最后报告获得争端解决机构的批准后才予以公布。这种非公开性直接妨碍了公众和非政府组织对案件的参与度，直接降低败诉国对专家组和裁决的信任、支持、执行，甚至将影响多边贸易体制的信誉。2019 年，争端解决机制及上诉机构改革成为危及世贸组织生存的最关键和紧迫性问题，也是美国与其他WTO 成员方的核心分歧点。运行机制障碍是美国拒绝对上诉机构法官进行任命的主要原因，具体包括：WTO 争端解决机制未充分执行"90 天作出裁决"的承诺、WTO 上诉机构法官在任期满后仍继续服务于未结束案件、"长臂管辖"问题、专家组报告的法律地位模糊、WTO 上诉机构的权利和义务边界不清晰等。

第三节　国际贸易的发展及对国际贸易规则的影响

一、国际贸易格局的变化

发展中经济体与新兴经济体的群体性崛起打破了原有国际经贸格局。20 世纪 90 年代以前，西方七国集团（G7）[①]主宰着全球贸易，但随着发展中经济体的迅速腾飞，发达经济体不再具备主导国际贸易格局的条件与能力。如图 2-1 所示，G7 国家货物贸易、GDP、出口总值占世界货物贸易、世界GDP、世界总出口的比例分别由 1990 年的 51.57%、65.45%、52.06%骤降至2018 年的 30.98%、45.56%、33.11%左右。[②] 相反，新兴市场和发展中经济体通过承接离岸生产工序和任务使吸引外国直接投资与对外贸易发展迅猛，对

[①] G7 国家包括美国、日本、德国、法国、意大利、英国、加拿大。
[②] 根据 UNCTAD 数据库计算所得。受数据口径限制，其中出口总值占世界总出口的比例的最新数据截至 2013 年。

G7国家货物贸易占世界货物贸易比重

R7国家货物贸易占世界货物贸易比重

G7国家GDP总值占世界GDP总值的比重

R7国家GDP总值占世界GDP总值的比重

G7国家出口总值占世界总出口的比重

R7国家出口总值占世界总出口的比重

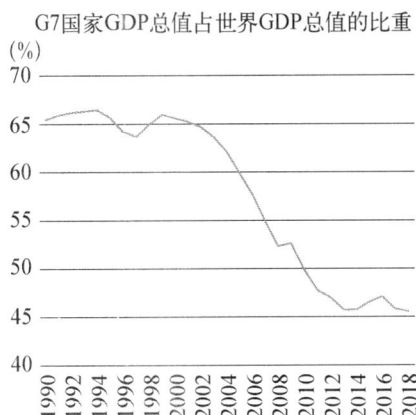

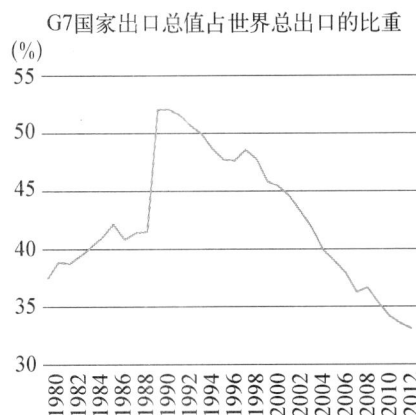

图 2-1 G7 国家占世界货物贸易、出口、GDP 总值的比重

图 2-2 R7 国家占世界货物贸易、出口、GDP 总值的比重

世界经济格局的影响日益增强。如图 2-2 所示，R7 国家①的货物贸易、GDP、出口总值在世界货物贸易、世界 GDP、世界总出口的比例分别由 1990 年的 6.32%、6.56%、5.94%激增到 2018 年的 22.04%、24.52%、19.40%。② 特别是中国不仅成长为新兴经济体的核心力量，更对整个世界经济体系产生举足轻重的作用和影响力。自 1978 年至 2017 年，中国经济总量占世界经济总量的比重从 2.26%攀升至 14.94%。面对全球金融危机的巨大冲击，2009—2017 年中国平均经济增长速度仍然高达 8.1%，远超 2.5%的世界平均水平。

二、国际贸易模式的变革

一方面，全球价值链的迅速发展对贸易规则和贸易统计数据提出新的要求。随着信息通信技术的变革，运输成本的降低和跨国公司组织方式的变化，生产阶段和任务工序得以根据要素禀赋和价格差异在全球范围内进行最优配置，全球生产和贸易的主要模式由传统的"一国生产、一国销售"深化为"全球生产、世界销售"，以货物、投资、服务、专有知识、人员的双向跨境流动为显著标志的价值链贸易（Global Value Chain Trade）占国际贸易中的比例逐渐提高。③ 据世贸组织统计，自 2000 年起，东亚地区的中间品进出口占进出口总值的比例已分别高达 60%和 50%。2001—2014 年，中间品贸易对货物贸易出口总值的增长贡献率显著大于最终品贸易占货物贸易出口总值的贡献率，与之类似，2008 年金融危机期间，中间品贸易对国际贸易的负面影响也显著大于最终品贸易。④ 在此背景之下，投资与服务对国际贸易的重要性日益增强，知识产权、标准、投资、竞争政策、劳工、环境等以规制融合

---

① R7 国家指代 1948 年以来占世界货物贸易比重显著提升的 7 个国家，包括中国、印度、韩国、土耳其、印度尼西亚、泰国、波兰。

② 受数据口径限制，其中出口总值占世界总出口的比例的最新数据截至 2013 年。

③ Richard Baldwin, *Globalisation: The Great Unbundlings*. in Secretariat of the Economic Council, Globalisation challenges for Europe (Helsinki: Finnish Prime Minister's Office), 2006.

④ Deborah K. Elms and Patrick Low, *Global Value Chains in a Changing World*, Geneva: WTO, 2013.

为导向的边界内措施对国际贸易和跨境资本流动的制约效应日益凸显,同时代表了领先经济体和跨国公司对下一代贸易和投资政策的核心利益诉求。与此同时,基于"知识流"(know-how)衍生形成的价值链贸易带领全球经济向碎片化、网络化、知识密集化逐步转型,构建全面的贸易增加值数据库,提高 WTO 贸易追踪和监控能力成为国际组织、政府监管机构、私营产业部门及科学研究机构了解、研究、解释各国贸易实际情况的必备工具。

另一方面,数字经济的兴起创新了国际贸易的内涵,产生了对国际贸易"新规则"谈判的诉求。随着信息和通信技术的发展,互联网的普及度与数字贸易呈现爆炸式增长态势。截至 2018 年 6 月 30 日,全球互联网用户已达到 42.08 亿人,互联网渗透率达 55.1%。2000—2018 年,互联网用户增长了 1 066%,预计到 2030 年,全球 75% 的人口将会拥有移动网络连接,60%的人口将拥有高速有线网络连接。① 据《2020 全球跨境电商趋势报告》估计,2020 年全球跨境 B2C 电商市场规模将从 2014 年的 2 300 亿美元增至9 940 亿美元,达到全球 B2C 电子商务市场总额的 29.3%、全球消费品贸易总额的 13.9%。② 与传统贸易相比,全球数字链和数字贸易实现了贸易主体由跨国公司向中小企业和个人网商的扩大③,贸易方式由物联网向互联网的创新,贸易流程由单线条、多环节向并联式、信息化的简化,贸易产品由大批量、标准化向碎片化、个性化的扩充。货物和服务交付的数字化在一定程度上缓解了距离、基础设施建设、物流等传统贸易壁垒对贸易的制约程度。但是与此同时,数字产品的市场准入、数据的自由流动、网络安全等数字贸易所特有的新型贸易壁垒对贸易的制约程度不断凸显。除此以外,数字技术和数字经济的持续发展要求巨额的前期基础研发投入,"政府投资推动基础

① 上海社会科学院国际贸易投资新规则与自贸试验区建设团队:《全球数字贸易促进指数报告(2019)》,立信会计出版社,2019 年。
② 阿里研究院和埃森哲战略公司:《全球跨境 B2C 电商市场展望:数字化消费重塑商业全球化》,载于阿里研究院 http://www.aliresearch.com/Blog/Article/detail/id/20477.html,2015 年。
③ World Trade Organization (WTO), *World Trade Report 2016: Levelling the Trading Field for SMEs*, Geneva: WTO, 2016.

研究、私营部门追加投资"是激励基础创新的主要模式，因此，建立激励基础创新的体制机制，明确政府在研发投资活动和知识产权保障中的功能与定位成为世贸组织在数字经济时代不可忽视的问题。

三、国际贸易发展对国际贸易规则产生的新诉求

（一）关税和非关税壁垒

经过近半个世纪的贸易自由化改革，发达经济体货物贸易名义税率已显著降低，与之类似，发展中经济体平均关税水平逐渐降低。然而在价值链贸易模式下，由于原材料和中间投入品的多次跨境流动使得关税和非关税壁垒产生累积和放大效应，进而大幅提高最终品的成本与价格。研究表明将出口品中的外国增加值纳入考虑，以有效税率衡量的关税保护水平远高于以名义税率衡量的保护程度。[①] 与名义税率相比，美国的有效关税税率高出 17%，中国香港高出 71%，中国和墨西哥更高达 116% 和 171%。特别是对于外国中间投入品占比较大的制造业而言，低关税和非关税壁垒经多次累积对最终品成本和价格的影响更为巨大。除此以外，非关税壁垒还将大幅提高中间品贸易的时间成本，运输时间每延长一天对中间品贸易的抑制作用将比最终品贸易高 60%。[②]

（二）服务

随着价值链贸易的兴起，农业、制造业等非服务性部门的"服务化"趋势愈发明显，服务作为中间投入品占制造业产品价值增值比例的 30% 以上。一方面，研发、产品设计、售后等"嵌入型服务"（Embeded Services）可直接作为全球价值链的生产环节在最终销售中得以具体体现，并成为实现产品差异化和提升产品附加值的重要途径；另一方面，金融、运输、电信等"具象型服务"（Embodied Services）可发挥纽带作用，有效联系价值链上下游生产

---

① Robert Koopman，William Powers，Zhi Wang，and Shang-Jin Wei，"Give Credit Where Credit Is Due：Tracing Value-added in Global Production Chains"，*NBER Working Paper No.16426*，September 2010.

② Michael J. Ferrantino，"Using Supply-Chain Analysis to Analyse the Costs of NTMs and the Benefits of Trade Facilitation"，*World Trade Organization Working Paper ERSD 2012-02*，2012.

环节,提升价值链的运行效率。因此,价值链贸易参与方产生进一步拓展服务部门承诺覆盖率、深化服务贸易自由化水平的利益诉求。对发展中经济体而言,在南北贸易中,为保障中间品贸易的顺利进行,要求发展中经济体投入巨大的学习成本了解发达经济体规范而严苛的法律、规章制度。服务市场的自由化将带动运输、物流、金融、保险、咨询等服务的市场化,通过第三方服务公司为企业提供专业化服务大幅降低发展中经济体为从事生产活动而投入的巨大学习成本。对于发达经济体而言,服务市场自由化将为发达经济体创造新的发展机遇。由于发达经济体劳动力成本较高,价值增值不断降低的加工生产阶段逐渐转移至新兴经济体。发达经济体可通过增加在研发、销售设计、广告、营销、售后服务等高附加值环节的生产投入,加强对价值链的整体控制,降低本国失业率。

(三)投资

与传统贸易相比,价值链贸易要求吸引外资与对外投资相平衡,更强调跨国公司的对外投资。一方面,跨国公司对上下游国家或地区进行对外投资将保障国内生产阶段的顺利进行。特别是在全球经济复苏缓慢的时代背景之下,各国政府出于促进国内企业发展、降低国内失业率等特定政策目标的诉求之下,将产生强烈的削弱对外投资力度、歧视外国投资者的动机,建立投资政策的多边协调机制,将保障全球经济的持续复苏与发展。另一方面,在价值链贸易中,知识产权、竞争政策、环境、劳工等边境后议题与投资议题具有更强的交叉影响与互补性。[①] 因此,完善国际投资环境,促进投资国际化、自由化、便利化,对提升全球价值链出口能力具有十分重要的意义和作用。

(四)贸易便利化

随着商品跨境交易次数增加,高效的海关程序对提升价值链贸易的运作效率远甚于传统贸易。由于价值链上下游生产环节根据要素禀赋差异分

---

① 盛斌、陈帅:《全球价值链如何改变了贸易政策:对产业升级的影响和启示》,《国际经济评论》2015年第1期,第85—98页。

散在不同国家或地区，低效的边境管理、参差不齐的运输和物流服务、冗余的海关程序将大幅提高贸易成本，对生产的国际化造成负面影响。因此，贸易便利化措施将实现降低通关与物流费用、节省贸易的时间成本、增加海关程序的透明度与可预测性，更将对吸引对外投资产生重要的信号作用。OECD 的多项研究表明文件与程序的统一与简化、海关管理与程序的现代化与自动化、相关信息的可获得性、预裁定系统等"一揽子"贸易便利化措施的执行比单一措施的执行更为有效，将使价值链各环节所有进出口厂商共同获益，使低收入国家、中等偏下收入国家、OECD 国家、中高收入国家的贸易成本分别降低 15％、16％、10％、13％。

（五）规则和标准

随着全球生产网络的形成，价值链上下游国家或地区的国内标准、规则的差异化将制约价值链贸易的平稳运行，增加额外的生产和协调成本。统一的标准和相互认证体系将提高中间品和零部件质量，保障各生产阶段的兼容性，提高劳动和生产效率，实现差异化产品的同时，降低离岸生产环节的管理风险与不确定性。此外，中间品和零部件生产标准的区域、多边统一与相互认可将为链外国家或地区参与新的价值链贸易提供便利化，降低价值链嵌入或升级的机会成本。在南北贸易中，全球价值链的扩张要求与市场准入相关的所有维度的标准、规制、技术的深度统一，在一定程度上将加快弥合发展中经济体和发达经济体之间的差距水平。

第四节　超越 WTO：新区域主义对国际贸易规则的探索

一、区域主义发展的三次浪潮

《关税与贸易总协定》的达成不仅没有降低双边及区域贸易协定对各国

家或地区的吸引力。相反,在 GATT 成立的 5 年内,欧洲内再次出现了新区域主义浪潮,随后北美和亚洲也加入了竞相实行区域主义的浪潮中。目前,世界范围内共经历三次主要的区域主义浪潮,特别值得注意的是,前两次区域主义浪潮后均伴随着 GATT 谈判的巨大成功。[①]

第一次区域主义浪潮:20 世纪 50—60 年代

GATT 关税削减和成员方的扩大都伴随着欧洲一体化进程的发展。由欧洲钢铁业联盟拉开的欧洲一体化大幕促使 1957 年形成了欧洲经济共同体(European Economic Community),并刺激其他国家和地区试图通过多边谈判降低 MFN 关税水平(约束关税税率,Bound tariff),以缓解欧洲内部特惠关税所产生的不利冲击,1960 年 GATT 狄龙回合谈判由此展开。尔后,随着英国、爱尔兰、丹麦、希腊和挪威纳入欧共体后,WTO 于 1964—1967 年间开启了肯尼迪回合谈判。

第二次区域主义浪潮:20 世纪 80 年代中期—90 年代

欧洲和北美经济一体化的进程及其在新规则领域的探索是推动全球经济自由化的核心动力。20 世纪 80 年代中期欧洲展开的"单一市场"计划(Single Market programme)致力于消除欧共体内部剩余的物理壁垒、技术壁垒和关税壁垒。随后伴随东欧剧变苏联解体,欧盟[②]试图与东欧各国建立一系列双边特惠贸易协定,实现削减关税、统一原产地规则、在服务和标准等领域建立与欧盟一致的规制模式。20 世纪 90 年代早期,美国、加拿大、墨西哥之间达成的《北美自由贸易协定》中首次在区域贸易协定中纳入投资、服务、知识产权、政府采购等条款。随后启动的乌拉圭回合谈判将服务、知识产权及一定内容的投资均纳入了谈判议题。

---

① World Trade Organization (WTO), *World Trade Report 2011: The WTO and Preferential Trade Agreements: From Co-existence to Coherence*, Geneva: WTO, 2011.

② 1993 年通过的《马斯特里赫特条约》正式将欧共体更名为欧盟。

第三次区域主义浪潮：20 世纪 90 年代以后

亚洲领先发展中国家或地区逐步加入了区域主义浪潮。区域和次区域生产网络的形成使得区域内成员方之间的一体化程度日益增强，贸易和投资之间紧密程度提高，区域内国家之间产生了进一步深度一体化的诉求。包括日本、新加坡、韩国、中国、印度在内发展程度不同的主要亚洲国家或地区均开展了双边、诸边、跨区域的双边贸易谈判。

二、区域贸易协定发展的典型事实

(一) 发展程度：协定数量增长迅速

如图 2-3 所示，自 1950 年至今，自由/区域贸易协定的数量稳步增加，21 世纪 90 年代后全球自由/区域贸易协定数量迅速激增。1995 年，成员方

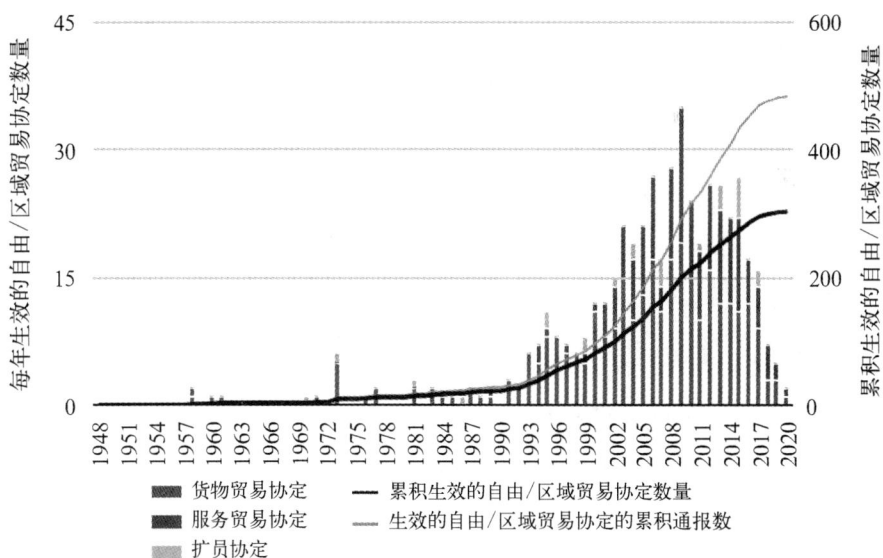

图 2-3　1948—2020 年世界 RTAs 发展趋势

注：1. 本章与 WTO 的 RTAs 数据库保持一致，仅考虑成员方向 WTO 通报的 RTAs 数目；2. 本章对货物贸易协定通报、服务贸易协定通报、扩员协定通报进行分别计数。若某一特定 RTA 同时包含货物贸易和服务贸易，则在累积数目中将其计为 2 个 RTAs；3. 签订 RTAs 的数目将包含货物贸易、服务贸易、扩员协定的 RTAs 计为同一协定。

向 WTO 通报的自由/区域贸易协定数量已超过 1990 年的 2 倍。截至 2020 年 1 月,全球已生效的自由/区域贸易协定总量已高达 484 个,平均每一个 WTO 成员方至少参与了一项自由/区域贸易协定。此外,发展中经济体对自由/区域贸易协定的参与程度日益增强。20 世纪 70 年代末,发达经济体和发展中经济体之间的 RTAs 数量约占 RTAs 数量总和的 60%,发展中经济体之间的自由/区域贸易协定数量尚不足 20%。然而近年来,这一现象已经倒置。发展中经济体之间的自由/区域贸易协定数量已达自由/区域贸易协定总数的 2/3 以上,而发达经济体和发展中经济体之间的贸易协定所占比例降至不足 1/4。这表明发展中经济体在国际贸易中的参与程度正逐渐提高,更表明发展中经济体的利益诉求正逐步从获得发达经济体的特惠关税削减逐渐转移至符合南南国家或地区区域贸易伙伴关系的利益诉求。[①]

(二)地理覆盖范围:跨区域性

随着生产—贸易—服务—投资"一体化综合体"的逐渐形成,生产阶段和任务工序根据要素禀赋和价格差异在全球范围内进行最优配置,生产逐渐呈现出"聚集化"和"离散化"的特点。相应的,区域贸易协定也逐渐由区域内、跨国界的贸易协定主导发展为由跨区域、跨国界的贸易协定主导。据统计,近十年来超过一半以上的区域贸易协定实际为"跨区域"贸易协定,这一特征在处于谈判过程中,尚未生效的贸易协定中更为明显。[②] 以欧洲为例,2000—2010 年间,欧洲国家间所签订的区域内贸易协定为 17 个,而区域外贸易协定则高达 26 个。另一方面需要注意的是,跨区域贸易协定一般仅仅表现为两个区域国家或地区间所签订的贸易协定,而非跨多区域贸易协定。

[①] World Trade Organization (WTO), *World Trade Report 2011: The WTO and Preferential Trade Agreements: From Co-existence to Coherence*, Geneva: WTO, 2011.

[②] Ibid.

（三）RTAs 的类型：区域内的整合和跨区域的动态一体化

目前自由/区域贸易协定的发展呈现出两种截然不同的类型：一方面，越来越多的区域内双边贸易协定逐渐整合为诸边协定，或以"集团"形式代表本区域内成员方与域外成员进行贸易协定谈判。这以一系列的欧盟扩员协定为典型代表，以及东欧国家之间多个双边贸易协定整合为中欧自由贸易区（Central European Free Trade Area）等。另一方面，逐渐出现跨区域的、发达经济体和发展中经济体所签订的双边贸易协定，如美国和新加坡、澳大利亚、巴林等国签订的双边贸易协定，或中国、日本与新加坡、泰国等国签订的双边贸易协定。这表明现今的双边贸易协定已经由传统的相邻国家或地区之间的区域一体化发展为由政治、经济、战略动机驱动的新型区域动态一体化。同时，在一定程度上反映了在发展程度不同的国家或地区之间就人员流动性、投资、知识产权和政府采购等一系列议题进行磋商谈判的技术复杂度。

（四）一体化程度：议题广度和深度的推进

结束多哈发展回合谈判的遥遥无期，不仅延缓了各个国家或地区在多边框架内的贸易自由化进程，同时也迫使许多国家或地区另辟蹊径——在多边、诸边、区域安排上寻求替代性的路径方案。近年来，为 21 世纪贸易模式度身剪裁的自由/区域贸易协定已将协定的条款内容延伸至诸多边界内措施，并在 WTO 谈判中无法取得进展的内容（如服务、投资、竞争政策、环境等）以及尚未触及的横向或"交叉性"议题（如电子商务、国有企业、监管一致性）上设立了较为严格的纪律。Horn 等人根据美国和欧盟所签署的 28 个 FTAs 文本，将 FTAs 所包括的条款划分为"WTO＋"和"WTO－X"两类（如表 2－4 所示）。其中，"WTO＋"是指现已存在于 WTO 框架之下的"第一代"贸易政策规则；而"WTO－X"指全新的、尚未包含在 WTO 框架和规则之下的"第二代"贸易政策。[1] 这一分类方法于 2011 年被 WTO 的《世界

---

[1]　Henrik Horn, Petros C. Mavroidis, and Andre Sapir, "Beyond the WTO? An Anatomy of EU and US Preferential Trade Agreements", *The World Economy*，Vol.33，No.1，2010，pp.1565 - 1588.

贸易报告》所采用,成为区分"第一代"贸易政策和"第二代"贸易政策的官方分类方法。世界贸易组织根据这一分类方法进行研究,结果表明近年来RTAs中两类条款的覆盖率显著提高。[1] 其中,"WTO+"条款几乎均已具有"法律约束力"形式提出,而"WTO-X"条款具有"法律约束力"的覆盖比重略低,但竞争政策、知识产权、投资和资本的自由流动等主要条款多以"法律约束力"形式提出。此外,从国家层面看,发达经济体和发展中经济体之间签订的自由/区域贸易协定所包含的"WTO+"条款和"WTO-X"条款数目显著高于发达经济体之间或发展中经济体之间所签订的贸易协定所含条

表 2-4　自由/区域贸易协定中"第一代"与"第二代"贸易政策议题的分类

第一代贸易政策: WTO+ (14个)		第二代贸易政策: WTO-X (38个)			
工业产品	反倾销	反腐败	近似立法	人　权	区域合作
农业产品	反补贴	竞争政策	视　听	非法移民	技术与科研
海　关	公共补助	环保法规	文化保护	毒　品	中小企业
出口税	政府采购	知识产权	创新政策	工业合作	社会事务
卫生和植物检疫	TRIMs	投　资	文化合作	信息社会	统计数据
技术性贸易壁垒	GATS	劳动市场管制	经济政策对话	采矿业	税　收
国有贸易公司	TRIPs	资本流动	教育与培训	反洗钱	恐怖主义
		消费者保护	能　源	核安全	签证与政治庇护
		数据保护	财政支持	政治对话	
		农　业	健　康	公共行政	

资料来源: Henrik Horn, Petros C. Mavroidis, and Andre Sapir, "Beyond the WTO? An Anatomy of EU and US Preferential Trade Agreements", *The World Economy*, Vol. 33, No. 1, 2010, pp. 1565 - 1588.

---

[1] 2000 年以前,平均每个自由/区域贸易协定中所包含的两类条款数目分别不足 8 条和 7 条,但 WTO 成立后生效的每个自由/区域贸易协定中所包含的两类条款数目已分别增加至 10 条和 9 条。

款数目。^① 发达经济体试图通过与发展中成员签订贸易协定来进一步降低后者货物、服务以及规制壁垒和提高市场准入的承诺水平。可见，高标准自由/区域贸易协定在世界贸易体系中的作用愈发明显，并有逐步在国际贸易治理规则中占据核心地位的趋势。

---

① 发达经济体和发展中经济体之间签订的贸易协定中，平均每一协定含 11 条"WTO＋"条款和 10 条"WTO－X"条款，而发达经济体之间签订的 FTAs 中两类条款数目分别为 8 条和 6 条，发展中经济体之间签订的贸易协定中两类条款数目仅为 8 条和 5 条。

第三章
贸易协定的深度一体化
对双边贸易流量影响的经验研究

　　毋庸置疑,贸易协定的执行降低了成员国之间的贸易壁垒,扩大了市场规模,然而与此同时,其对非成员国的贸易转移效应、不同贸易协定之间存在的原产地规则差异、多个FTAs共存所导致的"意大利面碗"效应为判定贸易协定的经济收益增加了一丝不确定性。特别是,随着近年来贸易协定中议题的广度和承诺的深度不断推进,要求缔约国让渡部分国内政策空间,如何准确界定并衡量贸易协定的"深化",量化其对21世纪价值链贸易的影响程度具有较强的现实意义。本章将首先对现有文献进行总结评述;第二节综合考虑协定的"覆盖力"和"执行力",构造衡量贸易协定"深化"程度的系统指标,并基于世界银行的贸易协定数据库对其进行测算;第三节为实证回归结果,分别利用联合国COMTRADE数据库中的中间品贸易和最终品贸易数据,及WIOD数据库的国外附加值测度贸易协定质量对价值链贸易和传统贸易的影响差异;第四节为进一步的研究,分别汇报测算了贸易协定"深度"一体化的长期效应,以及其对不同制造业行业价值链贸易的影响;最后为本章小结。

第一节　文　献　综　述

自 Tinbergen[1] 建立贸易引力模型以来，利用引力模型研究贸易协定对双边贸易流量影响效应的研究已经较为丰富。Egger[2]、Frankel[3]、Frankel 等[4]、Soloaga 和 Winters[5]、Ghosh 和 Yamarik[6] 等学者通过在引力模型中引入外生虚拟变量考察自由贸易协定对双边贸易流量的平均促进作用，然而实证检验结果并不稳定，贸易协定对双边贸易流量的平均促进效用将视成员国之间"贸易创造"和"贸易转移"效应的博弈结果而定。随后，Baier 和 Bergstrand 进一步考虑到零贸易流量问题，通过使用面板数据，并引入双边固定效应及"国家-时间"固定效应的方法，部分化解了外生化贸易协定产生的估计偏误，研究发现贸易协定对双边贸易流量的促进作用远高于已有估测结果，且将产生长期累积效应，即在 PTAs 签订的十年后，PTAs 对贸易流量的促进作用将高达一倍。[7] 此后，Magee[8]、Roy[9]、

① Jan Tinbergen, *Shaping The World Economy*, New York: Twentieth Century Fund, 1962.

② Peter Egger, "Estimating Regional Trading Bloc Effects with Panel Data", *Review of World Economics*, Vol.21, No.1, 2004.

③ Jeffrey Frankel, "Regional Trading Blocs in The World Trading System", *PIIE SIBN Paper 0-88132-202-4*, 1997.

④ Jeffrey Frankel, Ernesto Stein and Shang-Jin Wei, "Trading Blocs and The Americas: The Natural, The Unnatural and The Super-natural", *Journal of Development Economics*, Vol. 47, No.1, 1995, pp.61-95.

⑤ Isidro Soloaga and L. Alan Winters, "Regionalism in The Nineties: What Effect on Trade?", *The North American Journal of Economics and Finance*, Vol.12, No.1, 2001, pp.1-29.

⑥ Sucharita Ghosh and Steven Yamarik, "Does Trade Creation Measure Up? A Reexamination of the Effects of Regional Trading Agreements", *Economics Letters*, Vol.82, No.2, 2004, pp.213-219.

⑦ Scott L. Baier and Jeffrey H. Bergstrand, "Do Free Trade Agreements Actually Increase Members' International Trade?", *Journal of International Economics*, Vol.71, No.1, 2007, pp.72-95.

⑧ Christopher S.P. Magee, "New Measures of Trade Creation and Trade Diversion", *Journal of International Economics*, Vol.75, No.2, 2008, pp.340-362.

⑨ Martin Roy, "Endowments, Power, and Democracy: Political Economy of Multilateral Commitments on Trade in Services", *WTO Working Paper No.2010-11*, 2010.

Baier 和 Bergstrand[①]等学者进一步根据贸易协定的类型,将其细分为非互惠贸易协定、互惠贸易协定、自由贸易协定、关税同盟、共同市场和经济联盟,经验检验显示贸易协定一体化程度越深,对贸易的放大(促进)效应越强,这一特点经长期累积效应更为显著,如在协定签订后的 18 年内,关税同盟的长期累积效应高达 129%,自由贸易协定约为 66%,而单双边特惠贸易协定则不显著。此外,国内学者刘洪槐依照开放度从低到高的标准,将 RTAs 划分为正面清单、负面清单和欧盟类型三类,考察区域贸易协定对服务贸易增加值的影响,结果表明 RTAs 对成员国间增加值贸易关联的影响随着其开放程度的增加而提高。[②] 上述这些研究将所有贸易协定视为"同质"的贸易协定(或者将同类型贸易协定视为"同质"贸易协定),仅能用于考察"签订贸易协定能否促进双边贸易流量",不足以分析贸易协定的质量对双边贸易流量的促进效用。

自 Lawrence 首次提出"边境后措施"在贸易协定中的重要作用,并引入"'深度'一体化贸易协定"的概念[③]后,近年来研究者开始逐步将研究视角延伸至贸易协定中的具体条款及内容对双边贸易流量的影响分析。Horn 等人根据美国和欧盟所签署的 28 个 FTAs 文本,将 FTAs 所包括的条款划分为"WTO+"和"WTO‐X"两类[④]。其中,"WTO+"是指现已存在于 WTO 框架之下的"第一代"贸易政策规则;而"WTO‐X"指全新的、尚未包含在 WTO 框架和规则之下的"第二代"贸易政策。这一分类方法于 2011 年被

① Scott L. Baier and Jeffrey H. Bergstrand, "Estimating The Effects OF Free Trade Agreements on International Trade Flows Using Matching Econometrics", *Journal of International Economics*, Vol.77, No.1, 2009, pp.63 - 76.

② 刘洪槐:《区域贸易协定对增加值贸易关联的影响——基于服务贸易的实证研究》,《财贸经济》2016 年第 8 期,第 127—141 页。

③ Robert Z. Lawrence, *Regionalism, Multilateralism and Deeper Integration*, New York: Brookings Institution Press, 1996.

④ Henrik Horn, Petros C. Mavroidis, and Andre Sapir, "Beyond the WTO? An Anatomy of EU and US Preferential Trade Agreements", *The World Economy*, Vol.33, No.1, 2010, pp.1565 - 1588.

WTO 的《世界贸易报告》所采用，成为区分"第一代"贸易政策和"第二代"贸易政策的官方分类方法，并被广泛用于研究贸易协定对双边贸易流量的影响研究中。[①] 基于这一定义，WTO 以协定中包含的具有"法律约束力"的"WTO＋"和"WTO－X"条款数目作为"PTAs 深度"的替代指标，研究结果表明 PTA 对缔约国中间品和零部件贸易的促进作用高达 35％，PTAs 中每额外增加一项贸易议题，平均将使双边零部件和中间品贸易流量提高 2％。然而这一方法赋予 FTAs 中的所有议题和条款相同的权重，暗示 FTAs 中不同类型的议题和条款的执行对贸易流量的影响相同。为克服这一局限性，Orefice 和 Rocha 利用主成分分析法（Principal Component Analysis）构建 PTA 综合指数（PTA aggregate Index），研究发现 PTAs 深度每提高 1％，成员国间的中间品和零部件贸易将提高 11.8％，最终品贸易将提高 11.5％。进一步的，他们剥离了文化合作、社会事务、健康等与全球生产和贸易网络无直接关联的议题，仅考虑与全球生产网络高度相关、在 FTAs 中出现频率最高的国有企业、TRIPS、竞争政策、知识产权和资本的自由流动等五大议题，构建 PCA top 5 指数。检验结果显示 PCA top5 指数每提高 1％，对中间品和零部件贸易及最终品贸易的双边贸易流量的促进作用将进一步扩大到 14.7％和 15.3％。[②] Osnago 等人同样以协定中所包含的具有"法律约束力"的条款总数目（及标准化数值）作为协定"深度"的代理变量，研究结果表明 PTAs 每额外增加一项议题，对零部件和中间品贸易的促进作用高达 0.879％，国外附加值将增加 0.509％。具体来看，他们认为"第一代"贸易政策对零部件和中间品贸易具有显著的正向促进效用，然而"第二代"贸易政策对零部件和中间品贸易则具有显著的负向抑制作用。其中，仅

---

① Tristan Kohl, "Do We Really Know That Trade Agreements Increase Trade?", *Review of World Economics*, Vol.150, No.3, 2014, pp.443－469; Nuno Limao, "Preferential trade agreements", *NBER working paper 22138*, 2016.

② Gianluca Orefice and Nadia Rocha, "Deep integration and Production Networks: An Empirical Analysis", *The World Economy*, Vol.37, No.1, 2013, pp.106－136.

"竞争政策"和"投资政策"与零部件和中间品贸易具有正相关关系,其他非核心"WTO-X"条款与零部件和中间品贸易具有显著的负相关关系。[1] 进一步的,Hofmann 等人利用世界银行公布的 1958—2015 年向 WTO 备案的279 个贸易协定中所包含的具有"法律约束力"的条款数目构建了 PTA"总指标""核心指标"和"PCA 指标",对不同区域、收入水平和发展程度的国家所参与的 PTAs 进行描述性统计分析,结果显示近年来各国贸易协定的"深度"一体化程度不断增加,以竞争政策、资本的自由流动、投资和知识产权为代表的"WTO-X"条款的法律承诺率不断提高,且协定中各条款的法律承诺率随着成员方发展程度差异的增加而增大。[2] 上述文献对贸易协定"深度"一体化的界定及实证回归均围绕协定中具有"法律约束力"的条款,却并未将协定"覆盖的、但不具备法律约束力"的条款纳入考察范围。盛斌和果婷计算了亚太地区 FTAs 中"第一代"贸易议题和"第二代"贸易议题的"覆盖率"和"承诺率",描述性统计结果显示亚太地区"第一代"贸易议题的覆盖率和承诺率均高于"第二代"贸易议题,发达国家的覆盖率和承诺率普遍高于发展中国家。[3] Kohl 等人在 Horn 等(2010)的分类基础上筛选出 17 项与贸易相关的政策,其中包括 13 项"WTO+"条款和 4 项"WTO-X"条款。通过测算贸易协定对这 17 项贸易条款的覆盖程度和法定执行程度作为衡量协定"深度"的代理变量,经验检验显示贸易协定的"深度"一体化和国际贸易具有正相关关系,并且这一正向促进作用依赖于协定中条款的法定执行程度。[4] 值得注意的是,Kohl 等人的研究结果显示在贸易协定中,

---

[1] Alberto Osnago, Nadia Rocha and Michele Ruta, "Deep Agreements and Global Value Chains", *Policy Research Working Paper No.WPS8491*, Washington, D.C.; World Bank Group, 2016.

[2] Claudia Hofmann, Alberto Osnago and Michele Ruta, "Horizontal Depth-a New Database on the Content of Preferential Trade Agreements", *World Bank Policy Research Working Paper 7981*, 2017.

[3] 盛斌、果婷:《亚太区域经济一体化博弈与中国的战略选择》,《世界经济与政治》2014 年第 10 期,第 4—21 页。

[4] Tristan Kohl, Steven Brakman and Harry Garretsen, "Do Trade Agreements Stimulate International Trade Differently? Evidence from 296 Trade Agreements", *The World Economy*, Vol.39, No.1, 2016, pp.97-131.

"WTO＋"条款具有显著的贸易促进效用,日益受到领先经济体追捧的"WTO－X"条款对国际贸易的促进效果并不显著。该文献是目前唯一一篇将贸易协定的"覆盖性"条款和"约束力"条款分别纳入经验检验中的学术文章。

除了采用上文 Horn 等人的分类方法以外,Dür 等人利用 1945—2009年生效的所有[①]PTAs 构建了 DESTA 数据库,通过考察协定在关税自由化、服务贸易、投资、标准、公共采购、竞争政策和知识产权等七项议题中"是否包含实质性内容和条款",测得各样本 PTAs 的"深度"一体化水平为 0—7之间,取值越大表示贸易协定的一体化程度越深。回归结果表明"边境后措施"是影响贸易流量的重要制约因素,PTAs 对贸易流量的促进效用将随着协定深度的提高而加强。[②] 此外,Petri 等人采用一般均衡模型(CGE 模型)分析了东盟经济的"深度"一体化对成员国实际收入水平的影响。研究表明严格执行《东盟经济共同体蓝图》中的"深度"一体化条款(包括区域内关税的完全削减、消除非关税壁垒、改善投资环境)将带动东盟经济体的实际收入水平提高 5.3％。具体来看,投资便利化、贸易便利化、削减非关税壁垒等非关税措施对实际收入的促进作用高达关税自由化的 6 倍以上。[③]

本章创新点,首先,在 Hofmann[④] 研究基础之上对其进一步改进,利用世界银行的 PTAs 原始数据库综合考虑 PTAs/RTAs 的"覆盖力"和"约束力",分别构建 PTAs/RTAs"总指数""核心指数""WTO＋指数""WTO－X指数""关税指数"和"非关税指数"等 12 项"深度"一体化指标,作为贸易协

---

① 包括未向 WTO 通报的贸易协定。
② Andreas Dür, Leonardo Baccini and Manfred Elsig, "The Design of International Trade Agreements: Introducing a New Dataset", *The Review of International Organizations*, Vol.9, No.3, 2014, pp.353－375.
③ Peter A. Petri, Michael G Plummer, and Fan Zhai, "The Trans-Pacific Partnership and Asia-Pacific Integration: A Quantitative Assessment", *Policy Analysis in International Economics* No.98. Peterson Institute and East West Center, Washington, 2012.
④ Claudia Hofmann, Alberto Osnago and Michele Ruta, "Horizontal Depth-a New Database on the Content of Preferential Trade Agreements", *World Bank Policy Research Working Paper 7981*, 2017.

定质量的代理变量,多维、系统估测 PTAs/RTAs 的发展现状。其次,利用上述 12 个贸易协定"深度"一体化的指标,本章结合联合国商品贸易统计数据库(UNCOMTRADE 数据库)和世界投入产出表数据库(WIOD),分别测算了贸易协定质量对中间品贸易、最终品贸易和以"国外附加值"代表的价值链贸易的影响程度。再次,本章基于 WIOD 数据库,区分了不同技术含量的制造行业,测算了协定质量对不同制造行业的价值链贸易的影响程度。

第二节 指标构造、数据说明和模型设定

一、指标构造

本章沿用 Horn, Mavroidis 和 Sapir(2010)[1]对"第一代"和"第二代"贸易政策议题的分类(如表 2 - 4 所示)。在这一分类基础之上,本章进一步对贸易协定中所"覆盖"的条款、具有"法律约束力"且适用 WTO 争端解决机制的条款进行区分,得到各议题的"深度"一体化程度。具体来看如图 3 - 1 所示,第一阶段,判断协定是否"覆盖"某一议题 X 的标准为"协定中是否直接或间接[2]的包含特定某些章节或条款对该议题做出某些特定承诺"。[3] 若 FTAs 覆盖条款 X,则赋值为"1 分",反之得"0 分"。第二阶段,依照 Horn, Mavroidis 和 Sapir 对贸易协定中条款的"法律约束力"进行基本界定,包含

---

① Henrik Horn, Petros C. Mavroidis, and Andre Sapir, "Beyond the WTO? An Anatomy of EU and US Preferential Trade Agreements", *The World Economy*, Vol.33, No.1, 2010, pp.1565 – 1588.
② 某些议题并未直接明示于贸易协定的章节或条款目录中,但可能在其他相关条款或议题中有所涉及。如多数贸易协定中并无"区域合作"章节,但"合作与技术援助"章节中将包括与"区域合作"相关的条文(如《中国-哥斯达黎加自由贸易协定》);在"国有企业"议题上,协定中可能使用"公共事业单位"这一替代名词(如《加勒比共同市场》)。
③ Claudia Hofmann, Alberto Osnago and Michele Ruta, "Horizontal Depth-a New Database on the Content of Preferential Trade Agreements", *World Bank Policy Research Working Paper 7981*, 2017.

两个层级：第一层级，条文中所使用的是否为清晰而明确的"法律术语"①，是否"明确界定并要求各成员方应遵循并履行的各项义务"，而非采用模糊性的承诺（即申诉方在争端解决程序中是否可直接援引此条款）。若该条款 X 为以具有"法律约束力"的语言进行表述，则记为"1 分"，反之为"0 分"。第二层级，协定中是否明示该议题适用于争端解决机制。若该条款适用于争端解决机制则为"1 分"，反之则记为"0 分"②。经上述两个阶段（共 3 个层级）的划分后，协定中各项议题的"深度"一体化程度得分取值分别为"0 分""1 分""2 分""3 分"。

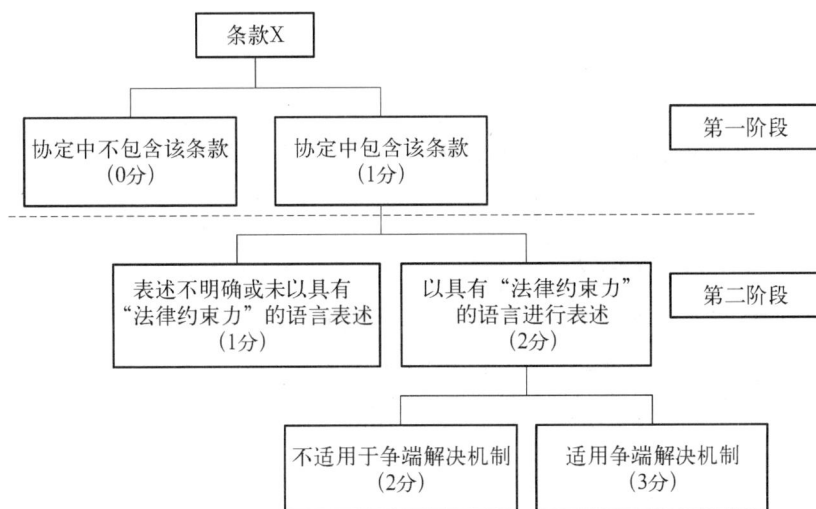

图 3 - 1　对 RTAs/FTAs 中各议题的"深度"一体化程度的度量

资料来源：Claudia Hofmann，Alberto Osnago and Michele Ruta，"Horizontal Depth-a New Database on the Content of Preferential Trade Agreements"，*World Bank Policy Research Working Paper 7981*，2017.

基于上述分类方法，本章分别构造 PTAs"总指数""核心指数""WTO＋'指数""WTO－X 指数""关税指数"和"非关税指数"等六项"覆盖力"指标

---

① 协定中的"法律术语"应遵循《维也纳条约法公约》(Vienna Convention on the Law of the Treaties，1996)中的相关规则。
② 不适用于争端解决机制表示该议题将采用其他更具弹性的机制或途径解决缔约方之间的争端矛盾。

综合估测贸易协定的"深度"一体化程度。

(一) PTAs 总指数

对 PTAs 中所包含的所有条款的"深度"一体化程度进行简单加总,总体考察协定的"深度"。后对其进行标准化处理,分析该协定的"深度"一体化程度在总体样本中所处的位置。所有协定的 PTAs 总指数均落入$[0,1]$,数值越大,表明该协定的"深度"一体化程度越高,若 PTAs 总指数达到 1,表示该协定是现存贸易协定中一体化程度最高的贸易协定。

$$Totaldep_i = \frac{Totaldepth_i}{Max(Totaldepth_i)} = \frac{\sum_1^{52} Provision_k}{Max(Totaldepth_i)}$$
$$i = 1 \cdots\cdots n \tag{3.1}$$

其中,$Provision_k$ 表示各议题的"深度"一体化程度,$Totaldepth_i$ 表示协定 i 的总体"深度"一体化程度。

(二) PTAs 核心指数

HMS 分类法所涉及的 52 项议题几乎囊括贸易协定中可能出现的所有议题,其范围远远超越贸易的范畴,其中反毒品、反洗钱、恐怖主义等议题仅在某些特定区域国家所签订的 FTAs 中出现。本章遵循 Damuri 所采用的多维排列法[1],从 HMS 分类法的 52 项议题中进一步筛选出 18 个在贸易协定中频繁出现、兼顾扩大市场准入和确保价值链贸易平稳运行的核心议题[2],包括工业产品减让、农业产品减让、海关程序、出口税、卫生和植物检疫、技术性贸易壁垒、反倾销、反补贴、TRIMs、TRIPs 和资本的自由流动等 11 项"边界措施"和国有企业、公共补助、政府采购、GATS、竞争政策、投资和 IPR 等 7 项"边界后措施"。将 18 个核心议题进行简单加总并进行标准

---

[1] Yose Rizal Damuri, "21st Century Regionalism and Production Sharing Practice", *Center for Trade and Economic Integration Working Paper No.CTEI-2012-4*, 2012.

[2] Richard Baldwin, "Big-Think Regionalism: A Critical Survey", *NBER Working Paper 14056*, 2008.

化处理后得到的"PTAs 核心指数",该指数剥离了与全球生产和贸易网络不直接相关的其他社会性议题,直接反映 PTAs 核心条款对全球贸易—投资—服务网络的直接促进作用。

$$Coredep_i = \frac{Coredepth_i}{Max(Coredepth_i)} = \frac{\sum_1^{18} Provision_c}{Max(Coredepth_i)}$$

$$i = 1 \cdots n \qquad (3.2)$$

其中,$Provision_c$ 表示 18 个核心议题的"深度"一体化程度,$Coredepth_i$ 表示协定 i 的核心"深度"一体化程度。

(三)"WTO+"指数和"WTO-X"指数

基于 HMS 分类法分别针对"第一代"贸易政策和"第二代"贸易政策构造"深度"一体化指数,横向检验并对比某一协定内"第一代"贸易政策和"第二代"贸易政策在促进双边贸易发展中的具体差异。

$$Wtoplusdep_i = \frac{Wtoplusdepth_i}{Max(Wtoplusdepth_i)} = \frac{\sum_1^{14} Provision_p}{Max(wtoplusdepth_i)}$$

$$i = 1 \cdots n \qquad (3.3)$$

$$Wtoxdep_i = \frac{Wtoxdepth_i}{Max(Wtoxdepth_i)} = \frac{\sum_{15}^{52} Provision_x}{Max(Wtoxdepth_i)}$$

$$i = 1 \cdots n \qquad (3.4)$$

其中,$Provision_p$ 和 $Provision_x$ 分别表示"第一代"贸易政策和"第二代"贸易政策中各条款的"深度"一体化程度。

(四)关税指数和非关税指数

本章从 52 项议题中筛选出工业产品减让、农业产品减让、反倾销、反补贴、TRIMs 和 TRIPs 等六项与关税减让相关的贸易议题[1],分别计算 FTAs

---

① Yose Rizal Damuri, "21st Century Regionalism and Production Sharing Practice", *Center for Trade and Economic Integration Working Paper No.CTEI-2012-4*, 2012.

中关税议题和非关税议题对双边贸易发展的影响差异。

$$Tariffdep_i = \frac{Tariffdepth_i}{Max(Tariffdepth_i)} = \frac{\sum_1^6 Provision_t}{Max(Tariffdepth_i)}$$

$$i = 1 \cdots n \tag{3.5}$$

$$Nontariffdep_i = \frac{Nontariffdepth_i}{Max(Nontariffdepth_i)} = \frac{\sum_1^{46} Provision_{nt}}{Max(Nontariffdepth_i)}$$

$$i = 1 \cdots n \tag{3.6}$$

其中,$Provision_t$ 和 $Provision_{nt}$ 分别表示与关税减让相关的议题和非关税议题中各条款的"深度"一体化程度。

进一步,本章沿用上述分类方法针对 PTAs 中"具有法律约束力"且适用于争端解决机制的议题单独计算"约束力"指数,包括 $leTotaldep_i$、$leCoredep_i$、$leWtoplusdep_i$、$leWtoxdep_i$、$leTariffdep_i$、$leNontariffdep_i$ 等六项指标。区分"覆盖力"指标和"约束力"指标将为判断"软法律"在国际贸易协定中的经济效应提供科学的判断依据。

二、描述性统计分析

基于上述指标,本章分别对总体、发达经济体—发达经济体、发达经济体—发展中经济体、发展中经济体—发展中经济体的"覆盖力"指标和"约束力"指标进行描述性统计分析。总体看来(如表 3 - 1 所示)目前各项 PTAs "深度"一体化指标与 20 世纪 80 年代相比均有显著提升。其中,以 PTAs "核心指数"和"WTO+指数"表示的"深度"一体化程度的发展最为显著,且占样本总量 2/3 以上的核心条款和"WTO+"条款均以"具有法律强制约束力"的形式存在。由此可见,与贸易直接相关的谈判议题和目前已存在于 WTO 框架之内的"第一代"贸易政策仍是促使各方进行贸易协定谈判的最直接动因,并被成员方普遍接受,以"具有法律约束力"形式的条款呈现。笔

表3-1　1980—2015年间各国"深度"一体化程度[a]

总体	FTAs的"覆盖力"							FTAs的"约束力"						
	1980—1984	1985—1989	1990—1994	1995—1999	2000—2004	2005—2009	2010—2015	1980—1984	1985—1989	1990—1994	1995—1999	2000—2004	2005—2009	2010—2015
Total	37	43.5	27.56	27.53	41.76	43.83	52.5	22.25	27.25	17	15.97	22.94	25.6	30.12
	0.330	0.388	0.246	0.246	0.373	0.391	0.469	0.297	0.363	0.227	0.213	0.305	0.341	0.402
Core	19.5	25.5	22.8	21.29	32.88	36.16	39.34	12	16.5	14.68	13.24	20.5	22.71	24.93
	0.361	0.472	0.422	0.394	0.609	0.67	0.729	0.333	0.459	0.408	0.368	0.569	0.631	0.693
WTO+	18	22.25	18.96	17.09	26.54	29.85	32.07	11	14.5	12.24	10.65	16.62	18.9	20.53
	0.429	0.53	0.451	0.407	0.632	0.711	0.764	0.393	0.518	0.437	0.380	0.594	0.675	0.733
WTO-X	19	21.25	8.6	10.44	15.22	13.98	20.43	11.25	12.75	4.76	5.32	6.32	6.7	9.59
	0.264	0.295	0.119	0.145	0.211	0.194	0.284	0.239	0.271	0.101	0.113	0.135	0.143	0.204
Tariff	9.25	12	8.68	8.26	12.66	13.69	13.76	5.5	8	5.68	5.41	8.26	8.9	8.87
	0.514	0.667	0.482	0.459	0.703	0.761	0.764	0.458	0.667	0.473	0.451	0.688	0.742	0.739
Non-tariff	27.75	31.5	18.88	19.26	29.1	30.14	38.74	16.75	19.25	11.32	10.56	14.68	16.7	21.25
	0.295	0.335	0.201	0.205	0.301	0.321	0.412	0.266	0.306	0.18	0.168	0.233	0.265	0.337

续 表

发达经济体—发达经济体①

	FTAs 的"覆盖力"							FTAs 的"约束力"						
	1980—1984	1985—1989	1990—1994	1995—1999	2000—2004	2005—2009	2010—2015	1980—1984	1985—1989	1990—1994	1995—1999	2000—2004	2005—2009	2010—2015
Total	65	54.67	70.5	65.5	49.83	50	59.13	42.5	34.33	46	41.5	29.5	31.4	33.75
	0.580	0.488	0.63	0.55	0.445	0.446	0.528	0.567	0.458	0.613	0.553	0.393	0.419	0.45
Core	34	32	41.5	38	43	45.4	45.63	22	20.67	27	24	27.5	29.4	29
	0.63	0.593	0.769	0.704	0.796	0.841	0.845	0.611	0.575	0.75	0.666	0.764	0.817	0.806
WTO+	31	27.67	32	34	33	36	36.25	20	18	21	21.5	21.17	23.6	23.25
	0.738	0.659	0.762	0.81	0.786	0.857	0.863	0.714	0.643	0.75	0.768	0.756	0.843	0.83
WTO-X	34	27	38.5	31.5	16.83	14	22.88	22.5	16.33	25	20	8.33	7.8	10.5
	0.472	0.375	0.535	0.438	0.234	0.194	0.318	0.479	0.347	0.532	0.426	0.177	0.166	0.223
Tariff	14	14	12	15	15.67	15	16.25	9	9.33	8	10	10.33	10	10.5
	0.778	0.778	0.666	0.833	0.871	0.833	0.903	0.75	0.778	0.667	0.833	0.861	0.833	0.875

① 本章依 IMF 对发达经济体的界定,将以下国家或地区归为发达经济体:澳大利亚、奥地利、比利时、加拿大、塞浦路斯、捷克、丹麦、爱沙尼亚、芬兰、法国、德国、希腊、中国香港、冰岛、以色列、意大利、日本、拉脱维亚、立陶宛、卢森堡、中国澳门、马耳他、荷兰、新西兰、挪威、葡萄牙、波多黎各、圣马力诺、新加坡、斯洛伐克、斯洛文尼亚、韩国、西班牙、瑞典、瑞士、中国台湾、英国、美国。

	FTAs 的"覆盖力"							FTAs 的"约束力"						
	1980—1984	1985—1989	1990—1994	1995—1999	2000—2004	2005—2009	2010—2015	1980—1984	1985—1989	1990—1994	1995—1999	2000—2004	2005—2009	2010—2015
Non-tariff	51	40.67	58.5	50.5	34.17	35	42.88	33.5	25	38	31.5	19.17	21.4	23.25
	0.543	0.433	0.622	0.537	0.364	0.372	0.456	0.532	0.397	0.603	0.5	0.304	0.34	0.369
发达经济体—发展中经济体														
Total	12	—	37.75	36.78	49.17	49.46	57.54	4	—	23.75	19.44	25.52	29.49	32.70
	0.107	—	0.337	0.328	0.439	0.442	0.514	0.053	—	0.317	0.259	0.34	0.393	0.436
Core	8	—	34.25	30.89	36.17	39.51	41.14	4	—	21.75	18.56	22.26	25.05	25.95
	0.148	—	0.634	0.572	0.676	0.732	0.762	0.111	—	0.604	0.516	0.618	0.696	0.721
WTO+	8	—	28.25	24.22	28.39	31.88	33	4	—	18	14.78	17.48	20.37	21.11
	0.191	—	0.673	0.577	0.676	0.759	0.786	0.143	—	0.643	0.528	0.624	0.728	0.754
WTO-X	4	—	9.5	12.56	20.78	17.59	24.54	0	—	5.75	4.67	8.04	9.12	11.59
	0.056	—	0.132	0.174	0.289	0.244	0.341	0	—	0.122	0.099	0.171	0.194	0.247
Tariff	7	—	13.25	11.78	13.48	15.15	13.86	4	—	8.5	7.78	8.74	9.9	9
	0.389	—	0.736	0.654	0.749	0.842	0.77	0.333	—	0.708	0.648	0.728	0.825	0.75
Non-tariff	5	—	24.5	25	35.7	34.32	43.68	0	—	15.25	11.67	16.78	19.59	23.7
	0.053	—	0.261	0.266	0.38	0.365	0.465	0	—	0.242	0.185	0.266	0.311	0.376

续　表

发展中经济体—发展中经济体

	FTAs 的"覆盖力"							FTAs 的"约束力"						
	1980—1984	1985—1989	1990—1994	1995—1999	2000—2004	2005—2009	2010—2015	1980—1984	1985—1989	1990—1994	1995—1999	2000—2004	2005—2009	2010—2015
Total	6	10	20.89	20.61	31.33	36.12	42.09	0	6	12.53	12.39	18.24	20.06	24.7
	0.054	0.089	0.187	0.184	0.28	0.323	0.376	0	0.08	0.167	0.165	0.243	0.268	0.329
Core	2	6	18.42	16.09	26.38	30.76	34.26	0	4	11.89	10.22	16.57	18.91	21.87
	0.037	0.111	0.341	0.298	0.489	0.57	0.634	0	0.111	0.330	0.284	0.460	0.525	0.608
WTO+	2	6	15.63	12.83	22.67	26.5	29.13	0	4	10.11	8.09	14.38	16.44	18.65
	0.048	0.143	0.372	0.306	0.54	0.631	0.694	0	0.143	0.361	0.289	0.514	0.587	0.666
WTO-X	4	4	5.26	7.78	8.67	9.62	12.96	0	2	2.42	4.3	3.86	3.62	6.04
	0.056	0.056	0.073	0.108	0.120	0.134	0.18	0	0.043	0.052	0.092	0.082	0.077	0.129
Tariff	2	6	7.37	6.3	10.9	11.74	12.74	0	4	4.84	4.09	7.14	7.53	8.09
	0.111	0.333	0.409	0.35	0.606	0.652	0.78	0	0.333	0.403	0.341	0.595	0.628	0.674
Non-tariff	4	4	13.53	14.3	20.43	24.38	29.35	0	2	7.68	8.3	11.1	12.53	16.61
	0.043	0.043	0.144	0.152	0.217	0.259	0.312	0	0.032	0.122	0.132	0.176	0.199	0.264

注 a：第一栏表示各时期所生效的贸易协定的平均"深度"—体化程度；第二栏表示经标准化后的平均"深度"—体化指数。

者认为 20 世纪 90 年代出现的贸易协定平均"深度"一体化程度的倒退一方面是由于该时期苏联解体,俄罗斯与东欧诸国分别签订双边货物贸易协定;另一方面是由于东盟成员国之间形成的诸边货物贸易协定。该类谈判主要集中于关税等传统贸易议题,在一定程度上降低了这一时期世界"深度"一体化程度的平均水平。

具体来看,发达经济体之间的一体化进程起步早、起点高。1958 年生效的《欧共体条约》拉开了欧洲"深度"一体化进程的序幕,更为随后 50 年间欧洲地区乃至世界范围内贸易协定的"深度"一体化奠定了基石。随着美国、澳大利亚、新西兰、日本、韩国等后进发达经济体"深度"一体化进程的展开,发达经济体之间"深度"一体化程度的"总指数""WTO‐X 指数"和"非关税指数"有不同幅度的降低[①],但 21 世纪后,这一局面被彻底逆转。在"核心指数""WTO＋指数"和"关税指数"上,发达经济体之间始终保持着稳中有升的发展态势。

发达经济体—发展中经济体之间的一体化进程起步较晚,但发展最为迅速。21 世纪以来,其各项指标与发达经济体之间的差距日益缩小,近年来已几近持平,特别是在"WTO‐X"议题上,发达经济体—发展中经济体之间的"深度"一体化程度已超越发达经济体之间的一体化程度。这一方面是由于欧盟东扩迫使后加入欧盟的发展中经济体被动接受基于《欧共体条约》而增加、修改、删除的进入条款,进而提高了发达经济体—发展中经济体的平均一体化程度。其次,由于发展中经济体影响货物和服务贸易发展的贸易壁垒普遍高于发达经济体,PTAs 在一定程度上成为发达经济体向发展中经济体出口"第二代"贸易政策、获得发展中经济体边境后措施"深度"一体化承诺的最佳平台。第三,发展中经济体主动通过在减让标准、规制条款、程序管理等方面进行单边改革,寻求与发达经济体的相互认可、融合和

---

① 发达经济体之间总指数、WTO‐X 指数和非关税指数的降低并非表明出现逆"深度"一体化趋势,而是由于发达经济体中的后进国家加入一体化进程造成。

统一,实现吸引对外投资、扩大市场准入、参与全球生产网络、进行国际分工的内生利益诉求。

与发达经济体之间和发达经济体—发展中经济体相比,发展中经济体之间的"深度"一体化进程发展水平和法定执行程度较低,但发展态势迅猛,2010—2015 年其"总指数""核心指数""WTO＋指数"和"关税指数"均已高达 1980—1984 年间的 5 倍以上。特别是,"关税指数"和"WTO＋指数"与发达经济体—发展中经济体几乎持平。与发达经济体之间和发达经济体—发展中经济体相比,发展中经济体之间对"第二代"贸易政策的覆盖程度和法定执行程度均较低(2010—2015 年,发展中经济体之间"WTO－X"指标的"覆盖力"和"约束力"仅为 12.96 和 6.04),但智利、秘鲁、墨西哥等中等收入或中高收入的发展中经济体已逐步将规制融合类条款纳入起主导的 FTAs 谈判中,并试图通过贸易协定谈判的方式向本区域或其他发展中经济体输出本国的规制条款。

三、数据说明和计量模型

本章采用世界银行 2017 年发布的 PTAs 数据库,该数据库涵盖 1958—2015 年间 189 个国家或地区之间所签订并向 WTO 通报的共计 279 个贸易协定。在使用该数据库时,进行了如下处理:首先,删除了 TPP(Trans-Pacific Partnership)和所有的 PSA(Partial Scope Agreements),仅考察目前已经生效的关税同盟和自由贸易协定;其次,在处理增加新成员方的"扩员协定"(Enlargement Agreement)时,结合"初始协定"和"扩员协定"综合考察对协定条款的删除、修订和增添;再次,针对目前欧盟内成员国间同时存在多个生效的贸易协定,本章选取相应年份"深度"一体化指数最高的贸易协定作为衡量本年份"深度"一体化指数的目标协定;最后,本章保留 1980—2015 年间生效的 251 个 FTAs 作为核心解释变量。

　　对于全球生产网络的衡量本章采用 Yeats[①] 和 Hummels 等[②]的做法，使用中间品和零部件贸易额作为全球生产网络的代理变量，这里的中间品和零部件是指按广泛经济类别分类（BEC 类型）定义的"中间货物"。数据来源于联合国 COMTRADE 数据库，中间品和零部件进口数据均采用由进口国申报的到岸价（CIF），样本期间为 1980—2015 年的年度数据。

　　本章旨在考察 FTAs 的"深度"一体化对全球生产网络的影响特征，参照 Baier 和 Bergstrand[③] 的模型设定方法，本章采用如下基准计量模型：

$$\ln interim_{ijt} = \alpha + \beta PTADepth_{ijt} + F_{ij} + F_{it} + F_{jt} + F_t + \varepsilon_{ijt} \quad (3.7)$$

　　其中，$interim_{ijt}$ 表示 t 年 i 国从 j 国进口的中间品和零部件贸易总值，$PTADepth_{ijt}$ 表示 t 年 i 国和 j 国之间对应的 FTAs 深度一体化程度，分别对应上文所述的 $Totaldepth_i$、$Coredepth_i$、$Wtoplusdepth_i$、$Wtoxdepth_i$、$Tariffdepth_i$、$Nontariffdepth_i$ 和 $leTotaldepth_i$、$leCoredepth_i$、$leWtoplusdepth_i$、$leWtoxdepth_i$、$leTariffdepth_i$、$leNontariffdepth_i$ 等指标，为本章的核心解释变量。同时本章通过引入进口国-时间固定效应、出口国-时间固定效应、国家配对固定效应和时间固定效应等四个固定效应，化解遗漏变量带来的内生性问题。具体来看，进出口国家之间的固定效应（F_{ij}）控制了特定的进出口国家之间不随时间而变化的影响因素，如两国距离、是否拥有共同的语言、是否接壤等自然变量和社会变量等；进口国-时间固定效应（F_{it}）和出口国-时间固定效应（F_{jt}）则分别捕获进出口国家随时间变化的变量，如进出口国的国内生产总值、价格指数；时间固定效应（F_t）控制了外部冲击等其他随时间变动的不可观察变量，以及和误差项相关的变量，包括世界经

① Alexander J. Yeats, *Just How Big Is Global Production Sharing? // Fragmentation: New Production Patterns in the World Economy*. Oxford: Oxford University Press, 1998.

② David Hummels, Jun Ishii and Yi Kei-Mu, "The Nature and Growth of Vertical Specialization in International Trade", *Journal of International Economics*, Vol.54, No.1, 2001, pp.75-96.

③ Scott L. Baier and Jeffrey H. Bergstrand, "Do Free Trade Agreements Actually Increase Members' International Trade?", *Journal of International Economics*, Vol.71, No.1, 2007, pp.72-95.

济的发展趋势,世界市场的开放程度以及国际政治局势等宏观因素等。

第三节　计量结果分析

本章首先采用前文所构造的 6 个"覆盖力"指标对基准模型进行最小二乘回归,分别考察 PTAs 中不同类型的议题对全球生产网络影响的大小与差异。随后,利用"约束力"指标进行回归考察"具有法律约束力"且适用于争端解决机制的"约束力"条款对双边中间品贸易流量的促进效果,从而可推知"软法律"对全球生产网络的实际影响效用。其次,本章还将考察贸易协定的"深度"一体化对最终品贸易的影响,与中间品贸易对比分析各类贸易条款对传统贸易模式和 21 世纪价值链贸易模式的影响差异。

一、贸易协定的"深度"一体化对全球生产网络的影响

如表 3 - 2 所示,模型(1)首先引入二值虚拟变量作为签订自由贸易协定的代理变量,考察签订自由贸易协定对全球生产网络的平均效应,结果显示 FTAs 对中间品贸易的平均促进作用高达 19.72%($e^{0.180} - 1 = 19.72\%$)。模型(2)—模型(7)进一步以 FTAs 的"覆盖力"指标作为核心解释变量考察 FTAs 的"深度"一体化对双边中间品贸易流量的影响。具体来看,模型(2)以 FTAs"总指标"衡量的 FTAs 一体化程度每提高一个单位,将带动双边贸易流量提升 0.32%。在模型(3)中,与贸易直接相关的 18 个核心议题的"深度"每增加一个单位,对双边贸易流量的直接促进作用高达 0.45%,这表明核心议题是推动中间品贸易的主要动力,应成为 FTAs 谈判的重心所在。模型(4)和模型(5)分别估测"第一代"贸易政策和"第二代"贸易政策对中间品贸易的影响效用,结果显示两代贸易政策对价值链贸易均有显著的促进效用,其中"第二代"贸易政策对双边贸易流量的促进作用略高于"第一代"

表 3 - 2 FTAs 的"深度"一体化对全球生产网络的回归估计结果

模型 因变量	(1) Ininterim	(2) Ininterim	(3) Ininterim	(4) Ininterim	(5) Ininterim	(6) Ininterim	(7) Ininterim
pta	0.180*** (0.016 5)						
totaldepth		0.003 21*** (0.000 235)					
coredepth			0.004 49*** (0.000 397)				
wtoplusdepth				0.005 76*** (0.000 502)			
wtoxdepth					0.005 82*** (0.000 404)		
tariffdepth						0.013 2*** (0.001 14)	
nontariffdepth							0.003 97*** (0.000 287)
国家对固定效应	是	是	是	是	是	是	是
进口国-时间固定效应	是	是	是	是	是	是	是
出口国-时间固定效应	是	是	是	是	是	是	是
时间固定效应	是	是	是	是	是	是	是
Observations	398 647	398 647	398 647	398 647	398 647	398 647	398 647
R-squared	0.867	0.867	0.867	0.867	0.867	0.867	0.867

注：括号内的数字为标准差；*、**、***分别表示在 10%、5% 和 1% 的置信水平下显著。下表同。

贸易政策,其影响效果达 0.58%。该回归结果证实了贸易协定谈判的政治经济动因,即进一步寻求规制改革、规制合作、规制融合,通过制度安排降低成员国间进行国际生产、投资和贸易的交易成本,缓解"不完全契约"引发的贸易成本和不确定性,促进全球生产网络和中间品贸易的发展。模型(6)和模型(7)分别估计关税措施和非关税措施对双边贸易流量的促进效果,估计结果显示关税壁垒对双边贸易的制约作用远大于非关税壁垒,双边关税一体化程度每提高一个单位,对双边贸易流量的促进作用高达 1.33%。这再次印证了 Baldwin 等人的观点,关税壁垒仍对全球贸易和生产网络产生巨大的负面效用,关税削减(特别是对各国敏感商品的筛查和削减)不应被自由贸易协定的谈判所忽视。[①]

表 3 - 3 进一步考察了"约束力"条款对中间品贸易的促进程度。估计结果显示适用于争端解决机制的"约束力"条款对全球生产网络的促进作用约高达"覆盖力"条款(表 3 - 2)的两倍,两者在"总指标""非关税壁垒指标"和"WTO - X 指标"中差异最为明显。本章认为具有"法律约束力"的"WTO - X"指标对全球生产网络具有显著的正向促进作用,这一结论与Kohl 等的结论相反。本章认为这主要是由于两者指标构建的差异导致。Kohl 等人仅将"资本流动""竞争政策""劳工""环境"四项议题进行标准化处理作为"WTO - X"指标,而将"第二代"政策中更受关注的"知识产权"和"投资"政策纳入"WTO+"指标。本章则依照 Horn 等[②]对"WTO - X"的定义将 38 项"第二代"贸易政策全部纳入指标考察范围。本章证实了争端解决机制是确保协定顺利执行,促进全球生产网络发展的重要保障。FTAs谈判的核心目标为通过制定高标准与高质量的"新"规则统筹全球价值链,

---

① Richard Baldwin, "WTO 2.0: Global Governance of Supply-China Trade", *CEPR Policy Insight No.64*, 2012.

② Henrik Horn, Petros C. Mavroidis, and Andre Sapir, "Beyond the WTO? An Anatomy of EU and US Preferential Trade Agreements", *The World Economy*, Vol.33, No.1, 2010, pp.1565 - 1588.

表3-3　FTAs中的"约束力"条款对全球生产网络的回归估计结果

模型 因变量	(1) lninterim	(2) lninterim	(3) lninterim	(4) lninterim	(5) lninterim	(6) lninterim
letotaldepth	0.005 72*** (0.000 379)					
lecoredepth		0.007 25*** (0.000 615)				
lewtoplusdepth			0.009 23*** (0.000 776)			
lewtoxdepth				0.010 2*** (0.000 645)		
letariffdepth					0.020 6*** (0.001 74)	
lenontariffdepth						0.007 07*** (0.000 463)
国家对固定效应	是	是	是	是	是	是
进口国-时间固定效应	是	是	是	是	是	是
出口国-时间固定效应	是	是	是	是	是	是
时间固定效应	是	是	是	是	是	是
Observations	398 647	398 647	398 647	398 647	398 647	398 647
R-squared	0.867	0.867	0.867	0.867	0.867	0.867

推动发展中成员进行必要的国内规制改革,提升国际化、法制化和开放性的商业环境水平,进而化解发达经济体在发展中成员间进行外包、投资和销售(贸易)的"套牢困境"[①]。具有强制执行力的争端解决机制一方面将保障协定缔约方规制承诺的行为一致性和可信性;另一方面将对非缔约国产生正外部效应,以"公共品"的形式为非缔约国提供高标准、现代化、国际化的规制条款,通过放大效应促进与非缔约国的中间品贸易。

二、贸易协定的"深度"一体化对最终品贸易的影响

接下来,分别用FTA"覆盖力"指标和"约束力"指标对最终品贸易进行回归分析,与前文对中间品贸易的回归分析进行比对,考察FTAs的"深度"一体化对传统贸易模式和21世纪新型贸易模式的影响差异。如表3-4和表3-5的回归结果所示,总体来看以不同指标衡量的FTAs的"深度"一体化对21世纪新型贸易模式的促进作用均显著大于对传统贸易的促进作用,其中以"WTO-X"指标、非关税指标和总指标衡量的差异最为明显。回归结果证实在全球价值链背景下,生产要素将多次双向跨境流动,生产、贸易、服务与投资逐渐形成"一体化综合体",中间产品进口的贸易壁垒将产生累积和放大效应,显著提升贸易保护成本。因此,贸易规则的"深度"一体化与自由化也将通过累积和放大效应激发中间品贸易的数倍增长。

与中间品贸易显著不同,以"覆盖力"指标和"约束力"指标衡量的"WTO+"议题对最终品贸易的促进作用均显著大于"WTO-X"议题。该结果重申了"第一代"贸易政策仍应是服务于传统贸易模式有效手段,"第二代"贸易政策对价值链贸易的促进作用更为显著。这一结论为有效平衡WTO"多哈回合"谈判和PTAs/RTAs谈判提供了现实依据。与前文中间品贸易类似,适用争端解决机制的"约束力"条款对最终品贸易的促进作用

[①] Richard Baldwin, "WTO 2.0: Global Governance of Supply-China Trade", *CEPR Policy Insight No.64*, 2012.

表 3 - 4　FTAs 的"深度"一体化对最终品贸易的回归估计结果

模型 因变量	(1) Infinalim	(2) Infinalim	(3) Infinalim	(4) Infinalim	(5) Infinalim	(6) Infinalim	(7) Infinalim
pta	0.071 9*** (0.014 0)						
totaldepth		0.001 18*** (0.000 205)					
coredepth			0.001 76*** (0.000 347)				
wtoplusdepth				0.002 41*** (0.000 439)			
wtoxdepth					0.001 99*** (0.000 353)		
tariffdepth						0.005 27*** (0.000 995)	
nontariffdepth							0.001 44*** (0.000 251)
国家对固定效应	是	是	是	是	是	是	是
进口国-时间固定效应	是	是	是	是	是	是	是
出口国-时间固定效应	是	是	是	是	是	是	是
时间固定效应	是	是	是	是	是	是	是
Observations	398 647	373 046	373 046	373 046	373 046	373 046	373 046
R-squared	0.867	0.886	0.886	0.886	0.886	0.886	0.886

表3-5 FTAs的"约束力"条款对最终品贸易的回归估计结果

模型 因变量	(1) Infinalim	(2) Infinalim	(3) Infinalim	(4) Infinalim	(5) Infinalim	(6) Infinalim
letotaldepth	0.002 20*** (0.000 331)					
lecoredepth		0.002 91*** (0.000 538)				
lewtoplusdepth			0.003 91*** (0.000 678)			
lewtoxdepth				0.003 74*** (0.000 563)		
letariffdepth					0.008 24*** (0.001 52)	
lenontariffdepth						0.002 70*** (0.000 404)
国家对固定效应	是	是	是	是	是	是
进口国-时间固定效应	是	是	是	是	是	是
出口国-时间固定效应	是	是	是	是	是	是
时间固定效应	是	是	是	是	是	是
Observations	373 046	373 046	373 046	373 046	373 046	373 046
R-squared	0.886	0.886	0.886	0.886	0.886	0.886

（表3-5）约为"覆盖力"条款（表3-4）的两倍，两者在"WTO-X"指标、非关税壁垒指标、总指标的差异最为明显。该结论符合"制度的确定性和可诉性是保障边界后措施有效执行的前提条件"这一现实。

三、稳健性检验

本章在基本模型中引入国家对固定效应、进口国-时间固定效应、出口国-时间固定效应和时间固定效应四个固定效应以控制面板数据中可能出现的遗漏变量问题。但是以普通最小二乘法估计对数线性模型，将自动忽略零贸易值的非贸易国家，遗漏非贸易国家的相关信息，引发样本选择偏误问题。[①] 本章将利用拟泊松似然估计法（PPML）直接估计非线性形式的引力模型，避免剔除零贸易值，从而进行稳健性检验。本章遵循 Orefice 和 Rocha 的做法，对时间固定效应加以固定，同时对进出口国的人均 GDP、距离、殖民关系、边界、语言和国内生产总值加以控制，以避免偶发参数问题[②]（对控制变量的具体说明如附表1所示）。对中间品贸易和最终品贸易的 PPML 估计结果如附表2和附表3所示，回归结果证实前文结论，即自由贸易协定的"深度"一体化对 21 世纪新型贸易模式和传统贸易模式均有显著的正向促进效用，其中对价值链贸易模式的促进作用更为突出。同时，稳健性检验再次印证了在中间品贸易中关税壁垒将被多次累积，成为制约一国融入全球生产网络的重要壁垒。

此外，本章还采用 WIOD 数据库 1995—2014 年 40 个国家和地区的样本，测算总出口的国外附加值（FV）作为反映全球价值链嵌入水平的代理变量，分别对"覆盖力"条款和"约束力"条款的"深度"一体化对价值链贸易的促进效应进行稳健性检验。回归结果（附表4和附表5）证实上文的结论是

---

① Joao Santos Silva and Silvana Tenreyro, "The Log of Gravity", *The Review of Economics and Statistics*, Vol.88, No.4, 2006, pp.641-658.

② Gianluca Orefice and Nadia Rocha, "Deep integration and Production Networks: An Empirical Analysis", *The World Economy*, Vol.37, No.1, 2013, pp.106-136.

稳健的,即"核心指标""关税指标""WTO＋指标"和"WTO－X 指标"均对价值链贸易有显著的正向促进效用,"约束力"条款对价值链贸易的促进作用更为有效。

第四节　进一步研究

一、贸易协定的长期效应

基础回归的检验结果显示:FTAs 的签订,特别是"第二代"贸易政策和关税壁垒对全球生产网络的促进效用十分显著。那么协定签订后是否仍将在长期内对中间品贸易产生持续显著性影响?本章进一步考察协定签订五年后和十年后对中间品贸易[①]的影响效果(回归结果如附表 6 和附表 7 所示)。

实证结果显示长期内,FTAs 仍对全球生产网络具有一定促进效用,然而这一促进效用随着时间的推进而迅速衰减。FTAs 签订 10 年后对中间品贸易的促进效用不及当期的 1/3,以"WTO－X"指标衡量的 FTAs 对中间品贸易的促进作用更降至当期的 1/6。由此推知长期内,一方面可能由于监管机构未能保障后期协定中条款的落实与执行,协定达成后的强烈贸易预期因协定执行不力而逐渐衰减;另一方面,随着时间的推移,跨国公司与工商业机构的核心利益诉求不断发生变化,不具备"活清单"属性、无法"实时更新"的贸易协定的贸易促进效应大幅降低。此外,回归结果显示随着时间的推移,以"约束力"指标和"覆盖力"指标衡量的 FTAs"深度"一体化对中间品贸易的促进作用逐渐趋同,如以"Totaldepth"和"Letotaldepth"指标衡量地对全球生产网络促进程度的差异不足 0.02%。这表示随着时间

[①] 本章同样考察了 FTAs 签订后是否仍将在长期推动双边最终品贸易,得到与中间品贸易相同的结论,回归结果如附表 8 和附表 9 所示。

的推移,"软"法律不具备实际法律约束力的弊端逐渐显现,在后期执行阶段无任何事后保障、监控、审查机制,对国际贸易的实际促进效用近乎为零。

二、行业层面

本章基于 WIOD 数据库 1995—2014 年 40 个国家和地区的样本,进一步测算各国价值链贸易中的国外附加值含量,根据 OECD 的分类标准,将制造业分为高技术和中高技术行业、中低技术行业、低技术行业三类。其中,高技术和中高技术行业包括化工及化学制品业(c9)、机械设备制造业(c13)、电子和光学设备制造业(c14)和交通运输设备制造业(c15);中低技术行业包括焦炭炼油与核燃料制品业(c8)、塑料和橡胶制品业(c10)、其他非金属矿物制品业(c11)和金属制品与合金制品业(c12);低技术行业包括食品、饮料与烟草(c3),纺织与纺织品(c4),皮革与制鞋(c5),木材及木制品(c6),纸制品和印刷出版(c7)和其他制造业和回收业(c16)。本章仍基于基础模型考察贸易协定的"深度"一体化对不同技术含量的商品出口的影响,实证结果如表 3-6 所示。

根据第(1)—(3)列结果,我们发现贸易协定的总体"深度"一体化对高技术和中高技术行业、低技术行业的价值链贸易有明显的正向影响,对低技术行业的正向促进作用更高达对高技术和中高技术行业的 2 倍以上,而对中低技术行业的影响则不显著。贸易协定的总体"深度"一体化程度每提高1 个单位,对低技术行业、高技术和中高技术行业的价值链贸易的促进作用将分别高达 0.177% 和 0.076 8%。第(4)—(12)列分别以"核心指数""WTO+指数"和"WTO-X"指数衡量的"深度"一体化对高技术和中高技术行业、中低技术行业和低技术行业价值链贸易的影响,实证结果与总体"深度"一体化指标的估计结果相似,证明回归结果是稳健的,即贸易协定的"深度"一体化对高技术和中高技术行业、低技术行业的价值链贸易有显著的正向促进效用,而对中低技术行业的影响则不显著。本章认为对于低技

表3-6 贸易协定的"深度"一体化对不同制造业行业价值链贸易的回归估计结果

变量	(1)高中 lnFV	(2)中低 lnFV	(3)低 lnFV	(4)高中 lnFV	(5)中低 lnFV	(6)低 lnFV
totaldepth	0.000 768*** (0.000 269)	−0.000 272 (0.000 283)	0.001 77*** (0.000 216)			
coredepth				0.001 66*** (0.000 523)	−2.59e−05 (0.000 549)	0.003 62*** (0.000 421)
wtoplusdepth						
wtoxdepth						
Observations	29 719	28 227	28 702	29 719	28 227	28 702
R-squared	0.958	0.946	0.960	0.958	0.946	0.960

变量	(7)高中 lnFV	(8)中低 lnFV	(9)低 lnFV	(10)高中 lnFV	(11)中低 lnFV	(12)低 lnFV
totaldepth						
coredepth						
wtoplusdepth	0.002 09*** (0.000 654)	−0.000 135 (0.000 686)	0.004 46*** (0.000 526)			
wtoxdepth			0.001 15*** (0.000 442)	−0.000 669 (0.000 466)	0.002 74*** (0.000 356)	
Observations	29 719	28 227	28 702	29 719	28 227	28 702
R-squared	0.958	0.946	0.960	0.958	0.946	0.960

术行业来说,受行业性质、国内保护、高关税壁垒、高运输成本等因素制约,生产所需的中间品多源于国内,高质量的贸易协定将推动市场力量在资源配置中发挥更大作用。一方面将通过基础设施服务的自由化、资本流动的自由化等议题,促进商品、信息、资本、劳工的双向流动,确保国际生产网络的顺利运行;另一方面,贸易协定中的知识产权保护条款、投资权保护、竞争政策等议题可实现保障有形资产、无形资产,提升营商环境的国际化、法制化和开放性,化解价值链贸易中可能出现的"套牢"问题。然而,贸易协定的"深度"一体化对中低技术行业的影响并不显著。笔者认为这符合中低技术行业所具有的行业属性,石油、焦炭及核燃料加工业等资源密集型行业市场化程度较低,其进出口流量受国际市场价格波动影响较大。

第五节　本　章　小　结

本章采用世界银行 2017 年发布的 PTAs 数据库综合考虑贸易协定的"覆盖力"和"约束力"构建了 12 项贸易协定"深度"一体化的评价指标。利用这些代理指标,本章试图结合联合国 COMTRADE 数据库和 WIOD 数据库测算贸易协定的质量对价值链贸易和传统贸易的推动作用。此外,本章进一步结合制造业的行业数据探讨贸易协定的"深度"一体化对不同类型的制造业行业是否有不同的促进作用。本章主要得到以下结论:

第一,与传统贸易模式相比,贸易协定对价值链贸易的促进效用显著大于对传统贸易的促进效用。对价值链贸易而言,"核心指标""WTO‐X 指标"和"关税壁垒指标"是促进各国融入全球生产网络、参与国际分工的主要动力,而"第一代"贸易政策仍是制约传统贸易发展的主要壁垒。

第二,在短期内,"软"法律将在一定程度上奏效,但在 FTAs 缔约后的长期内对贸易的促进作用将迅速降低,具有法律强制约束力并适用争端解决机制的"硬"条款才能切实保障协定的执行,其中"第二代"贸易政策受争端解决机制的影响最为明显。

第三,贸易协定的"深度"一体化对低技术含量、高技术和中高技术含量行业的价值链嵌入有显著的正向促进作用,而对中低技术含量行业的价值链嵌入并无明显的推动作用。

本章证实了贸易协定对国际贸易的积极促进作用,具有强烈的现实意义及政策启示:

一是开放与合作是实现全球共同发展的唯一路径,多哈回合及其谈判的传统贸易议题仍应是服务于传统贸易的有效途径及手段;而 PTAs/RTAs 中的"规制融合"类贸易政策可有效服务于价值链贸易。二者相互补充形成国际贸易治理体系的两大核心。

二是"软"法律可通过预期作用在短期内刺激价值链贸易和传统贸易,同时不失为输出、建立"良好行为规范"和"最佳实践准则"的途径与手段。然而长期来看,"软"法律产生的不确定性与政策漏洞将为协定后期的执行增加较大困难。而争端解决机制所具有的天然的强制执行力、可诉性保障了国际贸易参与者行为的确定性与一致性,应在贸易协定的谈判中被进一步强化。

三是目前,发达国家仍是推动 PTAs/RTAs 发展的主要力量。通过本研究论证贸易协定的"深度"一体化将对发展中成员的低技术行业产生显著推动作用,从而促进其嵌入全球价值链,为推动发展中成员参与、融入、主导贸易协定的谈判提供了现实佐证。

第四章
多边贸易体制与国际贸易
规则演进的理论基础

本章剖析自由/区域贸易协定纳入投资、知识产权、竞争政策等"边境后措施"的经济学逻辑。第一节对现有文献进行简要总结梳理和评述;第二节梳理并剖析在完全竞争和垄断竞争两种市场环境中,世贸组织通过"互惠"和"非歧视"原则化解"囚徒困境",实现市场准入与互惠贸易自由化的经济学逻辑;第三节构建静态博弈和动态三阶段博弈模型剖析以规制融合与公平贸易为要义的高标准 FTAs/RTAs 的经济学原理;第四节对市场准入型规则和规制融合型规则进行理论分析比较;最后是主要结论和政策启示。

第一节 文 献 综 述

对市场准入规则经济学理论的系统性分析始于 Bagwell 和 Staiger,其在新古典贸易模型完全竞争假定之下,将一国试图采取单边高关税政策的动机归于提高进口品相对价格,改善贸易条件,获得"贸易条件外部性",并将成本转嫁至外国政府身上。而在个体理性的假定下,这必然使贸易国陷入"囚徒困境",而市场准入型规则中的"互惠"和"非歧视"原则恰好通过"平衡的关税削减"将这一外部性消除,达到合作均衡,最终使政府做出政治最优同时兼具效率的关税税率。[1] Ossa 则放松了 Bagwell 和 Staiger 完全竞争市场的假定,证明了在规模报酬递增的垄断竞争模型中,即便贸易条件固定,企业仍可能通过进入或退出市场改变一国市场份额的大小和企业数目的多少,这种"生产再分配外部性"是一国选择单边高关税水平的根本原因。类似的,"互惠"和"非歧视"原则同样可消除这种"生产再分配外部性"效应,将均衡点从无效率的非合作均衡推向提高所有国家福利水平的均衡点,同时排除了各国单边提高关税的动机。[2] 面对贸易模式、贸易结构和贸易方向发生结构性变革的 21 世纪新型贸易形态,发达国家跨国公司与发展中国家政府在要素禀赋、价值链贸易中所处地位及增加值份额上表现出的非对称性,使得发展中国家政府具有强烈动机侵占跨国公司离岸至发展中国家的有形及无形资产,其投资、竞争、知识产权等因商业环境发展程度不足引发的"套牢问题"对价值链贸易的阻碍作用日益凸显[3],"边境内"措施逐渐演化为贸易规制融合谈判的前沿阵地,也成为推行"公平贸易"的主要着力点。

本章的主要贡献:第一,本章在 Baldwin 的基础之上,分别构建了静态博弈模型和动态三阶段模型博弈树,剖析了在发展中国家国内规制不健全、存在政策不确定性时,跨国公司的离岸专有资产陷入"套牢困境"的理论逻辑,并系统阐释了 FTAs/RTAs 及规制融合类议题规避不完全契约和承诺不可信问题,并最终化解"套牢困境"的理论机制;第二,作为对照分析,本章从文献梳理的角度对比了在完全竞争市场和垄断竞争市场两种情境下,WTO"互惠"和"非歧视"原则化解"囚徒困境",进而改善市场准入型贸易中各国福利水平的经济学原理。

① Kyle Bagwell and Robert W. Staiger, "An Economic Theory of GATT", *American Economic Review*, Vol.89, No.1, 1999, pp.215-248.

② Ralph Ossa, "'New Trade' of GATT/WTO Negotiations", *NBER Discussion Paper Series 16388*, 2010.

③ Richard Baldwin, "WTO 2.0: Global Governance of Supply-China Trade", *CEPR Policy Insight No.64*, 2012.

第二节　市场准入型规则：基于 WTO 经济学的分析

在传统贸易中，一国国内生产的商品将作为最终消费品在国家之间进行交换、销售，贸易模式主要表现为对称的贸易伙伴国之间为获得对方市场准入而进行的产业间贸易或产业内贸易，即"国内生产、国际销售"模式，从而关税、配额等边界措施成为一国进行国内保护的最有效手段。贸易国受福利最大化驱使试图采取"以邻为壑"战略，通过单方面提高关税水平，在完全竞争和垄断竞争市场结构中分别利用贸易条件的改善和市场规模的变动获得福利水平的提升，最终却陷入双方受损的"囚徒困境"之中。而世贸组织作为多边贸易体制的基石，通过"互惠"原则实现贸易伙伴国之间"互惠的关税减让"，从而固定世界相对价格水平及各国相对市场份额，并以"非歧视"的方式将这种低关税水平拓展至所有贸易国之间，最终实现贸易伙伴国福利水平的共同提升，解决贸易伙伴国之间的市场准入问题。

一、从非合作博弈到合作博弈：化解"囚徒困境"

根植于"重商主义""奖出限入"的思想，各国在获得国外市场准入的同时，力求最大限度地保护国内市场，特别是对本国发展仍不成熟、尚不具备国际竞争力的幼稚产业，同时在国际收支上，对外汇盈余的过度追求，促使各国具有强烈的动机采取"以邻为壑"战略，通过单方面提高关税水平，改善产品相对世界价格，扩大出口的同时降低对外国产品的需求，进而改善本国福利水平。如图 4-1 所示，在单次重复博弈模型中，对国家 A 与国家 B 而言，双方的战略空间均为⟨高关税，低关税⟩，形成四类战略组合：（高关税，高关税）（高关税，低关税）（低关税，高关税）（低关税、低关税）。对两国来说,在个体理性假定下,实行高关税水平为两国的占优决策,即两国均有强烈动机设定高关税水平,实现本国福利最大化,此次博弈的纳什均衡解为(高关税,高关税)。最终,这将重现图中所述斯姆特-霍利关税法案情形,使得两国深陷"囚徒困境"。各国高关税的贸易保护导致世界贸易量锐减、国民收入降低、劳工实际工资降低及失业率上升等连锁反应,造成全球经济的衰退,世界福利水平降低。

| | | 国家 A 关税水平 | |
		高关税	低关税
国家 B 关税水平	高关税	斯姆特-霍利关税法案①	剥　削
	低关税	剥　削	GATT

图 4-1　世贸组织关税合作的支付矩阵

WTO 作为一种行为准则和管理纪律,通过"互惠"和"非歧视"原则,实现非合作博弈向合作博弈的转化:在完全竞争市场中,贸易伙伴国之间通过"互惠关税减让"保持世界相对价格水平恒定,从而抵消"贸易条件外部性";在垄断竞争市场中,通过保持各国厂商市场份额和厂商数目恒定消除规模报酬递增导致的"生产再分配外部性"效应,最终迫使各国有条件地进行关税减免,避免非效率形式,最终实现双赢。

二、化解"囚徒困境"的机制之一：消除"贸易条件外部性"

(一) 两国模型

在新古典贸易完全竞争一般均衡模型中,偏好相同的两个国家(本国和外国)交换两种商品(x 和 y),这两种商品均为正常品,并在机会成本递增的完全竞争市场条件下进行生产。假定本国进口 x 商品,出口 y 商品,相应

---

① 斯姆特-霍利关税法案指 1930 年 6 月 17 日美国所通过的《斯姆特-霍利关税法》,该法案将 2 000 多种进口商品的关税提到历史最高水平(美国平均关税从 38% 上升至 52%)。而后,许多国家对美国采取了报复性关税措施,使美国的进口额和出口额都骤降 50% 以上。

的,外国出口 x 商品,进口 y 商品,本国福利函数为 $W(p(\tau, \tilde{p}^w(\tau, \tau^*))$,

$\tilde{p}^w(\tau, \tau^*))$,其中 $p(p^*)$ 表示本国(外国)相对价格水平 $p = \dfrac{p_x}{p_y}(p^* =$

$\dfrac{p_x^*}{p_y^*})$,$\tilde{p}^w = \dfrac{p_x^*}{p_y^*}$ 是世界相对价格,$\tau(\tau^*)$ 分别表示本国(或外国)的关税水

平。 如图 4-2(a)所示,若不存在贸易协定,两国进行非合作博弈,一国单方面提高关税水平将通过两个渠道影响本国福利水平:一是关税提高通过提高当地价格水平,降低本国福利水平;二是关税提高降低世界价格从而改善本国贸易条件,提高本国福利水平。这两种力量作用方向相反,二者相互博弈决定本国净福利水平。如图 4-3 所示,贸易双方单边决策,进行非合作博弈。初始状态时两国提供曲线分别为 OA,OB,两国提供曲线的交点表明此时贸易均衡点为 N 点,相对世界价格水平为 P^w,此时本国所对应的福利水平由贸易无差异曲线 a 所表示。随后本国单边提高关税水平,使得本国提供曲线向内旋转至 OA',与提供曲线 OB 相交于 M 点,相对世界价格水平变为 P'^w,福利水平由贸易无差异曲线 b 所表示。可以看出贸易无差异曲线 b 位于 a 左上方,即此时"贸易条件效应"超过"本地价格水平效应",本国单方面提高关税水平,可利用垄断势力提高进口品的世界相对价格,改善贸易条件,获得"贸易条件外部性",最终使得国内福利水平提高。

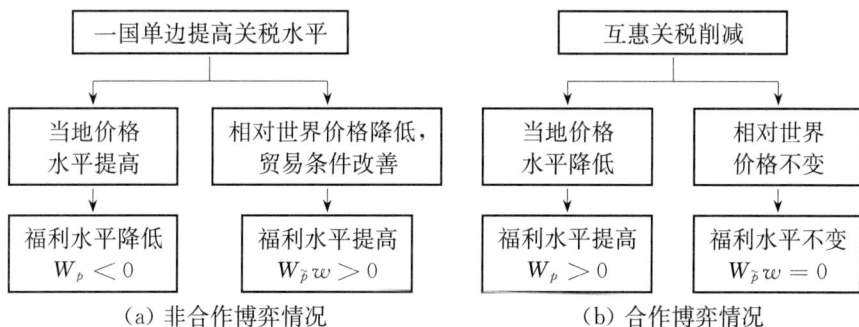

一国单边提高关税水平		互惠关税削减	
当地价格水平提高	相对世界价格降低,贸易条件改善	当地价格水平降低	相对世界价格不变
福利水平降低 $W_p < 0$	福利水平提高 $W_{\tilde{p}^w} > 0$	福利水平提高 $W_p > 0$	福利水平不变 $W_{\tilde{p}^w} = 0$
(a)非合作博弈情况		(b)合作博弈情况	

图 4-2 新古典模型中,关税变动对本国福利水平作用渠道

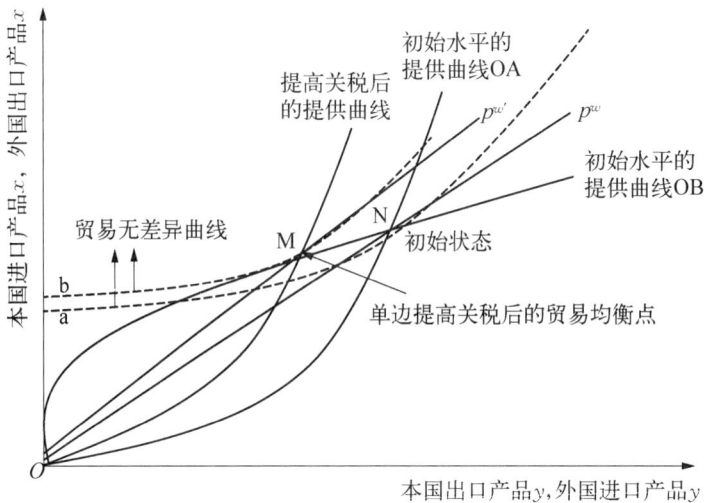

图 4-3 新古典模型中,两国非合作博弈福利分析

然而,事实上,在本地价格水平和相对世界价格水平的共同作用下,根据个体理性原则,本国与外国都具有提高关税水平的动机。此时,由两国福利函数,得到两国反应函数分别为:

$$本国: W_p\left(\frac{dp}{d\tau}\right) + W_{\tilde{p}^w}\left(\frac{\partial \tilde{p}^w}{\partial \tau}\right) = 0 \tag{4.1}$$

$$外国: W_{p^*}^*\left(\frac{dp^*}{d\tau^*}\right) + W_{\tilde{p}^w}^*\left(\frac{\partial \tilde{p}^w}{\partial \tau^*}\right) = 0 \tag{4.2}$$

由两国反应函数得出两国纳什均衡等福利线分别如图 4-4 中 W_N 及 W_N^* 所示,两者交点 N 所表示的两国关税水平为非合作博弈纳什均衡点,即在两国进行非合作博弈时,都试图利用“贸易条件外部性”实施高关税水平,改善本国福利。但在 N 点两国等福利线并未相切,由各国福利水平随着外国关税水平的降低而严格提高可知,若外国与本国同时降低关税水平,本国与外国的等福利线分别向左上方和右下方移动,将同时提高两国的福利水平,即在图中“凸透镜”区域内(图中阴影部位所示)的任一点所实现的福利水平都高于最优关税下纳什均衡点的福利水平,这表明 N 点是关税政策非

效率组合的结果,即在非合作纳什均衡点存在帕累托改进空间。[1] 直观地看,当政府用单边方式制定他们的贸易政策时,他们制定的关税总会比有效关税水平高,因为每个政府都会认为本国进口关税的单方面提高将使世界价格向有利于本国的方向变动,从而将进口关税提高的成本通过世界价格部分转移到外国政府的身上,所以纳什均衡事实上是非效率的。

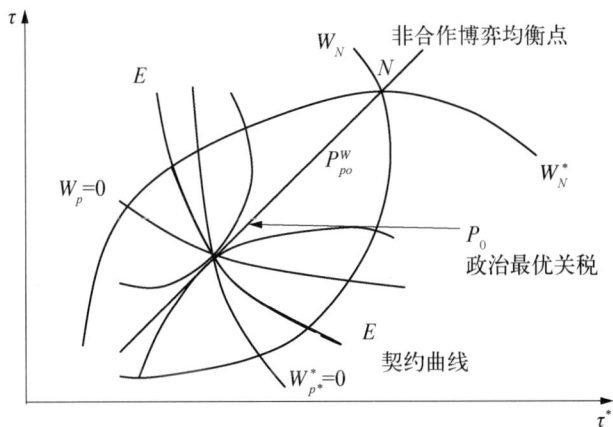

图 4-4 新古典模型中,两国关税博弈模型

世贸组织"互惠"原则要求各国进行"平衡的关税削减",并约定"当一国政府首先采取行动,试图修改或退出先前签订的减让协议,贸易伙伴国可作出报复性反应,通过退出'实质性对等的减让'协议,使得受影响的国家也获得相互对等的利益",从而中和"贸易条件外部性",抑制世界价格的变动,即使得 $W_{\tilde{p}w} = 0$, $W^*_{\tilde{p}w} = 0$。 如上图 4-2(b)所示,此时仅存在本地价格效应作用,由 $W_p < 0 < W^*_{p*}$ 可知,各国倾向于削减关税,降低国内价格水平,改善本国福利水平。即在"互惠"原则下,两国进行合作博弈,反应函数变为:

---

[1] 盛斌:《WTO 体制、规则与谈判:一个博弈论的经济分析》,《世界经济》2001 年第 12 期,第 3—12 页。

$$本国：W_p = 0 \tag{4.3}$$

$$外国：W_{p^*}^* = 0 \tag{4.4}$$

由此可得两国合作博弈均衡为 (τ^{po}, τ^{*po})，即图 4 - 4 所示 P_O 点，该点也是政治上的最优关税。此时，各国政府实现了其偏好的本地价格，两国等福利线相切，处于效率曲线上，反映了效率最优。同时，两国等福利线与世界价格线相切表明"贸易条件外部性"被完全消除，任何由世界价格变动带来的成本转移动机都被消除，因此"互惠"原则下合作博弈的福利水平与纳什关税相比实现了帕累托最优。

（二）三国模型

当本国与两个或两个以上国家进行贸易时，多边贸易条件的外部性根本上取决于各个双边贸易条件及各自的出口份额。以三国模型为例，当本国对外国出口商采用歧视性关税时，对外国 1 征收更高的关税不仅改善双边贸易条件，同时本国更愿意增加来自外国 1 的贸易量从而提高关税收入，最终外国 1 的出口份额（贸易权重）增加，本国总的贸易条件①改善，福利水平提高。反之，世贸组织"非歧视"原则要求本国政府选择普惠制关税，此时各国面临相同的世界价格水平，外国面临相同的国内相对价格水平，因此外国当地价格的外部性被排除，本国政府不再直接关注于贸易量的构成，普惠制规则确保了世界价格外部性是唯一一个可以在贸易伙伴之间产生的贸易政策的外部性。

最终在三国模型中，普惠制保证了单一的世界价格，同时互惠保证了这个世界价格是固定不会改变的。从而"互惠"和"非歧视"原则共同作用防止产生"机会主义"的双边贸易协定，避免缔约国利用榨取未参与双边谈判的第三方政府的福利而受益，实现帕累托最优解。

---

① 多边贸易条件 $T(p^{*1}, p^{*2}, p^{w1}, p^{w2}) \equiv \sum_{i=1,2} s^{*i}(p^{*1}, p^{*2}, p^{w1}, p^{w2}) \cdot p^{wi}$，其中 $p^{*1}, p^{*2}, p^{w1}, p^{w2}$ 分别表示外国 1 与外国 2 所面对的国内产品相对价格及世界价格，s^{*i} 为贸易权数，表示本国从外国 i 进口的产品占总进口品的比重。

三、化解"囚徒困境"的机制之二：消除"生产再分配外部性"

（一）两国模型

与新古典贸易模型相比,新贸易模型的显著特点为放宽了完全竞争市场的假设,认为厂商在垄断竞争市场结构中的生产行为存在规模报酬递增现象,此外,在新贸易模型中将一国贸易条件定义为出口商品与进口商品的出厂价格之比,保证此时一国贸易条件不受关税水平的影响。同上文,假定两国(本国与外国)对两种正常品进行国际贸易,一国单边关税改变将通过两个不同渠道对本国福利水平产生相反影响。如图 4 - 5(a)所示,两国进行非合作博弈,一国单边提高关税水平,一方面导致外国商品在本国市场上价格水平相对本国商品提高,本国消费者将更多的收入转移至对本国商品的消费,提高本国厂商销售份额,降低外国厂商市场份额,受规模报酬递增的影响,本国厂商平均生产成本降低,最终本国价格指数降低,厂商利润水平提高,本国厂商将不断进入本行业;外国厂商受损,平均生产成本提高,利润水平降低,即产生"生产再分配效应"。另一方面本国单边提高进口关税水平,提高进口商品价格水平,进而提高本国价格指数,在收入水平保持不变假定下,本国价格指数的提高,导致本国消费者所能消费商品数量降低,福利受损,产生所谓的"进口价格效应"。

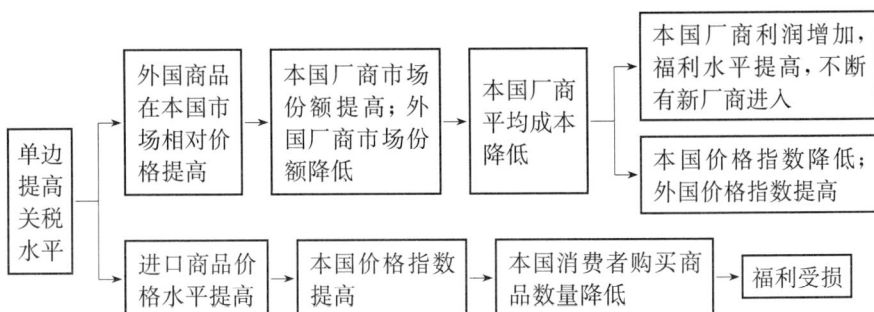

（a）非合作博弈情况

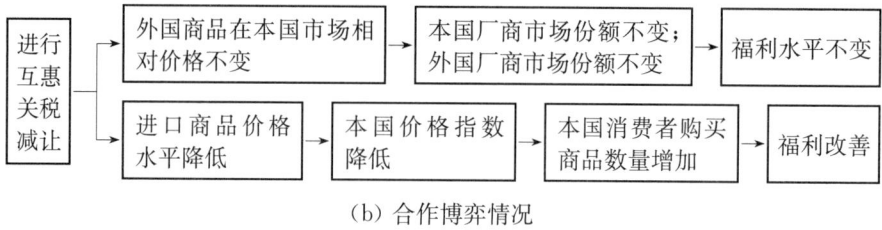

（b）合作博弈情况

图 4‑5　新贸易模型中，关税变动时的福利传导机制

综上可知，在"新贸易"模型非合作博弈过程中，两种力量反向作用相互抵消对本国价格指数的影响：第一，由"生产再分配效应"引起的本国价格指数与关税水平反向变动；第二，由"进口价格效应"带来的本国价格指数与关税水平的同向变动。而价格指数与关税水平的最终变动取决于两种作用力量的角逐。

具体来看，"生产再分配效应"与"进口价格效应"二者对整体福利水平的影响机制如图 4‑6 所示，在 t_0 时刻，关税水平的提高首先经由传导环节

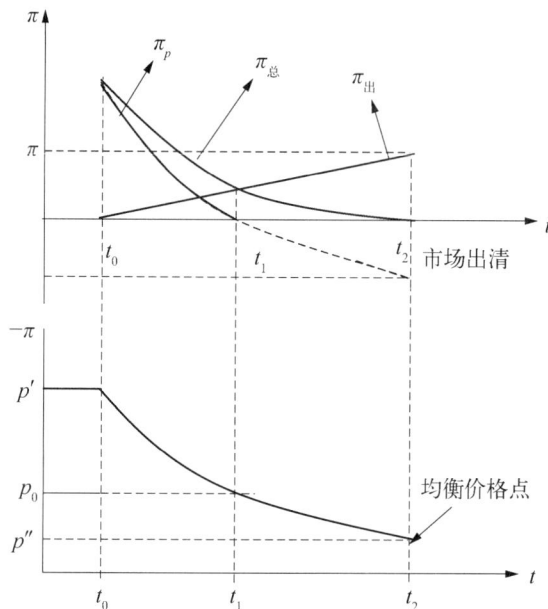

图 4‑6　垄断竞争贸易模型中价格水平变动效应分析

较少的"进口价格效应"发挥作用,使得本国价格指数从 p_0 提高至 p',本国行业内厂商获得正的经济利润,竞争性市场出清、零利润均衡条件促使本国新厂商不断进入,外国厂商不断退出,受规模报酬递增影响,本国价格指数不断降低,国外价格指数提高,本国产品在国内市场出售利润空间 π_p 逐渐降低。与此同时,本国产品在国外市场竞争力却逐渐增强,本国出口量增加所带来的出口利润 $\pi_{\text{出}}$ 不断增加。在 t_1 时刻,价格水平恢复至初始水平 p_0,此时 $\pi_p = 0$,但此时本国出口量增加带来的出口正利润 $\pi_{\text{出}}$ 持续存在将使新厂商的进入仍不断持续。最终在 t_2 时刻,价格水平将降至低于最初价格水平的 p'',恢复市场出清状态,总利润水平 $\pi_{\text{总}} = 0$,实现均衡状态。

综上可知,非合作博弈中,两种力量相互作用,最终"生产再分配效应"起主导作用,并促使本国提高关税水平,以牺牲国外福利水平为代价改善本国福利水平,非合作博弈纳什均衡为(高关税,高关税)。然而从图 4-5(a)容易看出,此时若双方均进行关税减让,通过平衡"生产再分配效应"和"进口价格效应"可实现其他国家价格水平保持不变时降低本国价格指数,从而改善本国福利水平,由此可知非合作纳什均衡无效性,即此时存在帕累托改进空间。

在"互惠"原则下,两国从非合作博弈向合作博弈转变,如图 4-5(b)所示,这时关税水平变动引起本国消费者对本国商品支出的变动恰好由国外消费者的支出变动所抵减,最终各国厂商数量保持不变,相应市场份额恒定,从而化解"生产再分配效应"。在"进口价格效应"的单独作用下,各国自发实行贸易自由化政策,削减关税水平提高本国福利水平,实现帕累托最优。

（二）三国模型

当一国与两个或两个以上国家同时开展贸易时,除上述模型所出现的"双边生产再分配效应"及"进口价格效应"外,还会产生另一种"多边生产再分配效应"。以三国模型为例,假定本国与外国1进行互惠贸易,而对外国2征收歧视性关税①,此时将对外国2产生负的外部性。当本国与外国1从事互惠贸易时,与两国模型相同,本国与外国1间的"双边生产再分配效应"消失,此时在"进口价格效应"的单独作用下,本国价格指数降低,同时这将促使本国产品在外国2的市场竞争力增强,相反,外国2产品竞争力被削弱。最终本国厂商在外国2获得正利润,厂商数目增加;外国2厂商销售份额降低,厂商数目减少。如表4-1所示,本国与外国1进行双边互惠贸易使二者通过"进口价格效应"而双双获益;本国对外国2的歧视性关税,通过"多边生产再分配效应"使本国获益,外国2受损。最终在三种效应作用下,本国与外国1的福利水平提高,外国2的福利水平降低。

表4-1　三国模型中双边互惠原则下的各国损益表

	本国	外国1	外国2
双边生产再分配效应	0	0	0
多边生产再分配效应	＋ (外国2)	0	— (本国)
进口价格效应	＋ (外国1)	＋ (本国)	0
总效应	＋	＋	—

注:表内"()"表示贸易损益来源方。

　　"非歧视"原则将双边互惠自动扩展为多边互惠,消除对第三国产生的"多边生产再分配效应",实行多边互惠贸易,仅存在"进口价格效应"发挥正向作用,最终使得所有成员国福利水平提高,实现帕累托最优。

---

① 多国模型中假定本国与外国1、外国2同时开展贸易,外国1与外国2之间无贸易产生以保证本国可对外国1与外国2征收歧视性关税。

第三节　规制融合型规则：基于 GVC 经济学的分析

随着经济全球化深入发展，国际生产体系、商业环境、贸易与投资活动发生着深刻的变化。全球化第二次浪潮带来的信息通信技术的变革、运输成本的降低促使生产与服务的不同工序与任务不断细分，并在全球范围内进行资源的最优配置，国际生产与销售模式由一国"国内生产、全球销售"转为"全球生产、全球销售"模式，传统贸易中对称的贸易伙伴关系由此改变，逐渐形成发达国家跨国公司利用国内专有技术（know-how）主导价值链贸易，并与新兴经济体廉价劳动力相结合的贸易模式。在此背景之下，新兴经济体的国内商业环境壁垒对国际贸易的阻碍作用日益凸显，发展中成员国内管制、政策不确定性及由此产生的"套牢"问题成为制约价值链贸易发展的重要障碍。自由贸易协定的建立，将深化跨国公司与发展中成员政府间的协调统一，实现规制融合，并以边界内措施为手段缓解贸易环境的非公平性。

一、"套牢困境"

价值链贸易中生产要素的双向跨境流动使生产、服务、贸易与投资逐渐形成"一体化综合体"，伴随着国际生产由发达国家向新兴经济体扩散并逐渐聚集于这些国家及地区，国际生产呈现分散化和聚集化的双重特征。在国际分工关系上，发达国家与发展中成员逐渐形成中心—外围的相互依存关系，FDI 成为跨国公司实现全球生产的有效手段，同时东道国政府也通过政策改革与提供商业便利吸引 FDI。而与传统贸易中产品在各国之间双向流动不同，在价值链贸易中，触发贸易的关键步骤——发达国家跨国公司对发展中成员投资,并将其专有技术与发展中成员生产要素结合——是由发达国家单向流向发展中成员。国家之间的非对称性使得价值链贸易面对着与传统贸易完全不同的市场风险,进而导致基于价值链贸易的各国合作基础与世贸组织完全不同。

（一）静态博弈：无动态不一致性

在不考虑发展中成员政府可能存在的动态不一致情况下,假定各局中人同时行动。如图4-7中矩阵所示,发达国家跨国公司决策是否将其专有技术、管理方式及营销模式离岸至发展中成员,即跨国公司的两种战略为:"离岸"或"不离岸",发展中成员政府两种战略分别为"提供严格的规则"或"相对松散的法律约束"。在2个局中人各有2种行动的博弈中,形成4种战略空间分别为(严格法律,离岸)(严格法律,不离岸)(松散法律,离岸)(松散法律,不离岸)。具体来看,包括：(1)(严格法律,离岸),即：发展中成员执行严格的法律体系,跨国公司离岸其有形及无形资产与发展中成员的低价生产要素结合,跨国公司专有资产收益率提高,发展中成员得以实现迅速工业化,实现双赢。(2)(严格法律,不离岸),在这种情况下,无价值链贸易产生。(3)(松散法律,离岸),即：跨国公司离岸专有资产,发展中成员执行相对松散的法律体系。此时跨国公司有形、无形资产无法得到保障,面临被发展中成员"敲竹杠"的风险;相反,发展中成员在获得跨国公司离岸资产带来的正常收益以外,还将利用本国"松散"的法律体系,侵吞跨国公司各项离岸资产,直接投入使用,从而避免前期自主研发可能产生的巨大沉没成本。(4)(松散法律,不离岸),在这种情况下,也无价值链贸易产生。容易看出在个体有限理性假定下,此博弈唯一的纳什均衡解为(松散,不离岸)[①],即发展中成员维持"松散"的法律体系,跨国公司出于知识产权保护等多种动机选择"不离岸"核心资产,最终无价值链贸易产生。

---

① 跨国公司不离岸其资产时,发展中成员执行严格或松散的法律体系,对其福利水平的影响差异可忽略不计。

		新兴技术公司	
		离岸	不离岸
发展中成员 政府选择	严格	价值链贸易 （＋，±）	无价值链贸易 （0，0）
	松散	敲竹杠 （＋＋，－）	无价值链贸易 （0，0）

图 4 - 7　价值链贸易中政策合作支付矩阵

（二）序贯博弈：政府行为存在动态不一致性

当考虑到跨国公司离岸其有形及无形资产后，发展中成员政府可能存在的动态不一致性，模型由静态博弈转为序贯博弈。如图 4 - 8 所示，此时局中人（发展中成员政府与跨国公司）的行动次序有先有后，后行动的局中人能够观察到前一阶段局中人的行动并作出针对性的战略选择。最终，2个局中人各有 2 种行动的博弈形成了动态三阶段博弈模型，以下采用倒推法分析此序贯博弈树以获得其子博弈完美纳什均衡。

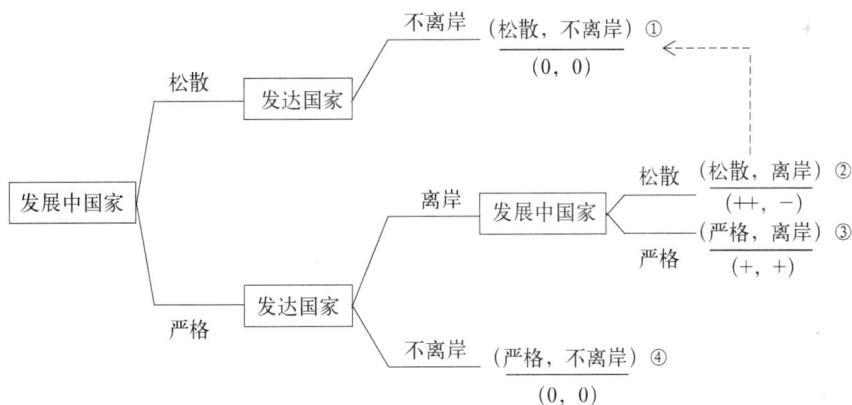

图 4 - 8　动态三阶段模型博弈树

在博弈的第三阶段，由发展中成员国做出选择。若第二阶段跨国公司并未离岸资产，"松散"的法律体系不会对发展中成员国造成任何额外的成本；相反，若跨国公司离岸各项有形及无形资产，发展中成员政府的最佳选择是"松散"的法律体系,相应的支付向量是$(+ +, -)$,此时跨国公司离岸的核心技术与本国廉价劳动力相结合使发展中成员获得正常利润。除此之外,发展中成员还可利用"松散"的法律体系侵占跨国公司各项离岸资产,节约大量前期独立研发等活动产生的沉淀成本。因此,不管跨国公司在上一阶段是否离岸其有形及无形资产,发展中成员政府在第三阶段都将执行"松散"的法律体系这一占优策略。

在博弈的第二阶段,由跨国公司做出选择。若第一阶段发展中成员政府执行"松散"的法律体系,跨国公司必然不离岸各项有形及无形资产,对应的支付向量为$(0, 0)$。然而,若第一阶段发展中成员执行"严格"的法律体系,此时跨国公司的最佳选择仍然是"不离岸",以避免核心技术、管理模式等各项资产离岸可能在下一阶段遭受的侵占损失,对应的支付向量为$(0, 0)$。反之,若此时跨国公司离岸各项资产,将不可避免地遭受发展中成员政府动态不一致性引起的"敲竹杠"问题。因此,在此阶段,跨国公司的占优决策为"不离岸"。

在博弈的第一阶段,不管发展中成员政府做出何种选择,都将面临相同的支付结果$(0, 0)$。综上所述,在考虑发展中成员政府动态不一致情况下,此序贯博弈的子博弈完美纳什均衡解仍为(松散,不离岸)。

事实上,若在博弈第一阶段发展中成员理性预期到跨国公司绝不会选择法律制度不健全的发展中成员进行离岸投资;相反,只有当发展中成员能够确保国际生产网络顺利进行,保障跨国公司有形、无形资产安全,营造有利的商业环境时,才有可能获得跨国公司离岸投资。另外,若发展中成员承诺博弈第三阶段不发生动态不一致性,坚持执行"严格"的法律体系,则可以实现结果③所示$(+, +)$帕累托最优结果。然而在有限理性及机会主义假定下的动态博弈中,这一承诺必然为不可信承诺,一旦跨国公司离岸各项资产,博弈双方将自发陷入"套牢困境"中,原因如下:

　　第一，跨国公司形成对发展中成员的专有性投资。[1] 协议执行后，发达国家首先对发展中成员进行相关投资触发贸易，一旦该项离岸资产形成，跨国公司则对发展中成员形成"关系型专有投资"（relationship-specific investment），它是指一旦贸易一方或双方在贸易关系持续期内进行（沉没）投资，将直接导致可攫取的准租（quasi-rents），则将该项投资转为其他用途所实现的价值将远低于它在原来特定双边贸易关系中所实现的价值[2]，准租的存在是套牢问题的前提。"关系型专有投资"是跨国公司为强化与发展中成员的合作关系而对其进行的特定投资，包括有形资产投入（如对特定投资国的筛选甄别费用、在东道国厂房的修建、对当地劳工的培训教育投入等）和无形资产投入（如跨国公司核心专有技术、管理模式、营销渠道及高技术人才的转移等）。这些投资的投资回报率依赖于双方投资关系的长期持续性，依赖于发展中成员法律体系和商业环境，因此该项投资一旦形成后将被发展中成员"锁定"——无法撤销、无法以零成本或较低成本转移、无法转为他用。

　　第二，贸易双方形成的合同具有"不完全契约"性质。不完全契约是指契约无法在事前毫无遗漏的规定当事人在未来所有可能承担的权利和义务，或者不存在一个公正的第三方可以无成本的保证契约得以执行。[3] 根据有限理性假定，行为主体无法对未来事件、外在环境做出完全预期，加之对未来进行预测并将预测及相应措施写入契约并确保可以执行均存在巨大的交易成本，这使得缔约方可能有意遗漏一些内容，待以后出现事件再进行协商。在价值链贸易中，要实现价值链贸易的顺利进行，要求发展中成员营造

[1]　Benjamin Klein, "Hold-Up Problem", *The New Palgrave Dictionary of Economics and the Law*, 1998.

[2]　Tony McGuinness, *Markets and Managerial Hierarchies // Markets, Hierarchies and Networks.* London: Sage. 66 – 81, 1994; Benjamin Klein and Keith B. Leffler, "The Role of Price in Guaranteeing Quality", *UCLA Economics Working Papers No.149*, 1981.

[3]　Oliver Hart, and Bengt Holmstrom, *The theory of contracts*, in T. Bewley (ed.), *Advances in Economic Theory*, Cambridge: Cambridge University Press, 1987.

良好的商业环境,并在投资政策、竞争政策、基础设施建设、金融服务等领域全方位匹配,然而受发展水平制约,发展中成员自身法制建设水平有限,制度不完善产生的不确定性,明显加剧了与跨国公司之间发生争端摩擦的可能性,进而增大契约不完全性。除此之外,国际贸易的双方属于不同主权国家,国家制度规则的强制执行止于国界,而这些议题涉及多款发展中成员国内法,跨国公司无法对发展中成员国内法提出挑战,更由于巨大的谈判成本难以将各项内容悉数包含在投资协议中,同时跨国公司在签订协议时更无法确定在投资持续期内发展中成员的相关政策是否出现变化,只能根据当前情形对未来政策进行有限预期,正是以上多重因素的共同作用形成了"不完全契约"。

第三,发展中成员"套牢"跨国公司将有利可图,并实现福利最大化。专有投资与不完全契约为发展中成员创造了"套牢"跨国公司的机会,最终发展中成员是否会恶意违约取决于"套牢"跨国公司获利是否大于"套牢"产生的额外成本。[①] 事实上在此阶段,发展中成员政府不仅可利用跨国公司离岸的各项有形及无形资产,进行价值链贸易,获取价值增值;除此之外,仅需以极低的成本即可直接或间接获取跨国公司的有形及无形资产并在未来长期使用获利,同时有效地规避进行同类自主研发所需投入的大量前期沉没成本。因此,发展中成员政府有强烈的动机在第三阶段违背最初协议,即"执行松散的法律体系"这一策略,获取跨国公司离岸有形及无形资产,实现福利水平最大化。

第四,在 FTA 缺位的情况下,发展中成员按照事先约定履行"执行严格的法律体系"这一承诺是不可信承诺。其主要原因如下:首先,发展中成员将面临与之进行贸易的多个跨国公司各自独立设定、标准参差不齐、反映各跨国公司个体差异需求的边界内措施条款,多重标准的执行无疑将摧毁发

---

① Julian Alexander Sanner, "Asset Specificity and the Hold-Up Problem", *SSRN Working Paper series*, 2011.

展中成员的司法体系，而依靠发展中成员与各跨国公司进行磋商，统一这些标准的谈判成本更是难以估计；其次，当发展中成员执行契合不同跨国公司的各类标准时，与特定跨国公司从事价值链贸易的生产要素将被不同水平的执行标准反向"锁定"，降低一国生产要素在不同跨国公司企业间的流动性，逐渐丧失比较优势，最终不断降低发展中成员与发达国家谈判时的议价能力；再次，当发展中成员执行某一跨国公司的高标准，并被该标准锁定，那么在可预见的将来向国际通行标准的转变成本极高；最后，从政治经济动机角度看，短视型的政府不会考虑到当期违约行为对未来声誉的影响，国内政权的不稳定性亦会促使本期政府着眼当期利益而不考虑下届政府可能蒙受成本的贴现问题。

综上所述，在信息充分的假设前提下，发展中成员事后的机会主义行为将完全切断或部分降低关系型专有性投资，跨国公司在第二阶段作出决策时即能够清楚地预期到在第三阶段发展中成员的违约动机，因此为避免跨国公司离岸资产在第三阶段受到侵吞，其在第二阶段做出的决策应为"不离岸"①。最终在极端情况下将导致两国间的价值链贸易完全消失，降低总的贸易利得，引发投资远远偏离有效水平。这印证了北美自由贸易区、欧盟及东南亚自由贸易区的经验，只有经济发展水平相近且同一区域内的国家间才能够开展区域内的自由贸易。② 然而，此时如果保证发展中成员政府在博弈第三阶段坚持行为一致性，继续执行严格法律体系，则可实现帕累托改进，达到纳什均衡合作解（严格，离岸），跨国公司专有技术与发展中成员低价生产要素结合，降低生产成本，发展中成员获得规模经济，加速融入全球价值链，同时享有跨国公司无形资产转移时所带来的技术溢出效应，最后促使发展中成员吸引更多高质量外商投资。

---

① 跨国公司在预期到发展中成员的违约动机后，将避免核心技术的离岸，反而可能将高耗能、高污染、高排放，低技术含量、低附加值的产业离岸至发展中成员国。

② 赵春明、陈昊、李淑萍：《从"套牢"角度看当代双边自由贸易浪潮的兴起》，《国际经济合作》2009年第 7 期，第 37—40 页。

二、化解"套牢困境"：规制融合

在企业组织理论中，存在以下几种化解"套牢困境"的主要途径。交易费用经济学认为当事人有限理性和机会主义行为，在资产专用性条件下容易产生"可攫取准租"而形成"锁定效应"，进而导致"套牢"问题的发生。关系专用性越强的资产导致越多的"可攫取准租"，此时利用市场机制的费用则越高，利用垂直一体化解决问题的可能性越大，即企业之间可采取并购的方式，使其中一个企业成为另一个企业的供应车间。这样，市场被内部化了，在企业内部，机会主义行为都要受到权威的稽查，企业所特有的激励和控制的性质将能够使交易双方从狭隘的机会主义行为中摆脱出来，从而改变专用性资产投资不足的问题。因此，垂直一体化可以避免"套牢"问题的发生。随后的 GHM 模型①源于交易费用经济学 Williamson 的分析，并设计出第一个不完全契约理论模型②，表明不完全契约是导致"套牢"问题和专用性资产投资激励不足的主要原因，而事后谈判中资产的剩余控制权对投资激励非常关键。另外，GHM 也表明所有权的配置在给一方加强激励的同时会使另一方的激励减少，因此一体化只能带来次优结果，无法避免一体化带来的诸如规模经济与激励机制的损失等内部组织成本，即纵向一体化可以减轻"套牢问题"，但不能完全避免"套牢"问题。除此之外，在无限重复博弈中，当一方实施机会主义的"套牢"行为后，除了接受中立的第三方（如法庭）的明示制裁外，还会被另一方施与私人制裁，既包括契约中断后的损失，也包括市场上的声誉损失③，此时履约可以为双方带来比违约更多的收

---

① Sanford J. Grossman and Oliver D. Hart, "The Costs and Benefits of Ownership: A Theory of Vertical and Lateral Integration", *Journal of Political Economy*, Vol. 94, No. 4, 1986, pp.691 - 719; Oliver Hart and John Moore, "Property Rights and Nature of the Firm", *Journal of Political Economy*, Vol.98, No.6, 1990, pp.1119 - 1158.

② 杨瑞龙、聂辉华：《不完全契约理论：一个综述》，《经济研究》2006 年第 2 期，第 104—115 页。

③ 戴菊贵：《敲竹杠问题的本质及其解决方法》，《中南财经政法大学学报》2011 年第 4 期，第 10—16 页。

益。因此,由于"声誉"制度的存在,履约表现为一种自我实施机制,即使没有赋予惩罚违约者权力的中立的第三方以保证契约得以执行,"声誉"仍可以作为防止"套牢"问题的有效机制。[①]

沿着企业理论的逻辑,规避发展中成员政府行为不一致性引起的市场风险外部性,化解价值链贸易中的"套牢"问题正是进行规制融合的合作基础。发达国家的跨国公司、商业利益集团和政府率先呼唤国际贸易与投资新规则与新制度的出现。其核心目标为通过制定高标准与高质量的新规则进一步统筹全球价值链,实现供应链的无缝对接,利用发展中成员的比较优势,降低成本,继续保持领先竞争力。发达国家认为在上述两个层面达成的新规则将促使发展中成员进行必要的国内改革,提升国际化、法制化和开放型的商业环境水平,从而化解在发展中成员进行外包、投资和销售(贸易)的"套牢"风险,最终为发达国家的跨国公司和贸易商创造市场机会。同时,对于发展中成员来说,产品国别属性的弱化使得对中间品的关税保护变得无效,进口保护、进口替代政策和特殊差别待遇等政策最终将严重伤害自身,一国贸易竞争力优势不仅仅取决于要素的存量禀赋,而是更多体现在产品的不同制造与服务环节。[②] 在这一理念的冲击下,发展中成员政府寻求接受新的国际贸易与投资新规则的利益诉求在于进一步提高市场化和法制化水平与开放程度,以便更好地吸引 FDI、承接外包转移和促进贸易发展,同时带动国内附加值的关联增长、创造就业和提高劳动技能、构建长期生产能力、促进知识和技术的扩散和升级。基于此,第二代投资、贸易新规则的建立以规制一体化为手段,试图化解不完全契约与承诺不可信性这两个困局,实现履约长期收益大于违约成本,有效补充并维护合同、内部化市场风险。目前,第二代投资、贸易新规则中与价值链贸易相关的谈判条款主要涉及两个层面:

[①] 茹玉骢、金祥荣:《合约实施制度与国际贸易文献综述》,《国际贸易问题》2008 年第 2 期,第119—127 页。

[②] 盛斌:《迎接国际贸易与投资新规则的机遇与挑战》,《国际贸易》2014 年第 2 期,第4—9 页。

第一层面：促进商品、信息、资本、劳工双向流动，确保国际生产网络的顺利运行的议题，如：基础设施服务自由化、金融服务自由化、资本流动自由化等。

第二层面：保障有形资产、无形资产及公平、公正的商业环境的条款，如知识产权保护、投资权、竞争政策等。

（1）价值链贸易中，跨国公司与发展中成员分别从事其具有比较优势的生产环节，各国通过合作达到优势互补的效果。在重复博弈模型中，当履行协定的长期收益大于违约的当期收益时，发展中成员政府的战略决策将不会出现动态不一致性而选择诚实交易。赵春明等通过构筑重复博弈模型认为在交易双方计划的总交易量不变的情况下，通过减少单次交易量数额，增加交易次数，将使一国更加注重声誉和长远利益，从而增加诚实交易的激励。[①] 从宏观层面看，一国与他国合作交易的交易额是一定的，通过长期的、全方位的自由贸易协定，将促使跨国公司有意识地增加相对劣势领域的交易次数而减少每次的交易额，从而有效地化解"套牢"困境。

（2）合约实施制度的完备性将缓解投资不足的问题，因此在关系型专有投资的价值链贸易中，制度优势（如契约完备性）将成为跨国公司的首选要素。FTAs各项条款强调管制的协调性与标准的统一性，有效改善不完全契约状况，避免动态不一致性的出现：完备发展中成员知识产权保护、资本自由流动、投资政策、技术合作、技术转移等条款将有效保障跨国公司离岸有形与无形资产的安全性，通过协定强制约束力遏止发展中成员政府侵占其离岸资产的动机。同时竞争政策确保外国投资者获得国民待遇，并营造公平、公正的竞争环境，完善发展中成员市场开放深度与广度。除此之外，促进商品、信息、资本及劳工双向流动的条款内容将使成员国间的管制体系更具有透明度、可实施性和相容性，削弱国内管制对贸易的阻碍作用，加强国内政策的稳定性。

[①] 赵春明、陈昊、李淑萍：《从"套牢"角度看当代双边自由贸易浪潮的兴起》，《国际经济合作》2009年第7期，第37—40页。

（3）声誉和充分合约实施之间具有不完全的替代关系，在一次性交易中纵向一体化最优，而在国际贸易重复交易中，无法实现纵向一体化的情况下，声誉可有效阻止一方的机会主义行为。FTAs 的签订是发展中成员政府良好声誉的信号表示，这一间接机制确保发展中成员在博弈第三阶段执行"严格"的法律体系转化为可信承诺，缓解不完全契约引发的专有性投资不足对贸易的负面影响。与企业组织理论逻辑一致，由于"声誉"制度的存在，在重复博弈模型中，履约表现为一种自我实施机制，即使没有赋予惩罚违约者权力的中立的第三方，"声誉"仍可以作为防止"套牢"问题的有效机制。

（4）在争端解决机制方面，FTAs 试图建立投资者—东道国争端解决机制，通过跨国公司与发展中成员之间的国际规则约束，有效保护跨国公司的海外投资。最近 10 多年来，在国际投资领域的投资者—东道国争端案例有大幅度的增长，这种争端解决机制的设计，将促使跨国公司跳过东道国的国内司法程序而直接进入国际仲裁。

（5）自由贸易协定谈判议题在继续保障跨国公司新的投资待遇和公平竞争的基础上增加了对外国投资者进行必要规制与促进可持续发展的内容，如投资者义务、企业社会责任、环境政策、公共治理与机构、投资者—东道国争端解决等，保障发展中成员社会权益，避免发展中成员成为跨国公司低技术产业、高污染、高耗能产业承接国，同时有效强化跨国公司技术转移外溢效应，提高劳动生产率，改善基础设施建设，有效迎合发展中成员对于全球价值链的特殊利益诉求。

第四节　两种国际贸易规则的理论分析比较

谈判议题由市场准入问题转为深度的规制融合问题，谈判内容由边境外措施拓展为边境内措施。在传统贸易中,商品作为消费品在国家之间进行交换,所以世贸组织贸易政策所包含的议题为成员方通过互惠、非歧视的市场开放解决市场准入的边境措施。"多哈回合"中的农业和非农产品市场准入是本回合的核心问题,在规则的谈判方面,世贸组织仍保持以传统的削减货物贸易壁垒为主。在自由/区域贸易协定中,谈判议题以边界内措施为主,旨在通过"规制融合"类政策消除贸易壁垒,实现公平贸易。具体来看,贸易协定一方面对现有世贸组织条款进行拓展,即对"多哈发展议程"中已存在的条款实行进一步的自由化,如投资、知识产权保护、关税合作等;另一方面在贸易协定中纳入了目前多边框架内尚未出现的条款,如资本自由流动、劳动力市场、知识产权保护、投资等。

特殊和差别待遇条款对发展中成员和最不发达国家对外贸易的作用由正向促进转为负面抑制。低水平的关税削减程度、非互惠市场准入、赋予发展中成员和最不发达国家较长过渡期、能力建设和技术援助是 GATT 取得成功的原因之一。特殊和差别待遇将弥补开放国内市场对发展中成员和最不发达国家产业、部门造成的冲击,保证发展中成员适度的国内政策空间以适应自身发展的需要。同时,鼓励发展中成员和最不发达国家逐渐融入多边贸易体系,提高发展中成员国内经济改革的可信度、经济环境的稳定性,增加发达国家对发展中成员的投资动力。在价值链贸易中,原材料和中间投入品的多次跨境流动使得关税和非关税壁垒产生累积和放大效应,对本国中间品行业的高关税保护将直接提高本国再出口(re-export)产品的出口价格,最终摧毁本国下游生产部门。与此同时,技术援助和能力建设等形式的特殊和差别待遇将有效改善发展中成员和最不发达国家的基础设施建设水平,提高劳动生产率,加快工业化进程。

贸易政策和投资政策的关系逐渐由替代型关系转为互补型关系。在传统贸易中投资与贸易呈替代型关系,投资形式主要为水平一体化 FDI(对最终产品的投资),投资议题主要围绕赋予外国投资者非歧视性待遇和提供必要的投资保护,如:外资准入与开业、所有权与股权、经营业绩要求、投资者待遇、利润汇回、资金转移、征用、投资激励(税收)、争端解决等,投资政策与贸易政策的交叉重叠部分较少。在价值链贸易中,贸易政策将促使一国获得规模经济,加速融入全球价值链,推动本国吸引更多高质量外商投资,贸易与投资表现为互补关系。大型跨国公司对发展中成员投资主要模式为垂直一体化 FDI(对生产中间品的投资),谈判议题则在继续保障新的投资待遇和公平竞争的基础上增加了对外国投资者进行必要规制与促进可持续发展的内容,如投资者义务、企业社会责任、投资便利化、知识产权、竞争政策、劳动力市场管理、土地获取、环境政策、公共治理与机构、反腐败、投资者—东道国争端解决、基础设施与公私合作等,投资政策与贸易政策的区别不断模糊,二者在知识产权、竞争政策、劳工等议题上交叉重叠部分日益增加。

对国内政策的影响由负向一体化转为正向一体化。世贸组织服务于传统贸易,谈判议题为边界措施,贸易伙伴国通过互惠减让提高彼此的市场准入水平,政策变化方向为相互对等减让直至完全消除贸易壁垒,具有负向一体化的特征,各国国内政策的自主保留空间较大。价值链贸易的谈判内容由边界措施延伸至边界内措施,谈判方通过国内政策的规制协调与融合达成各方认可的最低标准,并逐渐向高标准过度。随着"一体化"程度的加深,谈判涉及更多国内政策、要求更高市场开放度和规范性的贸易规则被逐步纳入磋商范围,从更多维度、以更强程度对缔约国进行约束,具有显著的正向一体化特征。价值链贸易"新规则"对发展中成员的侵略性远大于世贸组织,发展中成员以承接国身份参与全球价值链,具有极强的可替代性,发达国家将利用发展中成员渴望获得 FDI,迅速实现工业化的强烈诉求,挟持发展中成员修改国内法律法规,在劳工政策、知识产权保护、环境议题、资本自由流动等议题上向发达国家看齐。

政策的实施难点由如何平衡出口促进和进口保护转为如何实现放松监管与公共政策目标加强监管的平衡。在传统贸易中,成员方通过互惠关税减让获得贸易伙伴国国内市场份额,实现本国"攻势利益",最终获得进口和出口的平衡性增长。因此,如何实现出口促进和进口保护的有效平衡,弥补交换市场对本国进口替代部门造成的损害,在进口替代部门和出口部门之间分享贸易利得是贸易政策的实施难点。在价值链贸易中,各方政府借助跨国公司的对外投资、离岸技术促进国内改革,实现本国技术进步、提高劳动力就业等"守势利益"。一方面,缔约国基于"贸易—投资—服务"网络构建全球价值链贸易规则,提升国际化、法制化和开放型的商业环境水平加速融入全球价值链并实现价值链升级;另一方面存在短期内以低成本侵占跨国公司有形、无形资产的强烈违约动机。因此,发展中成员短期利益与长期利益之间的互斥效应决定其政策实施难点在于实现放松监管与公共政策目标加强监管的平衡。

第五节 本 章 小 结

本章第二节和第三节分别剖析了市场准入型规则和规制融合型规则的经济学原理。对于市场准入型规则,世贸组织通过设置"互惠"和"非歧视"原则在完全竞争市场和垄断竞争市场环境中内生化"贸易条件效应"及"生产再分配效应",保持世界相对价格水平和各国相对市场份额不变,从而破解传统贸易中的"囚徒困境",促使市场准入型的贸易自由化取得显著成果。对于规制融合型规则,在 Baldwin 的基础上,分别构建静态博弈模型和动态三阶段模型博弈树考虑了无动态不一致性和存在动态不一致性时,发达国家跨国公司对发展中成员的专有性投资均会陷入"套牢困境"。区域/自由贸易协定(RTAs/FTAs)以规制融合为手段,通过边界后措施内部化市场风险,规避了由不完全契约引致的政府行为的动态不一致性,最终化解了跨国公司关系型专有投资被发展中成员政府"锁定"而面临的"套牢风险",顺利实现生产的国际化,回应了全球价值链发展对制度的强烈需求。最后,总结了基于不同经济学逻辑制定的国际贸易规则在以下方面的差异:(1)谈判议题由市场准入问题转为深度的规制融合问题,谈判内容由边界措施拓展为边界内措施;(2)特殊和差别待遇条款对发展中成员和最不发达国家对外贸易的作用由正向促进转为负面抑制;(3)贸易政策和投资政策的关系逐渐由替代型关系转为互补型关系;(4)对国内政策的影响由负向一体化转为正向一体化;第五,政策的实施难点由如何平衡出口促进和进口保护转为如何实现放松监管与公共政策目标加强监管的平衡。

本章证实了由于发达国家和发展中国家在触发价值链贸易时的非对称性,发达国家在FTAs/RTAs谈判中可围绕特定产品或行业价值链实现规制输出,发展中国家被迫让渡国内规则制定权,这对发展中国家具有以下政策启示含义。

第一,寻求利益共同点以形成谈判集团,支持并推动世界贸易组织改革,回应国际贸易模式的新发展。世贸组织作为全球贸易治理的唯一具有法律地位的平台,具有双边或区域层面无法比拟的天然优势。发展中国家群体可以"金砖国家"为核心形成谈判集团,谋求与发达国家对话时的对等地位,同时认清共同利益所在,倡导对现有谈判议程进行适应性调整,在数字贸易和电子商务、投资便利化等符合发达国家和发展中国家共同利益的规制融合类议题上率先展开多边谈判。

第二,推动并促成由发展中国家主导的、符合发展中国家发展阶段与核心利益的区域贸易协定谈判。客观来讲,包括"金砖国家"在内的大部分发展中国家尚不具备接受某些高标准规制融合条款的成熟条件(如劳工、环境、知识产权、国有企业等条款)。发展中国家可主动主导制定介于世贸组织和高标准FTAs/RTAs之间的、体现大多数发展中成员利益诉求的平衡性规则(如RCEP协定),并以"开放式"协定的模式鼓励并吸引其他发展中国家的参与。除此以外,可在APEC框架下努力推进亚太自贸区建设

(FTAAP),实现超越亚太地区的区域经济一体化。

第三,加快发展中国家国内经济制度与法律体系改革,主动推动国内制度与国际规则接轨。从以市场准入为核心的"第一代"贸易政策向以规制融合为核心的"第二代"贸易政策的过渡,是 21 世纪价值链贸易发展的必然趋势。发展中国家可主动对双边、诸边、区域、巨型区域贸易协定和投资协定中的"新规则"进行跟踪研究和评估,并推动国内不同领域的制度创新性先行先试,逐步、分阶段构建市场化、国际化、法治化的现代化营商环境,最终推动国内发展相对成熟的议题与国际规则的并轨。

第五章
WTO 贸易便利化协定：评估与影响

　　《贸易便利化协定》(以下简称《协定》)是世贸组织自 1995 年成立以来达成的首个多边协定,也是最具历史意义和最具商业价值的多边成果。它将改善全球进出口贸易透明度与可信度,改革边境管理措施,提升贸易与生产效率,并通过对发展中国家与最不发达国家的技术支持、资金援助与能力建设解决不同成员方之间的非对称执行成本与执行能力。它对世贸组织发达成员与发展中成员来说实现了双赢,即发达成员通过该协定将进一步降低在全球价值链中的贸易成本,从而提高出口商和跨国公司的经营效率;而发展中国家则通过该协定获得了必要的特殊和差别待遇、技术援助和能力建设支持,同时也能从贸易便利化中获得长期的生产与贸易收益。

　　本章将对世贸组织自 1995 年成立以来达成的首个多边协定进行全面而深入的评价和展望。首先回顾《协定》的谈判进程,分析各成员方基于不同战略与利益考虑的政治博弈;第二节基于协定文本剖析协定具体条款,并引入 OECD 构建的贸易便利化测度指标评价体系,用于评价与监督不同国家和地区执行《协定》的进展程度;第三节将与世贸组织《贸易便利化协定》对比,剖析目前区域贸易协定中"贸易便利化措施"的承诺及执行情况;第四节结合现有文献研究实施《协定》对国际经济与贸易的收益,分析《协定》达成对多边贸易体制具有的启示含义,总结并梳理执行《贸易便利化协定》的各项挑战;第五节客观评价中国在《协定》达成过程中的贡献,并论述近年来中国贸易便利化改革的执行情况；最后是本章小结。

第一节 达成 WTO《贸易便利化协定》的背景与历程

《协定》的达成经历了艰辛而曲折的历程。贸易便利化议题最早于1996 年新加坡部长级会议上被列入世贸组织工作日程，与政府采购透明度、投资和竞争政策议题一并称为"新加坡议题"，它们均为超越世贸组织已有规则的重大新问题。但在谈判伊始，大部分发展中成员仅同意以渐进式非约束性条款的方式开启新议题谈判，对贸易便利化议题的谈判仅被纳入货物贸易理事会的谈判议程，并未成立专门的贸易便利化工作组。2001 年11 月 WTO 部长级会议决定启动"多哈发展回合"谈判，并将贸易便利化议题列入"多哈工作计划"。但随后由于发展中成员担忧执行新规则的能力与资源欠缺以及可能会面临新的争端解决诉讼，并质疑实施贸易便利化措施的双赢结果，从而导致谈判进展十分艰难，其直接结果就是新议题在 2003年 9 月的 WTO 坎昆部长级会议上流产。

在经历了坎昆会议的挫折之后，2004 年 7 月 WTO 总理事会通过了"多哈回合框架协议"（即"七月套案"），其中明确以附件 D"贸易便利化谈判模式"作为启动谈判的基础，该草案规定"贸易便利化谈判应加强技术援助和能力建设支持，充分考虑对发展中成员和最不发达国家的特殊和差别待遇。世贸组织成员方充分认识到特殊和差别待遇应超过传统的'过渡期'等形式，将发展中成员和最不发达国家执行协定承诺的程度和时间应与其执行能力相关联"①。此外，"七月套案"还规定最不发达国家"仅需执行与其国内

---

① 资料来源：WTO. Doha Work Programme — Decision Adopted by the General Council on 1 August 2004. WT/L/579，2004.

发展、金融、贸易目标，及管理、制度水平相一致的承诺"①。该草案极大地弥合了发达成员与发展中成员间的主要冲突，并获得以印度为首的广大发展中成员的支持。2004 年 10 月，WTO 贸易便利化谈判工作组成立，谈判正式启动。在各成员提案的基础上，《协定》文本草案于 2009 年 12 月形成。在其后的几年中，通过谈判组会议、专题磋商、双边磋商等多种形式逐步缩减分歧，并对文本草案进行简化和完善。2012 年以后，成员方一致同意将贸易便利化议题作为多哈回合"早期收获"议题被优先予以推动。

2013 年 12 月 7 日，在经过彻夜磋商后，历时 4 天半的 WTO 第九届部长级会议终于在印尼巴厘岛落下帷幕，会议最终达成多哈回合"早期收获"。《贸易便利化协定》作为"早期收获"的最核心组成部分，是世贸组织自 1995 年成立以来达成的首份多边贸易协定，也是多边贸易体制的首个"正向一体化"协定，为冰冻 12 年的多哈回合谈判注入了前进动力，也为处在低迷中的世界经济创造了新的增长来源，得到了参会各方的高度赞扬。根据巴厘岛协定，世贸组织全体成员一致约定贸易便利化委员会尽快就协定文本进行法律审查，在至少 2/3 成员通过国内审查后，协定则正式实施生效，从而使协定的修正文本纳入 WTO 协定的附件中。2017 年 2 月 22 日，随着卢旺达、阿曼、乍得和约旦 4 个国家向世贸组织提交《协定》的批准文件，批准《协定》的成员已达 112 个，超过协定生效的法定门槛，《协定》正式生效并对已批准协定的成员正式实施。

《协定》谈判过程一波三折，历经近 20 年才最终达成并生效，究其原因，主要有以下四个方面。（1）虽然世贸组织成员在贸易便利化议题上与其他"新加坡议题"相比争议与分歧相对较小，但由于多哈回合谈判具有"一揽子承诺"的性质，它在很大程度上极易受到其他敏感议题陷入僵局的影响，多哈发展议

---

① 资料来源：WTO. Doha Work Programme — Decision Adopted by the General Council on 1 August 2004. WT/L/579，2004.

程谈判多年停摆也降低了成员国达成协定的紧迫性与积极性。(2)贸易便利化议题谈判涉及风险管理系统、"单一窗口"等专业技术,对人力资本提出了极高的专业能力要求。世贸组织及相关国际组织仅对参与谈判人员提供信息及技术培训,而实际上,谈判涉及的利益相关方却远远不止谈判人员。谈判时间的不断延长要求对新参与的谈判人员进行新的培训,同时产生的新兴技术也要求培训内容的不断更新。(3)该协定是发达国家积极推动的国际贸易新规则协议,发展中成员虽然也能从中共享收益,但同时要求其客观评估执行协定的能力、所需各项必要支持、不履约可能面临的争端解决、获得发达国家提供所需援助的可信承诺等,此外它们还关注所获收益将如何在发达国家和发展中成员之间实现分配的公正性与合理性,这些问题无疑给谈判进程带来了许多挑战。(4)大型新兴经济体在协定执行过程中本应起到积极的作用,在较短的过渡期内完善贸易便利化措施,并承担为其他发展中成员与最不发达国家提供能力建设援助和支持。但事实上,包括"金砖国家"在内的几乎所有先进新兴经济体均试图利用协定中的特殊与差别待遇延缓协定的执行。①

第二节 WTO《贸易便利化协定》的内容及评估

一、《贸易便利化协定》的主要内容

世贸组织所界定的贸易便利化是指"改善进出口贸易透明度、可信度及提升进出口效率的边境管理措施改革"②。根据 2004 年 7 月世贸组织总理

---

① Bernard Hoekman, "The Bali Trade Facilitation Agreement and Rulemaking in the WTO: Milestone, Mistake, or Mirage," *European University Institute Working Paper*, RSCAS 2014/102, 2014.

② 与 WTO 对贸易便利化的定义不同,APEC 所界定的贸易便利化定义更为宽泛,涉及影响贸易成本的诸多贸易政策,包括影响运输、物流、金融、保险、通信等服务效率的各项措施。

事会通过的"多哈工作计划"，贸易便利化谈判的目的包括：（1）"澄清和改进 GATT 1994 第 5 条（过境自由）、第 8 条（进出口规费和手续）以及第 10 条（贸易法规的公布和实施）相关内容，以期进一步加速货物的流动、放行和清关，包括过境货物"；（2）"加强在贸易便利化领域的技术援助和能力建设支持，并在贸易便利化和海关执行方面促进海关之间或其他边境管理机构之间的有效合作"；（3）"充分考虑给予发展中成员和最不发达国家特殊和差别待遇的原则"。据此，《协定》共包含三个组成部分：第一部分涉及促进货物（包括过境货物）移动、放行和结关、海关及其他监管机构间进行协作等方面共计 12 项措施；第二部分为对发展中成员和最不发达国家提供执行此项协定所需的特殊与差别待遇、能力建设和技术援助条款；第三部分包括最后条款及机构安排。各部分的成果要点详见表 5－1 所示。

表 5－1　WTO《贸易便利化协定》的主要成果要点

章节	对应的 GATT1994 条款	主　要　内　容	对应的 协定条款
第一 部分	—	● 成立贸易便利化筹备委员会	—
	第 10 条 （贸易法规的 公布和实施）	● 各国应保持海关程序及管理的透明度，及时（以网络方式）提供与通报信息，并建立咨询点	第 1 条
		● 应及时就进口货物的税则归类及原产地待遇向申请人提供预裁定	第 3 条
	第 8 条 （进出口规 费和手续）	● 允许贸易商在货物抵达前提交进口相关文件以便进行处理，从而加速货物通关放行	第 7 条
		● 允许选择电子支付方式支付进出口关税、国内税、规费和费用，并将货物放行与关税、国内税、规费和费用的最终确定相分离	第 7 条
		● 应将海关监管及其他相关边境监管措施集中在高风险货物上，加快对低风险货物的放行	第 7 条
		● 鼓励成员国定期计算并公开其平均货物放行时间	第 7 条
		● 应向满足特定标准的运营商提供额外的与进出口或过境手续和程序相关的贸易便利化措施	第 7 条

续　表

章节	对应的 GATT1994 条款	主　要　内　容	对应的 协定条款
第一部分	第 8 条（进出口规费和手续）	● 采用或设立程序,以至少允许对申请快运货物的人员快速放行通过航空货运设施入境的货物,同时维持海关监管。如一成员国采用限制申请人的标准,需在标准中公布申请人应满足的条件	第 7 条
		● 简化进出口和转口贸易的文件要求	第 10 条
		● 鼓励使用相关的国际标准及其部分作为进出口和转口贸易的手续和程序	第 10 条
		● 应尽力建立"单一窗口",使得贸易方能够通过单一接入点向相关机构提交进出口或过境货物的材料或数据要求,并尽力保证使用信息技术支持"单一窗口"	第 10 条
		● 在一国境内使用通用的边境程序和标准统一的单证要求	第 10 条
	第 5 条（过境自由）	● 加强过境运输自由	第 11 条
	—	● 鼓励各成员国分享在海关合规管理方面的最佳实践信息与经验,加强海关信息交换	第 12 条
		● 确保国内各监管机构之间相互合作与协调	第 8 条
		● 边境相邻的国家之间应相互合作以实现商品跨境流动时程序的一致与简化	第 8 条
第二部分	—	● 为发展中成员和最不发达国家执行协定相关内容的能力建设提供援助与支持	第 Ⅱ 部分
		● 发展中成员和最不发达国家,可根据各自的需求自行指定实施协定的条款范围、时间和过渡期	第 Ⅱ 部分
第三部分	—	● 成立贸易便利化委员会,委员会应在自协定生效起 4 年内并在此后定期审议协定的运用和实施情况	第 13 条
		● 每一成员均应建立并/或设立一国家贸易便利化委员会或类似机构	第 13 条

　　资料来源：根据 WTO 第九届部长级会议宣言及附件整理,WT/MIN(13)/DEC,2013 年 12 月 11 日。

《协定》中的条款包括"具有法律约束力的承诺"（binding commitments）和"尽最大努力的承诺"（best endeavors commitments）。其中，在透明度、费用与程序等由海关当局执行的条款适用"有法律约束力的承诺"，而在涉及对发展中国家和最不发达国家的能力建设、技术援助和资金支持以及海关合作、信息互换等敏感性议题上，则适用"尽最大努力的承诺"。这主要是由于《协定》并非"自我执行协定"（self-enforcing agreement），它更强调通过贸易便利化的援助措施、早期预警机制、专家组对成员国执行状况的评估、贸易便利化委员会进行信息及经验的共享等措施形成政府间的合作与对话机制。

《协定》主要内容包括：（1）仿效世贸组织《实施动植物卫生检疫措施的协议》与《技术性贸易壁垒协议》，建立"咨询点"，回答政府、贸易商和其他相关利益方提出的合理咨询，并提供所需表格和单证，这将提高政策的"透明度"；（2）在拟议或修正有关货物（包括过境货物）的流动、放行和结关相关的法律法规时，向贸易商及其他利益攸关方提供进行评论和发表意见的机会，从而提高政策决策的公信力与参与度；（3）最大限度简化与进出口和运输相关的手续条款以保证货物的迅速通关（例如预先提交电子化文件、允许在提交保证金的前提下放行货物、加速对低风险货物的放行、对经认证的贸易商降低单证要求和查验比例等），以便降低贸易商的时间成本与贸易成本，并确保对贸易造成的限制作用最小化；（4）要求各成员国采用信息技术手段建立"单一窗口"（single window），确保文件和数据一经"单一窗口"进行提交后就不会再被要求二次提交，从而大大简化通关手续；（5）鼓励各成员国采用国际标准认证体系以及参与国际标准的制定与审查，减少规制协调成本；（6）各成员国不得强制要求使用报关代理，这使得符合海关合规要求的进出口企业能以更低的成本为自身提供报关服务，从而降低贸易成本；（7）要求提高海关程序及管理的透明度，鼓励各成员国共享海关信息，并在提高海关效率方面进行技术和能力建设的合作，承诺成立贸易便利化委员会为所有成员国提供与执行协议所需的各项咨询服务。此外，世贸组织还创建了一个"贸易便利化协定基金"(TFAF),以支持发展中成员全面实施协定所需要的援助。

以上内容自《协定》生效之日自动适用于所有发达成员,而对于发展中成员及最不发达成员则根据其是否需要过渡期和提供技术支持将协定条款的执行分为三类:(1)协议生效后发展中成员须立即执行,最不发达成员可在一年后执行(A类条款);(2)在一定过渡期后发展中成员和最不发达成员开始执行(B类条款);(3)在协定生效后的一定过渡期并获得相关能力建设援助和支持后方才执行(C类条款)。最后一点是协定的一个重要原则,它将发展中成员与最不发达成员执行协定的能力与执行协定的行动相联系,当它们未获得履行协定所需的各项能力建设援助和技术支持时,可延长宽限期限暂不执行协定相关内容。这一特殊与差别待遇的创新模式是发展中成员最终同意接受《协定》谈判结果的重要原因。①

但协定中对发展中成员的相关能力建设援助和技术支持的规定仍存在以下三方面不足:一是发展中成员基于"谈判思维"并未对外公布当前贸易便利化水平与执行协定的能力之间差距的评估结果,这可能会导致评估需求与实际需求之间的差异,从而为增加发达成员为发展中成员额外"买单"的风险留下隐患;二是谈判过程及最终协定中并未严格界定接受援助的成员的类型及其应具备的条件,除将优先给予最不发达成员捐赠外,一些需要支持的中等收入成员会面临无法获得援助资格或援助滞后的可能;三是协定中未以法律形式强制要求发达成员对发展中成员的捐赠义务,因此届时有可能会难以确保捐赠金额的及时落实。而目前,执行协定预计所需的援助资金总额远远超过各种国际组织已为该协议的执行所捐助的资金总额。

---

① Neufeld Nora, "The Long and Winding Road: How WTO Members Finally Reached a Trade Facilitation Agreement," *WTO Staff Working Paper*, ERSD-2014-06, 2014.

二、对 WTO《贸易便利化协定》的评估

在目前诸多的贸易便利化指标体系中，OECD 的方法与数据库最为全面、科学。OECD 以《协定》具体条款内容为蓝本，构建了 16 个贸易便利化指标，并将每个指标细分为若干个次级指标（如表 5 - 2 所示），利用世界银行的全球营商环境报告与物流绩效指数、世界经济论坛的全球竞争力报告、世贸组织贸易政策审评报告、全球快递协会的海关能力报告以及各成员的海关信息对 152 个国家或地区的贸易便利化次级指标进行量化评估，取值范围为[0，2]（从 0 到 2 表示贸易便利化程度不断提高），最后利用次级指标简单加权分别得到 16 个贸易便利化指标取值大小。它们可以用来考察不同成员实施贸易便利化措施的进展情况，衡量不同贸易便利化措施的重要程度差异，为各成员贸易便利化改革的优先次序提供借鉴，同时为发展中成员和最不发达国家能力建设援助和技术支持提供指导。

表 5 - 2　OECD 基于 WTO《贸易便利化协定》的贸易便利化测度指标体系

序号	指标	含义说明	对应协定的条款	所含指标数目	代表性指标举例
1	信息可获得性	与海关或边境上规章、手续相关的信息的公布，以及透明度机制	第1条第2条	10	是否设立咨询点、贸易信息的发布渠道（包括网络发布）
2	贸易商的参与	与贸易商就边境上政策的制定进行的磋商	第2条	4	是否存在对公众意见的采纳机制
3	预裁定	政府预先公布货物分类方法、原产地规则和估值方法，并公开规则和流程	第3条	8	平均签发时间；是否披露撤销或拒绝签发预裁定的动机
4	上诉程序	与上诉程序规则及上诉结果的透明性、公平性、时限性及有效性相关的指标	第4条	8	司法独立性、上诉时效
5	费用	与进出口税费相关的征收纪律	第6条	4	是否依货物价格收费、费用总额排名

续　表

序号	指标	含义说明	对应协定的条款	所含指标数目	代表性指标举例
6	单证类手续	贸易文件的协调统一及单证数目、复杂度的降低	第7条第10条	6	是否采用国际标准或惯例、进出口文件数目
7	自动化手续	信息通信技术的使用及其效率、风险管理程序的应用	第7条第10条	5	是否采用风险管理系统、电子数据交换
8	程序性手续	与海关通关程序操作相关的主要业务	第5条第7条第10条	17	是否有单一窗口、是否进行装船前检验、抵达前处理
9	边境机构的内部合作	成员方各边境口岸机构之间的合作	第9条	3	监管机构之间协调与合作程度
10	边境机构的外部合作	与邻国及第三国之间的合作	第9条第12条	4	邻国间是否协调工作时间、是否统一程序和手续
11	领事事务需求	是否需从进口国的领事馆获得与进口商品相关的领事发票、商业发票的领事签证、原产地证书等其他与进口商品相关的海关文件	第8条	1	成员方是否存在领事事务需求
12	管理与公正性	反映政府管制水平和管理特点的指标	—	8	是否有海关行为准则、内部审计系统、是否存在腐败及贿赂行为
13	过境费	与过境贸易相关的收费制度	第11条	4	过境费的信息可获得性;是否定期审查过境费
14	过境手续	与过境贸易相关的海关程序性业务与标准	第11条	7	是否适用质量控制原则及技术标准、是否有过境贸易单一窗口

续　表

序号	指标	含 义 说 明	对应协定的条款	所含指标数目	代表性指标举例
15	过境担保	过境国国内规章或区域/国际协定中规定的担保要求	第 11 条	5	是否允许多样化的担保形式、担保物的全额归还速度
16	过境协议及合作	是否存在双边或区域性协定或国家间的合作	第 11 条	3	双边或区域性协定数量排名；是否存在国家间的过境合作机制

资料来源：Moise Evdokia, Thomas Orliac and Peter Minor, "Trade Facilitation Indicators: The Impact on Trade Costs," *OECD Trade Policy Papers*, No.118, 2011; Moise Evdokia and Sorescu Silvia, "Trade Facilitation Indicators: The Potential Impact of Trade Facilitation on Developing Countries' Trade," *OECD Trade Policy Papers*, No.144, 2013.

第三节　区域贸易协定中的贸易便利化措施

自 20 世纪 90 年代起，包含贸易便利化措施的 RTAs 数目显著增加，随着世贸组织于 2004 年展开《贸易便利化协定》谈判，区域贸易协定中包含"贸易便利化"议题的比例再次骤然上升。1975—2004 年，亚洲签订的区域协定中仅 25％包含贸易便利化条款，2005—2011 年这一比例已高达 90％。本节将目前 RTAs 中的贸易便利化条款与 WTO《贸易便利化协定》进行比对。

一、贸易便利化措施的覆盖程度

自 2004 年世贸组织总理事会通过"多哈回合框架协议"确定了"贸易便利化谈判框架"后，RTAs 中的贸易便利化措施逐渐与 WTO《贸易便利化协定》谈判框架接近。总体来看,RTAs 中所包含的贸易便利化措施数目平均不足 WTO《贸易便利化协定》改革措施的 1/5。[①] 其中,发展中成员和发达国家之间签订的 RTAs 所覆盖的贸易便利化措施比例最高,如欧盟—韩国自由贸易协定、瑞士—中国自由贸易协定、欧盟—哥伦比亚—秘鲁自由贸易协定等。具体到不同贸易便利化措施,Neufeld 对 WTO《贸易便利化协定》中所包含的 28 项贸易便利化措施在 RTAs 中的覆盖程度进行考察(如图 5-1 所示),结果显示与海关相关的信息互换、手续/程序的简化与统一、海关合作、信息的发布和可获得性是目前 RTAs 中覆盖比例最高的贸易便

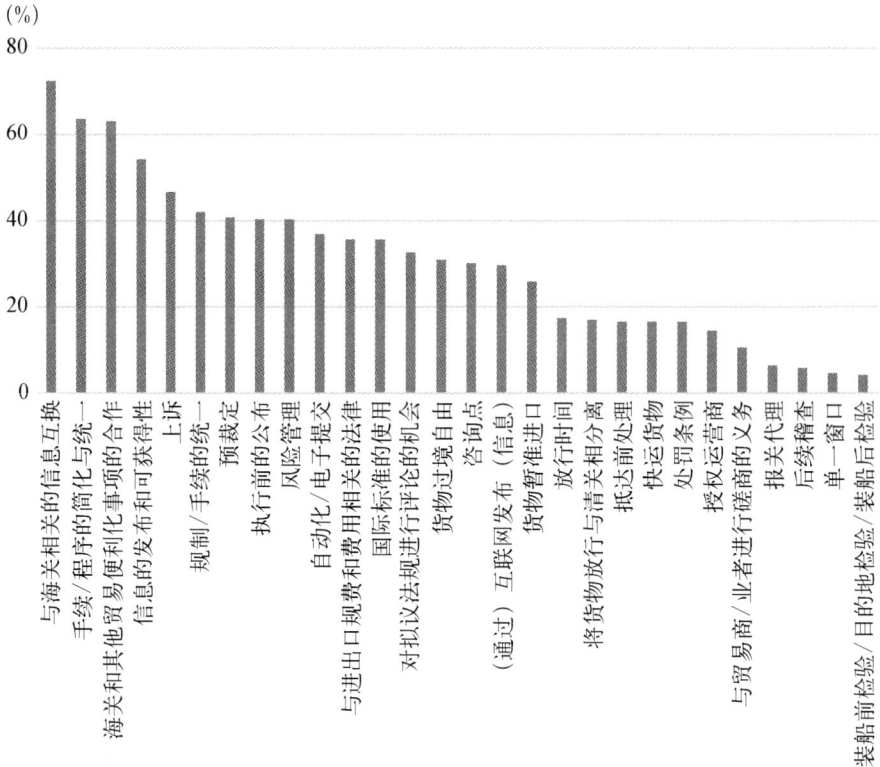

图 5-1 RTAs 中相应贸易便利化措施出现的频率

---

① World Trade Organization (WTO), *World Trade Report 2015: Speeding Up Trade: Benefits and Challenges of Implementing The WTO Trade Facilitation Agreement*, Geneva: WTO, 2015.4.

利化措施(覆盖比例均超过 50％)。① 相反,RTAs 中覆盖比例最低的贸易便利化改革措施包括报关代理、后续稽查、单一窗口、装船前检验。另一方面,大量 RTAs 中包含 WTO《贸易便利化协定》未涉及的领域和措施。例如,超过 1/5 的 RTAs 要求贸易商提供使领馆签发的法律文件,而 WTO《贸易便利化协定》并未提及该条款。

二、贸易便利化措施的承诺深度

与 WTO《贸易便利化协议》相比,RTAs 同时存在着承诺程度更深和更浅的贸易便利化措施。一方面,RTAs 对货物清关时间作出明确规定,应在不超过 48 小时内完成清关。而 WTO《贸易便利化协定》仅笼统规定"成员方应酌情加快清关时间"(《协定》第 7 条第 7 款第 3 项)。在与进出口税费相关的纪律上,大量 RTAs 和《贸易便利化协定》保持一致,直接援引 GATT 第 13 条规定,在欧盟—韩国自由贸易协定中,则在 GATT 第 13 条的基础上,进一步提出禁止征收从量关税。② 另一方面,WTO《贸易便利化协定》在处罚纪律(第 6 条第 3 款)中明确规定"一成员海关对违反其海关法律、法规或程序性要求可作出相应处罚"并就处罚纪律进行细致规定,然而目前尚无任何 RTAs 对"处罚纪律"做出详细规定。

三、特殊和差别待遇

目前,RTAs 中仅存在以"过渡期"形式向发展中成员和最不发达国家提供特殊和差别待遇。此外,21％的 RTAs 中包含能力建设援助和技术支持条款,然而协定均未就能力建设和技术援助做出具体详细规定。如

---

① Nora Neufeld, "Trade Facilitation Provisions in Regional Trade Agreements, Traits and Trends", *WTO Staff Working Paper ERSD-2014-01*, 2014.
② Ibid.

EFTA—突尼斯自由贸易协定仅模糊规定"EFTA 将为突尼斯提供与本国国内政策目标一致的技术援助,以促进协定的执行",并未就援助类型、期限、程度做出明确规定。WTO《贸易便利化协定》将发展中成员和最不发达国家执行协定的期限和程度与其执行能力相结合,并要求发达国家向发展中成员和最不发达国家提供所需能力建设援助和支持以保障协定的顺利执行。

四、争端解决机制

争端解决机制是保证协定和条款顺利执行的重要保障。一方面在 RTAs 中,仅有极少数的争端解决程序保持活跃[①];另一方面 RTAs 对发展中成员和最不发达国家的能力建设援助和支持仅以"尽最大努力"式承诺列出,因此,RTAs 中的贸易便利化措施在发展中成员的实际执行度极其有限。[②] 相反,世贸组织争端解决机制及其对特殊和差别待遇的创新性尝试可保障 WTO《贸易便利化协定》的有效执行。

本节简要对比了区域贸易协定中的贸易便利化措施和 WTO《贸易便利化协定》在贸易便利化措施的覆盖程度、承诺深度、特殊和差别待遇、执行能力上的差异,得到以下结论:第一,区域贸易协定和 WTO《贸易便利化协定》具有一定的趋同性,但两者对贸易便利化措施的覆盖力存在重叠和差异,《贸易便利化协定》的生效增强了区域协定和多边协定在"贸易便利化议题"上的互补性。

[①] Claude Chase,Alan Yanovich,Jo-Ann Crawford and Pamela Ugaz,"Mapping of Dispute Settlement Mechanisms in Regional Trade Agreemtns-Innovative or Variations on a Theme?",*WTO Staff Working Paper ERSD - 2013 - 07*,2013.

[②] United Nations Conference on Trade and Development (UNCTAD),"National Trade Facilitation Bodies in the World",*UNCTAD Transport and Trade Facilitation Series No. 6*,2014;United Nations Economic and Social Commission for Asia and the Pacific (UNESCAP),*Trade Facilitation in the Asia-Pacific Region: A Bright Outlook*,Bangkok:UNESCAP,2018.

第二,不同区域贸易协定之间就特定条款的覆盖程度和承诺深度存在显著差异性,《贸易便利化协定》为所有世贸组织成员方和区域贸易协定设定共同标准,将有效改善不同区域贸易协定间的"意大利面碗"现象。

第三,区域贸易协定存在着特殊和差别待遇缺失、能力建设援助和技术支持不足、执行系统的无效等多个顽疾,而《贸易便利化协定》则将成员方对协定的具体执行与执行能力相关联,要求发达国家为发展中成员和最不发达国家提供能力建设援助和技术支持,同时利用世贸组织争端解决机制保障协定的顺利执行,有效化解了RTAs执行过程中面临的困境。

第四节　实施 WTO《贸易便利化协定》的收益和挑战

一、执行 WTO《贸易便利化协定》对世界经济与贸易的促进作用

（一）贸易便利化措施将有力促进全球经济与贸易增长

有诸多文献研究证明与测度了贸易便利化对全球生产与贸易的有利效应。在对经济增长的影响方面,Francois 等结合 2001 年 16 个主要发达经济体和发展中经济体的数据利用可计算一般均衡（GTAP）模型进行模拟分析表明,贸易便利化措施带来的全球经济增长效应相当于所有经济体取消进口关税的增加效应的 3 倍。[1] 根据 OECD 和彼得森国际经济研究所的最新测算,有效实施《协定》最高可使发达国家和发展中成员出口每年分别增长 4.5%（约 4 750 亿美元）和 9.9%（约 5 700 亿美元）,带动全球 GDP 增长 9 600 亿美元,同时增加 2 100 万个就业岗位,其中发达国家与发展中国家分

---

[1] Francois Joseph, Hans V. Meijl and Frank V. Tongeren, "Trade Liberalization in the Doha Development Round," *Economic Policy*, Vol.20, No.42, 2005, pp.349 – 391.

别增加 300 万和 1 800 万个就业岗位。[1] 在对贸易增长的影响方面，Persson 与 Hoekman、Shepherd 分别利用世界银行营商环境数据和企业调查数据的研究表明，贸易便利化措施导致的出口时间缩短将显著促进出口，特别是对小微制造业企业的出口。[2] 具体到不同贸易便利化措施的影响，Moise 分析了《协定》中不同改革措施对不同收入水平的经济体的贸易影响，结果表明，按影响的显著程度排列为程序类手续、单证类手续、自动化手续和预裁定，且对低收入国家贸易流量的促进影响最为显著。[3] Saporto 等还发现贸易的"单一窗口"和"授权经营者"[4]制度对贸易流量具有特别显著的促进作用。[5] 更引人瞩目的是，在全球价值链贸易飞速发展的背景下，生产分割、垂直专业化和最优地理配置导致大量中间产品和零部件贸易的跨境交易与流动，而贸易便利化措施对中间品与零部件贸易的推动作用则远远大于最终产品贸易，[6]从而对新型国际生产体系下的全球经济增长产生更大的促进作用。Moise 和 Sorescu 利用 OECD 根据《协定》构建的贸易便利化指数估算了其对贸易附加值的影响，研究表明贸易便利化指数每提高 10％将使一国出口产品中的本国附加值提升 1％—3％和外国增加值提升 1.5％—3.5％，从而有利于全球价值链和国际生产网络的发展。[7]

---

[1]　Hufbauer Gary and Schott Jeffrey, "Payoff from The World Trade Agenda 2013," *Report to the ICC Research Foundation*, 2013.

[2]　Persson Maria, "Trade Facilitation and the EU – ACP Economic Partnership Agreement," *Journal of Economic Integration*, Vol.23, No.3, 2008, pp.518 – 546; Bernard Hoekman and Ben Shepherd, "Who Profits from Trade Facilitation Initiatives," *European University Institute Working Paper*, RSCAS 2013/49, 2013.

[3]　Moise Evdokia, "The Costs and Challenges of Implementing Trade Facilitation Measures," *OECD Trade Policy Papers*, No.157, 2013.

[4]　授权经营者(Authorized Economic Operator，简称 AEO)指满足特定标准的经营者，各国往往为此类经营者提供与进出口及过境手续相关的额外的贸易便利化措施。

[5]　Saport C. Paulo, Otaviano Canuto and Cristiano Morini, "The Impacts of Trade Facilitation Measures on International Trade Flows," *World Bank Policy Research Working Paper*, No.7367, 2015.

[6]　Saslavsky Daniel and Shepherd Ben, "Facilitating International Production Networks: The Role of Trade Logistics," *The World Bank Policy Research Working Paper*, No.6224, 2012.

[7]　Moise Evdokia and Sorescu Silvia, "Contribution of Trade Facilitation Measures to the Operation of Supply Chains," *OECD Trade Policy Papers*, No.181, 2015.

（二）贸易便利化措施可有效降低贸易成本

根据 OECD 估计，若各经济体严格执行《协定》所有条款（包括"尽最大努力的承诺"），协定将降低低收入国家 16.5％的贸易成本，中低收入国家为 17.4％，中高收入国家为 14.6％，OECD 国家约为 11.8％。此外，具体到各项不同贸易便利化措施，它们对不同收入水平经济体的贸易成本的影响不尽相同。对低收入国家贸易成本降低作用最为显著的便利化措施是单证类手续、自动化、信息可获得性及程序性手续，其降低幅度分别为 4.2％、3.6％、2.8％和 2.8％；对中低收入国家贸易成本影响最大的为程序性手续（3.9％），随后是文件类手续（3.5％）及自动化（2.9％）；而对应于中高收入国家来说，程序性手续、自动化、信息可获得性和预裁定系统则分别有 3.6％、2.8％、2.4％和 2.4％的贸易成本削减作用。[①] 由此可见，随着国家收入水平的提高，对一国贸易成本产生重要影响的贸易便利化措施将逐渐从行政手续类措施升级为规制类措施。

（三）贸易便利化将有助于各国（特别是发展中国家）实现出口多样化

国际生产的分散化使得各国可以专业化生产其具有比较优势的产品、工序和任务，贸易便利化能够有效削减阻碍各国企业（特别是中小型企业）进入国际市场的贸易成本与壁垒，促进它们实现出口产品广延边际（包括拓展新种类的出口产品和新的出口目标市场）的增长。从发展的角度看，这意味着发展中国家的出口结构将逐渐地向多元化的制成品过渡，并逐步实现在全球价值链中位置的攀升。[②] Dennis and Shepherd 对 118 个发展中国家的经验研究表明，贸易成本每降低 10％，其出口产品种类将提高 3％。[③]

[①] OECD，"Implementation of the WTO Trade Facilitation Agreement：The Potential Impact on Trade Costs," 2015，http：//www.oecd.org/tad/tradedev/WTO－TF－Implementation-Policy-Brief_EN_2015_06.pdf，October 31st 2015.

[②] Collier Paul and Venables J. Anthony，"Rethinking Trade Preferences：How Africa Can Diversify Its Exports," *The World Economy*，Vol.30，No.8，2007，pp.1326-1345.

[③] Dennis Allen and Shepherd Ben，"Trade Facilitation and Export Diversification," *The World Economy*，Vol.34，No.1，2011，pp.101-122.

Beverelli 等利用贸易便利化指数的研究显示,发展中国家实施《协定》将同时实现出口产品种类与出口目标市场的拓展,贸易便利化指数每提高10%,出口产品种类将增加 3%,出口目标市场将增加 3.8%。尤其是对于贸易便利化水平较低的非洲国家而言,出口产品种类和出口目标市场提升的幅度分别可达 150.7% 和 270.9%。[①]

二、实施《贸易便利化协定》对多边贸易体制的启示

(一)《贸易便利化协定》的达成捍卫了世贸组织在国际贸易治理中的中心作用

《协定》的达成突破了"多哈回合"囿于传统议题的多年困局,成功将首个国际贸易新规则协定纳入多边贸易体制,增添了世贸组织对货物贸易新的管辖内容。从谈判模式上看,《协定》采取开放式、自下而上的谈判模式,即由所有世贸组织成员方共同主导谈判议题走向,这一方式创建了完全不同于以往"绿屋"式的世贸组织小范围、集团化、封闭式的谈判模式,保证了各方政治经济利益的最大化。在对外合作领域,协定通过各国监管机构间的联合行动(如海关间信息交流机制、边境监管机构间的合作)实现贸易成本更深层次的削减,实现了单边行动无法实现的贸易促进效应,从而为拓宽多边贸易体制的未来合作机制与模式开辟了先例。除此以外,在《协定》谈判阶段和执行过程中,世贸组织充分利用并加强与国际组织、区域性组织、商业联盟的信息沟通与合作。例如,世界海关组织(World Customs Organization)提供专家资源、分析工具及设备帮助发展中成员和最不发达国家识别所需能力建设援助和技术支持;经济合作与发展组织(Organization for Economic Cooperation and Development)基于协定谈判

[①] Beverelli Cosimo, Simon Neumueller and Robert Teh, "Export Diversification Effects of The WTO Trade Facilitation Agreement," *Forschungsschwerpunkt Internationale Wirtschaft Working Paper*, No.137, 2015.

文本构建了贸易便利化指标体系(如本章表 5 - 2 所示)；世界银行(World Bank)于 2014 年 6 月设立"贸易便利化支持项目"(Trade Facilitation Support Program)为发展中成员提供贷款以支持贸易便利化措施改革；联合国欧洲经济委员会(United Nations Economic Commission for Europe)负责审查关于建立国际贸易"单一窗口"的相关法律文件。

(二)《贸易便利化协定》对区域贸易协定中特定议题的多边化具有较强的启示意义

自 20 世纪 90 年代起,包含贸易便利化议题的区域贸易协定数目迅速增加,随着 2004 年 7 月世贸组织总理事会通过"七月套案"并明确了"贸易便利化谈判模式",在多边和区域框架内同时对"贸易便利化"议题进行谈判的现象正式形成,二者在议题覆盖程度、承诺深度、特殊和差别待遇上兼具重叠性和差异性。在多边框架内达成的《贸易便利化协定》成功将贸易便利化改革措施的执行拓展至目前在 RTAs 中尚不存在贸易便利化条款的世贸组织成员方；其次,《协定》为所有世贸组织成员方和 RTAs 统一设定共同标准,有效缓解不同 RTAs 同时存在产生的"意大利面碗"现象；此外,RTAs 包含《贸易便利化协定》中尚且不存在的议题,或在某些特定议题上做出了更高水平的规制承诺,因此 RTAs 将在这些议题上有效补充 WTO《贸易便利化协定》。

(三)《贸易便利化协定》创新了为发展中成员和最不发达国家提供特殊和差别待遇的模板

《贸易便利化协定》自生效之日起对所有世贸组织成员方具有同等的法律约束作用,但就协定内容的执行程度及期限却根据不同成员的发展水平而有所差别。《协定》要求分别对各发展中成员和最不发达国家的每一项贸易便利化措施的执行能力进行评估,并根据发展中成员和最不发达国家的需求由发达国家和国际组织共同提供相应的能力建设援助和技术支持。这一模式取代了世贸组织传统的"一刀切"式的特殊和差别待遇,成为协定获得发展中成员认可并最终达成的最主要条件,为未来世贸组织谈判制订其他新协议提供了非常有益的参考。

三、执行 WTO《贸易便利化协定》的挑战

实施贸易便利化措施并非没有成本。事实上,对协定中各项条款的执行不仅需要在项目初期投入使用前进行资本支出,包括引进新的数据储存和处理系统、风险管理系统、单一窗口系统、办公设备、员工培训等,还需要在项目持续期内支付包括员工薪资、设备运营维护和员工技能定期更新培训项目等经常性支出。[1] 具体而言,各方(特别是发展中成员)在实施《协定》时需综合考虑以下六种成本。

(一)诊断及重组成本

发展中国家对贸易便利化措施的诊断和识别没有任何经验,因此,如何根据协定识别贸易便利化改革的优先领域,并在此基础上量身定制详细的行动计划方案对发展中国家来说尤为困难。目前,WTO 秘书处、相关国际组织(如 OECD、世界海关组织、世界银行等)与专家已经着手与发展中国家的政府部门、管理层专家和学者联合进行需求评估。

(二)监管成本

执行协定将促使发展中成员在评估现有监管框架的基础上制订新的法律法规,对现有法律进行修订并与国内立法及监管措施保持一致性,识别可能对相关使用者产生的潜在影响,这无疑对立法与政府监管部门提出了更高的能力与时间投入要求。根据各国国内立法结构、修改法律的程序和频率的不同,需要不同程度的法律与监管资源的投入,除重大的立法变化(如采用电子签名法)外,大多数与贸易便利化措施相关的监管措施的改变仅需较小的额外成本投入。目前,相关国际组织已为国内人力资源有限的发展

---

[1]　Moise Evdokia, "The Costs and Challenges of Implementing Trade Facilitation Measures", *OECD Trade Policy Papers*, No.157, 2013.

中成员国提供技术援助与资金支持。

（三）机构成本

执行协定将产生新的监管执行机构，如设立后续稽查小组、风险管理部门和咨询点等，均需额外的人力、物力、财力投入。除此之外，贸易便利化措施要求各边境口岸机构进行更高程度的协调与合作，力求海关监管机构之间的单证要求一致，从而大大增加了相关的协调成本。

（四）培训成本

根据协定进行高水平的培训是改进边境监管机构贸易便利化作业模式的重要环节。由此，各国需要雇佣新的专业员工、培训现有员工、从其他相关监管机构抽调相关专业员工，并对其进行专业化的培训，从而增加巨大的预算成本。

（五）设备与基础设施成本

数据的收集与储藏、特定措施的风险评估、单一窗口等贸易便利化措施需信息通信技术与基础设施的有力支持以提高其运转效率，此类设施与配套设备需要大量的前期资本投入。

（六）意识提升成本

大量发展中国家海关和其他政府机构的培训与能力建设活动需私人部门和工商界的利益相关者的广泛参与，后者对新型贸易便利化措施的认知、参与与执行程度直接关系到协定的实施效率。

根据Moise的研究估计，一国执行《协定》需初始投入资本总额为350万—1 900万欧元，随后每年将产生250万欧元的运营成本。不同贸易便利化措施的成本结构也不尽相同。例如，某些前期投资巨大的贸易便利化措施可能只面临负担较小的后期经常性支出，如各国建立"单一窗口"系统最初需投入300万—1 700万欧元，而随后每年的运营成本仅需3.3万—62.5万欧元；得益于国际贸易中标准国际化的发展趋势，某些贸易便利化措施改革（如单证类手续的简化与统一）仅需较低的投入成本即可取得极为显著的成效。[①]

目前,贸易便利化措施前期购买设备、员工培训等初期投入的人力、物力、财力已基本由各国政府及国际组织逐步落实。自 2005 年起至今,IMF、OECD、世界银行等国际组织已投入共计约 19 亿美元用于援助发展中成员与最不发达成员的贸易便利化措施的改善。2007 年至今,发达国家共捐助约 2 400 万美元用于援助发展中成员和最不发达成员的贸易便利化改善。2013 年,用于简化、更新边境规章和程序的贸易便利化资金援助达 6.7 亿美元,与 2002—2005 年的平均援助额相比增长了 8 倍。其中非洲国家作为最大的受益方仅在 2013 年就获得 2.68 亿美元援助,是 10 年前的 25 倍。[②]

除了实施成本外,执行《协定》还将面临一系列协调问题:(1)与网络发布和在线咨询点相关的贸易便利化改善措施要求提供精确、可靠和及时的信息,这就要求信息发布部门具备极高的协调能力,同时要求相关部门提供前瞻性的信息。(2)协定中某些贸易便利化措施的改善必须依赖于其他相关措施的先行改善,如对授权经营者的贸易便利化措施就依赖于风险管理系统和后续稽查的有效运转,因此不同贸易便利化措施改革的相互衔接与配合显得尤其重要。(3)协定中程序性手续的改善要求海关与其他边境机构改变现有运转模式,相互让渡权利从而实现协调与统一,比如"单一窗口"制度就涉及不同政府机构实体,除了需要巨大的资金支出外,不同机构之间在理念上的差异及对现有运作模式的保留态度都将为它的实际顺利运作增加难题。

[①] Moise Evdokia, "The Costs and Challenges of Implementing Trade Facilitation Measures", *OECD Trade Policy Papers*, No.157, 2013.

[②] OECD, "Implementation of the WTO Trade Facilitation Agreement: The Potential Impact on Trade Costs," 2015, http://www.oecd.org/tad/tradedev/WTO-TF-Implementation-Policy-Brief_EN_2015_06.pdf, October 31st 2015.

第五节 WTO《贸易便利化协定》对中国的影响

中国积极参与并推动了《协定》的谈判工作，先后提交和参与联署了 8 份提案，内容涉及贸易法规的公布和实施、风险管理、后续稽查、成员方需求和优先领域的确定、技术援助和能力建设支持等问题。在协定达成后，为体现支持协定尽早实施的积极姿态，中国于 2014 年 6 月 30 日向世贸组织秘书处通报了协定实施计划（即 A 类措施）①，比巴厘岛部长会议决定规定的期限提前了一个月。在协定议定书的讨论过程中，中国强调该协定实施符合所有世贸组织成员利益，同时呼吁各成员应充分重视发展中成员的利益，切实落实多哈回合确立的发展目标，全面、公正和平衡地推进巴厘部长会议决议的落实。2015 年 9 月 4 日，中国常驻世贸组织特命全权大使俞建华向世贸组织总干事罗伯特·阿泽维多递交接受书，标志着中国已正式完成接受《协定》议定书的国内核准程序，从而成为第 16 个接受议定书的成员。

近年来，中国在贸易便利化领域进行了多项改革，并取得显著进展。2001 年中国政府明确提出实行"大通关"制度。2006 年海关总署等 12 个部委联合启动电子口岸，使得监管部门可以进行跨部门、跨行业的联网数据核查，企业可以通过电子口岸在线办理海关申报、外汇结算等各种进出口业务。2009 年在部分进口口岸及所有出口口岸试行分类通关改革。2012 加速推进了分类通关、通关无纸化、"属地申报、口岸验放"、企业分类管理等改革。2013 年又决定尽快实施"一次申报、一次查验、一次放行"改革方案，并分步在全国口岸实行。2015 年进一步确定全面推进贸易便利化的改革，由

① 主要包括：第 7 条第 6 款（确定和公布平均放行时间）、第 10 条第 4 款（单一窗口）、第 10 条第 9 款（货物暂进口与入境及出口加工）、第 12 条（海关合作）。

"推进试点"向"全面推进"开展,改善贸易融资服务,加快出口退税进度,适时扩大融资租赁货物和出口退税试点范围。[①] 特别是目前在中国 11 个自由贸易试验区[②]所进行的改革中都将贸易便利化作为探索简化行政审批与监管的重要内容之一,包括:实施"一线放开、二线安全高效管住"的通关监管服务模式;建立国际贸易"单一窗口"管理服务模式;积极推动实施海关特殊监管区域整合优化改革(如京津冀通关一体化);加强电子口岸建设,推动实现海关、检验检疫等口岸监管部门信息共享;探索建立货物状态分类监管模式等等。它们将成为中国全面推进贸易便利化措施和执行《协定》的综合试验田。此外,在区域与双边经贸合作方面,中国与东盟于 2009 年签署了《贸易便利化南宁倡议》,在中韩、中澳等诸多双边 FTA 协定中也都单独设立了"贸易便利化"章节,体现了中国对该议题的高度重视。

然而,另一方面,与先进国家相比,中国在贸易便利化水平上仍存在较明显的差距。如表 5-3 所示,根据 OECD 测算的贸易便利化指数,中国在整体上虽略高于中高收入国家和亚太洲地区的平均水平,但却明显落后于全球的"最佳表现"(最高四分位值)。具体而言,中国在信息可获得性、贸易商的参与、预裁定、费用、程序性手续、边境机构的内部合作、管理与公正性方面与全球"最佳表现"水平较为接近;在上诉程序、单证类手续、自动化手续、边境机构的外部合作方面则仍存在一定程度的差距。

此外,中国 2017 年在信息可获得性、预裁定、单证类手续和管理与公正性上的表现与 2015 年相比有一定改进;在上诉程序、费用、自动化手续、程序性手续、边境机构的内部合作、边境机构的外部合作上与 2015 年基本持

---

① 张琳:《贸易便利化协定对中国意味着什么?》,载于《东方早报》(上海经济评论)专栏"IWEP 国际经贸评论"系列文章,2015 年 9 月 15 日,http://www.thepaper.cn/newsDetail_forward_1375341,登录时间:2015 年 10 月 31 日。

② 2013 年 8 月国务院设立中国(上海)自由贸易试验区;2014 年 12 月设立中国(广东)自由贸易试验区、中国(天津)自由贸易试验区、中国(福建)自由贸易试验区;2016 年 8 月设立中国(辽宁)自由贸易试验区、中国(浙江)自由贸易试验区、中国(河南)自由贸易试验区、中国(湖北)自由贸易试验区、中国(重庆)自由贸易试验区、中国(四川)自由贸易试验区、中国(陕西)自由贸易试验区。

表 5 - 3 以 OECD 贸易便利化指数测度的中国贸易便利化程度及国际比较

序号	指标	中国（2017 年）	最佳表现（2017 年）	亚太国家平均（2017 年）	中高收入国家平均（2017 年）	中国（2017 年）	中国（2015 年）
1	信息可获得性	1.524	1.571	1.115	1.125	2	1.8
2	贸易商的参与	1.429	1.625	1.188	1.184	1.25	1.75
3	预裁定	1.667	1.636	0.93	1.086	1.333	1.43
4	上诉程序	1.333	1.615	1.029	1.212	1.5	1.13
5	费用	1.692	1.714	1.34	1.318	1.75	1.75
6	单证类手续	1.333	1.667	1.082	1.081	1.667	0.83
7	自动化手续	1.154	1.615	0.985	0.985	1.75	1.75
8	程序性手续	1.321	1.514	1.055	1.069	1.563	1.5
9	边境机构的内部合作	1	1.182	0.961	0.74	1	1
10	边境机构的外部合作	0.8	1.182	0.82	0.664	1	1
11	管理与公正性	1.667	1.889	1.51	1.117	1.857	1.57

注：从 0—2 表示贸易便利化程度不断提高；"最佳表现"为样本中最高四分位数国家的平均值；—表示数据缺失。

资料来源：根据 OECD 贸易便利化指数数据库得到，http://www.oecd.org/trade/facilitation/indicators.htm

平，无显著改善效果；贸易商参与的表现则有一定程度的下降。这主要是由于近年来中国在促进贸易便利化的相关领域试行了若干不同监管程序以评估新政策是否能有效运转并促进特定领域的发展，在短期内具有一定的政策不稳定风险，因此导致贸易商的参与程度有所回落。

第六节 本 章 小 结

本章对世贸组织自 1995 年成立以来达成的首个多边协定——《贸易便

利化协定》进行深入考察,基于协定文本筛选出《协定》中的亮点条款,并引入 OECD 所构建的贸易便利化指标衡量体系,可用于横向对比不同国家或地区之间贸易便利化水平,或纵向考察一国贸易便利化水平在不同年度的改善程度。除此以外,本章将《协定》与目前区域贸易协定中的"贸易便利化"条款进行简要对比。本章发现《贸易便利化协定》不仅将有力促进全球经济与贸易增长、有效降低贸易成本、有助于各国(特别是发展中成员)实现出口多样化,还对多边贸易体制具有重要的启示意义。

第一,《贸易便利化协定》的达成捍卫了世贸组织在国际贸易治理中的中心作用,其谈判模式,合作机制与模式,与国际组织、区域性组织和商业机构的合作对多边贸易体系具有重要启示意义。

第二,WTO《贸易便利化协定》与 RTAs 相互补充,拓宽了贸易便利化改革措施的执行范围和执行程度,为所有世贸组织成员方和 RTAs 统一设定共同标准,有效缓解不同 RTAs 同时存在产生的"意大利面碗"现象。《协定》对区域贸易协定中特定议题的多边化具有较强的启示意义。

第三,《贸易便利化协定》将发展中成员和最不发达国家对协定的执行程度和时间与其执行能力相关联,并根据需求为其所需能力建设援助和技术支持提供"订制式"服务,创新了为发展中成员和最不发达国家提供特殊和差别待遇的模板。

对中国来说,实施《协定》无疑将为进一步提升中国的贸易便利化水平和口岸综合治理体系现代化创造新的机遇,同时也可以通过改善其他国家和地区的贸易便利化环境减少中国出口贸易的壁垒与障碍。另一方面,协定的生效和实施也对中国贸易口岸的基础设施、管理模式以及监管部门之间的协同等方面提出了更高的要求。中国应率先从对贸易流量影响最大、降低贸易成本最为显著和目前存在差距最为明显的信息可获得性、贸易商参与、单证简化与统一、自动化和流程简化等方面着手进行改革。具体包括以下几个方面的建议:

（1）在信息可获得性方面，应依托电子口岸公共平台，加快形成跨部门共建、共管、共享机制，实现各监管部门的信息透明化。目前，只有与贸易相关的法律、行政法规才被翻译为世贸组织的正式工作语言（英语、法语、西班牙语），应加快部门规章等其他与贸易相关的条例的多语种翻译工作。

（2）在单证简化与统一方面，加快推进通关作业、税单和监管证件的无纸化，将纸质报关单及随附单证转变为电子单证，优化报关单随附单证传输方式，提高企业申报效率；鼓励使用世界海关组织（WCO）的相关标准以求在技术规则、标准、合格评定程序等方面与世贸组织规则相符合；改善监管部门的实施多头性与协调无效性问题；逐步解决国内标准的多样性和重复检验、认证问题，遵循国际惯例接受国外检测结果及合格评定证书。

（3）在自动化和流程简化方面，继续推进电子口岸网络建设，实现企业与监管部门和口岸监管部门之间信息互换、税费电子数据互联网和监管证件无纸化过程；统筹推进全国一体化通关改革，实现全国海关报关、征税、查验等全流程的一体化作业，简化通关手续，提升监管效率；在自贸试验区试行的国际贸易"单一窗口"制度的基础上，深化海关、出入境检验检疫机构、港口、海事、边检等监管部门之间的合作，实现"一次申报、一次查验、一次放行"，并逐步向全国推广和复制；改革企业分类管理，推进企业信用管理体系建设。

（4）在管理与公正性方面，通过简政放权，转变监管部门的职能和运行方式，规范自由裁量权，加强执法统一性建设；在口岸通关和进出口环节，尽快制定公布权力清单和责任清单，防止变相设置审批权力和行使权力。

（5）在费用方面，减少口岸通关和进出口环节的涉企收费，通过属地管理、前置服务、后续核查等方式将口岸通关现场非必要的执法作业前推后移，减少企业在口岸上的仓储费用和滞留成本；进一步规范行政事业性收费，完善由市场调节的进出口环节经营性、服务性收费，合理规定收费标准与征收范围；清理整顿报关、报检、货代、船代、港口服务等中介环节收费，明确中介机构资质,打击收取非正当中介费用的行为;制定相关预案,保证对出口企业及时、足额退税;明确"单一窗口"收费模式和收费标准以取代目前海关、检验检疫和海事等各成一套的收费系统。

(6)在对外合作方面,主动开展与主要贸易伙伴国之间的贸易便利化合作,建立跨国和跨地区的通关合作机制;创新海关国际合作,促进跨境电子商务等外贸新型业态发展,推广跨境电子商务企业与公共服务平台的对接。

第六章
诸边协定谈判

随着全球生产、服务网络发生结构性变革,各国政府寻求进一步的贸易自由化,多哈发展议程的深度和广度都已无法满足高收入国家新的利益诉求,新议题不断摆上日程,议题导向式的诸边谈判加快了国际贸易新规则的调整与重构步伐,也预示着一场新的国际贸易规则大国博弈正在逐步展开。世贸组织将"诸边贸易协定"(Plurilateral Trade Agreements)列在《马拉喀什建立世界贸易组织协议》附件 4 中,共包括《民用航空器贸易协议》《国际奶制品协议》《国际牛肉协议》《政府采购协议》4 个诸边协议①,协议只适用于接受协议的世贸组织成员方。本章将放宽世贸组织对诸边贸易协议的定义,对《信息技术协定》(Information Technology Agreement,ITA)《政府采购协定》(Government Procurement Agreement,GPA)《环境产品协定》(Environmental Goods Agreement,EGA)《国际服务贸易协定》(Trade in Service Agreement,TISA)4 个协定的谈判背景、历程、谈判分歧点以及对中国的影响进行考察。

第一节 国际服务贸易协定(TISA)

一、服务贸易的发展

随着全球价值链和数字贸易的发展,农业、制造业等非服务性部门的

---

① 其中《国际奶制品协议》和《国际牛肉协议》已废止。

"服务化"趋势愈发明显,世贸组织总干事阿泽维多曾明确表示服务已成为世界贸易的基石,是实现由传统贸易向价值链贸易顺利转变的"变革力量"。[1] 一方面,能源、运输、电信等"具象型服务"(Embodied Services)可作为生产要素或中间投入品融入产品生产过程;另一方面,金融、维修、售后等"嵌入型服务"(Embeded Services)可直接作为全球价值链的环节在最终销售环节得以具体体现,并成为实现产品差异化和提升产品附加值的重要途径。[2] 此外,在某些特定行业中,更进一步形成了仅由服务构成的"服务价值链"(Service Value Chain),如视频游戏等。服务贸易已发展成为经济增长、互联互通、实现产品多样化的重要渠道。据世贸组织统计,目前以增加值计算的服务贸易已占全球贸易的 50% 左右[3],以"商业存在"形式发生的投资占世界对外投资总额的 2/3 以上,远超制造业或农业所占份额。然而,服务贸易开放程度不足使其难以充分释放增长潜力。世界银行的服务贸易限制指数数据库(Services Trade Restrictions Database)显示:从国家角度看,OECD 国家和落后国家的服务业整体开放程度较高,新兴经济体的服务业普遍较为保守;从服务贸易的不同模式来看,模式 4(自然人流动)的贸易限制指数远远高于模式 1(跨境交付)和模式 3(商业存在);从行业层面看,电信和零售服务的市场开放程度普遍较高,专业服务领域、运输服务、金融服务行业依然是贸易限制最为严苛的三个行业。

乌拉圭回合开启了多边服务贸易协定谈判,并确立了包括保障、补贴、政府采购和本地规则等议题在内的规制谈判议题。然而,除 1997 年达成的《金融服务协定》(Agreement on Financial Services)和《基础电信协议》

---

[1] Patrick Low P, *Services and Value along Supply Chains*, Hong Kong: Fung Global Institute, 2013.

[2] Jane Drake-Brockman and Sherry Stephenson, *Implications for 21st Century Trade and Development of the Emergence of Services Value Chains*, Working Paper for the ICTSD, 2012.

[3] World Trade Organization, Book Launch: Research Handbook on Trade in Services, available at https://www.wto.org/english/news_e/spra_e/spra154_e.htm.

(Agreement on Basic Telecommunications)以外,《服务贸易总协定》谈判再未收获任何实质性结果。具体来看其主要原因如下:(1)多哈回合"一揽子协定"的谈判模式使得不同议题之间相互制约,成员方试图利用议题间的相互关联性攫取在本国敏感性议题上的谈判筹码。受多哈议程其他议题(农业)谈判所累,成员国推动服务贸易谈判取得进展的意愿降低;(2)服务贸易的统计数据存在低估、错误统计、遗漏统计、不当统计等多个问题,难以通过数理模型对服务贸易谈判的收益—成本进行精确的定量分析,降低发展中成员和最不发达国家参与服务贸易谈判的意识和内在动力;(3)GATS谈判采用要求—响应(Request-Offer)模式,随着世贸组织成员方的不断增加,这一模式在技术上增加了谈判难度;(4)服务贸易自由化所涉及的"边界后措施"改革将在一定程度上侵蚀一国国内司法主权,同时将作为"公共品"适用于所有的世贸组织成员方,其所产生的"搭便车"困境将远甚于"市场准入"议题所产生的"搭便车"现象;(5)在服务贸易领域进行改革的时间成本、资金成本、技术要求及不确定性都将高于货物贸易,GATS中缺乏为发展中成员和最不发达国家提供能力建设援助和支持的相关条款,这直接降低了发展中成员的谈判意愿和国内规制改革动力;第六,随着价值链贸易和数字贸易的兴起与发展,GATS中所设置的谈判议题和各谈判方的承诺水平已不能反映出国际贸易发展对服务贸易的技术和政策需求。

二、全球价值链友好型服务贸易新规则的构建

《服务贸易总协定》谈判的裹足不前不仅延缓了在多边框架内实现服务贸易自由化的进程,更促使各国纷纷在区域、诸边或双边渠道中寻求服务贸易自由化和规则谈判的替代性路径。2013年3月美国、欧盟、澳大利亚等23个"服务业挚友"(Really Goods Friends of Services)国家启动《国际服务贸易协定》(Trade in Services Agreement)的谈判,谈判旨在建立新型市场准入承诺以实现服务贸易的自由化,消除服务规则的不一致性,制定反映

21 世纪新型贸易模式的更高版本的、具有普适性的服务贸易新规则,并致力于最终实现该协定的多边化。一方面,TISA 对服务贸易的定义、范围、市场准入、国民待遇、一般性准则及责任的豁免等均与《服务贸易总协定》保持一致,为其将来作为 GATS 2.0 成功多边化纳入多边贸易体制奠定良好基础;另一方面,TISA 作为不同于 FTA 自由化程度和规则差异的校验器,将在一定程度上整合并完善现有自由贸易协定,有效缓解"意大利面碗"对不同缔约方产生的生产率抑制效应及差别歧视效应。具体来看,与《服务贸易总协定》相比,TISA 在"具体承诺减让表"和"新的增强的纪律"上均作出适应性改变。

(一) 具体承诺减让表

从减让表的形式上看(表 6-1),在"水平承诺"部分 TISA 增加 A(不适用"冻结条款"和"棘轮条款"的例外行业与部门)和 B(不适用"冻结条款"的例外行业与部门)两项;在"部门承诺"部分 TISA 对"国民待遇"的限制改用"负面清单"形式。《服务贸易总协定》中的"国民待遇"条款仅在"具体承诺"部分以"正面清单"形式提出,其效力由一般原则降为具体承诺,仅适用于成员方列入清单并承诺开放的若干部门,发展中成员和最不发达国家可降低开放程度或免于开放若干部门。与之相比,TISA 减让表在水平承诺中增加了 A 和 B 两部分,明确"国民待遇"为所有缔约方必须遵守的"一般性义务",除列于 TISA"负面清单"中的不符措施外,该条款将适用于所有成员方的当前及未来可能出现的新型服务部门。进一步的,TISA 通过"棘轮条款"(TISA 第 2 部分第 2 条第 3 款)和"冻结条款"(TISA 第 2 部分第 2 条第 2 款)将各缔约国在相应部门或领域的歧视性措施锁定在当前水平,约束各缔约国一旦以单边、自主方式实现的贸易与投资自由化,则需在下一回合的谈判中自动将其纳入贸易投资协定并永久受其约束。此外,TISA 就其"负面清单"上的"不符措施"规定了一定期限(5—10 年)的过渡期,极大地提高了协定透明度,保障改进措施,以利未来审查和开放,有序提高成员方开放程度。

表 6‑1　TISA 具体承诺减让表

服务提供方式：（1）跨境交付　（2）境外消费　（3）商业存在　（4）自然人流动

部门或分部门	市场准入限制	国民待遇限制	附加承诺
一：水平承诺			
A：依 TISA 第二部分第 2 条第 4 款*做出的保留	—	缔约方保留权利（"冻结条款"和"棘轮条款"）的服务部门和行业	
B：依 TISA 第二部分第 2 条第 2 款**做出的保留	—	协定生效之日起缔约方保留权利（"冻结条款"）的服务部门和行业	
第二部分减让表中包括的所有部门	缔约方在各部门的准入承诺，及执行承诺的形式、限制和条件	—	
二：部门承诺			
依《联合国中心产品分类系统》（CPC）确定的服务部门以及新纳入的"新型服务"	正面清单：列明除 6 种准入限制形式以外的任何市场准入限制。 a. 没有限制 b. 没有限制，另有规定的除外 c. 不做承诺 d. 介于 a—c 之间 （不得在做出市场准入承诺的部门中实施数量限制（如配额）、资产总值限制、产出总量限制、雇佣人数限制、企业类型限制、外资参比或投资总额等六种形式的准入限制）	负面清单	

最惠国待遇的豁免清单

部门或分部门	不符措施	适用国家	持续期	适用豁免措施的条件

注：*此部分所列各部门、分部门和行业所采取的各项措施均不受 TISA 国民待遇约束；**各成员方"国民待遇"项下的限制水平以协定生效之日起保留的各项措施为基准，并随后续相关措施的改进和变动而实时更新；

资料来源：本表根据欧盟在 TISA 谈判中的初始报价清单制作而成。

从减让表的具体承诺部门上看,TISA 涵盖《服务贸易总协定》中的所有服务部门,并从"运输服务"项下拆分出"运输的辅助服务"和"其他运输服务",同时增加"能源服务"作为三个独立的服务部门纳入减让表的具体承诺中。随着各国对能源服务可贸易性的认识不断增强,能源贸易价值链形成,并成为服务贸易价值增值的重要环节。但是,能源作为国家战略的组成部分具有极强的垄断特征,"能源贸易"议题尚未列入多边谈判框架,世贸组织"服务部门分类清单"(W/120)仅将"与能源分配有关的服务"和"燃料运输"分列于"商务服务"和"运输服务"项下,且发达成员和发展中成员的承诺水平非常有限。TISA 首次将"能源服务"行业单独列出,并以"正面清单"形式要求缔约方明确做出市场准入承诺,将进一步实现全球能源的最优配置和可持续性发展目标,并借助国际协定的争端解决机制,缓解由能源贸易引发的局部冲突问题。[①] 此外,"运输的辅助服务"和"其他运输服务"(即"联合运输服务")则有效回应了数字贸易对物流服务提供商和快递服务所提出的碎片化、时效性、低成本等要求。

(二) 新的增强的纪律

服务贸易协定的涌现伴生出 FTA 透明度不足及 FTA 之间兼容性较差的两大弊端。[②] 以多边化成员国间"最佳 FTA 准则"为理念展开的 TISA 谈判将在一定程度上整合并完善现有自由贸易协定,有效缓解"意大利面碗"对不同缔约方产生的生产率抑制效应及差别歧视效应。目前,TISA 中多数领域的谈判都已取得共识(如表 6-2 所示),只留下一些额外的技术性工作及核心议题尚待解决。

在谈判的市场准入议题上,TISA 与 TPP 水平相当,二者均拓宽了自然人流动、金融服务、空运服务、海运服务及电信服务等"GATS+"条款的市

---

① 李伍荣、周艳:《服务贸易协定(TISA)市场开放承诺的机制创新》,《国际贸易》2015 年第 3 期,第 55—59 页。

② Rentzhog Magnus and Emilie Aner, *The New Services Era — Is GATS up to the Task?*, E15 Program, Geneva: ICTSD and World Economy Forum, November 2014.

表 6 - 2 TISA 与 GATS、TPP 主要内容的比较

	GATS	TISA	TPP
国民待遇	正面清单	有保留的负面清单	负面清单
市场准入		正面清单	
最惠国待遇	无条件的最惠国待遇,但允许成员方有 10 年的豁免期	最惠国待遇仅适用于协定缔约方之间,但将无条件向最不发达国家提供最惠国待遇	最惠国待遇仅适用于协定缔约方之间
冻结条款	无	有	有
棘轮条款	无	有	有
GATS + 条款 自然人流动	仅包括专业服务提供商	除高技能人员外,还应通过约束要求(bonding requirements)将自然人流动拓宽至包括半熟练劳工的临时流动	给予高技能专业人士和技术人员临时入境权;给予提供售后服务、租赁服务、安装与维修服务的商务人员临时入境
GATS + 条款 竞争政策	GATS 第 10 条为"垄断"条款,但未能有效执行	包含竞争政策章节,适用于所有服务业,明确规定滥用支配地位、价格垄断;分别针对电信、金融、能源服务等重要服务部门专门制定监管条例	竞争政策章节禁止欺诈性商业行为,要求确保国内商业环境的公平和透明度;另就金融服务、电信等章节就重要服务部门专门制定监管条例
GATS + 条款 专业证书的相互承认	GATS第 7 条鼓励成员方相互认可在会计、法律等专业领域的资质认证,但并无与此相关的协定达成	设立相互承认章节,就专业服务提供者的资质认证、资格证书提出具体要求,以期避免由于资格证书和认证程序不同产生的歧视	跨境服务贸易章节鼓励各国基于外国提供者在母国获得的许可、认证,实施临时或针对具体项目的许可或注册机制,无须进一步书面考试
GATS + 条款 本地监管	GATS 第 6 条就"本地监管"作出相关规定,但缺少相应的"必要性测试"	在 GATS 式"本地监管"章节的基础上,引入"必要性测试",确保监管政策的必要性与竞争中立性	规则协同性章节要求建立政府部门间监管协调机制,以防止制定冲突或重复的法规;定期审查现有规则确保既定目标的有效性

续　表

		GATS	TISA	TPP
GATS - X条款	国有企业	GATS第8条规定垄断性服务供应商应保证MFN待遇的有效执行；第9条商业行为条款要求各方就服务供应商的非竞争性商业行为进行磋商与咨询	包含国有企业的实质性规则：相互分享各国国有企业名单及业务范围；国有企业在购买或销售时应基于"商业考虑"；国有企业跨境服务或投资应遵守国民待遇原则；竞争中立原则；保证国有企业金融账户透明度，依据国际会计准则公布	国有企业在购买或销售时应基于"商业考虑"；跨境服务或投资应遵守国民待遇原则、竞争中立原则；互相分享各国国企名单及业务范围；不得向国企提供非商业性帮助（如优惠的融资或者带选择性的监管）
	政府采购	GATS第13条规定各国政府购买自用服务时可免受GATS基本义务的限制	除与国家安全、司法职能等国家核心职能相关的采购外，不得将外国企业排除在服务提供商以外	扩大国家层面、次国家层面的政府采购市场准入，但缔约国可自行设定例外清单
	跨境数据流动	无	包含一系列跨境数据流动的行为准则以确保数据跨境流动不受限制	电子商务章节确保全球信息和数据的自由流动；禁止为偏袒国内供应商而采取歧视措施或网络封锁；禁止对在线数字产品征收关税、歧视性关税或收取其他费用
	强制本地化	无	应包含强制本地化章节避免缔约方在服务部门提出新的强制本地化要求，确保"模式中立"（modal neutrality），促进"工序贸易"生产率的提高	电子商务章节禁止强制要求使用本地服务器存储数据；禁止强制要求提交或开放软件源代码
	ISDS机制	无	协定中应纳入此章节（针对模式3，商业存在），但是否适用可由缔约国各自在双边框架内决策	投资章节中包含投资者—东道国争端解决机制

资料来源：
TPP协定文本

Gary Clyde Hufbauer, J. Bradford Jensen and Sherry Stephenson, "Framework for the International Services Agreement", *PIIE Policy Brief No. PB12 - 10*, April 2012;

Rudolf Adlung, "The Trade in Services Agreement (TISA) and Its Compatibility with GATS: An Assessment Based on Current Evidence", *World Trade Review*, Vol. 14, No. 4, 2015, pp. 617 - 641.

场准入程度,并突破传统服务贸易的定义,将国有企业、政府采购、电子商务等《服务贸易总协定》中尚不存在的"GATS－X"条款纳入谈判议程,在获得服务贸易内部不同部门之间的利益平衡的同时,全面实现所有服务贸易模式及部门的自由贸易。如 TISA 将服务贸易模式 4"自然人流动"议题的承诺范围拓展至半熟练劳工等,并就其获得签证和工作许可的条件、时间、在境外停留时间以及是否可延期等问题进行详尽规定。在政府采购领域,《服务贸易总协定》排除了政府为行使职权所提供的一切服务,然而 TISA 则明确规定除与国家安全、司法职能等一国核心职能相关的采购外,不得将外国企业排除在服务提供商以外。在数据自由流动领域,TISA 将推动各缔约方开发、改进、推广数字加密技术的"最佳实践",增强跨境数据交易的安全性,在充分尊重数据和信息隐私的前提下实现数据自由流动的目标。

在规则与纪律议题上,TISA 拓展了《服务贸易总协定》中规制融合类条款的广度与深度,引入清晰而全面的"必要性测试"(necessity test)有效界定各国国内管辖裁量权的边界,同时以"具有法律约束力"条款的形式将 GATS 中未能落实的条款"落地化",以确保条款的切实执行。在 GATS"本地监管"章节的基础上,TISA 仿效《会计领域国内管制纪律》就"必要性测试"作出一般性规定,用以区分合理管制措施和对外国潜在供应商施加的歧视性监管措施,进而确保监管政策的必要性、透明度和竞争中立性。在专业服务、银行、保险等领域,TISA 要求各缔约国设立相互承认章节,就专业服务提供者的资质认证、资格证书提出具体要求,保障消费者免受信息不对称引发的商业诈骗伤害,同时避免由于资格证书和认证程序不同产生的歧视。此外,"新型服务"议题是直接促使 TISA 谈判被搁置的重要原因。目前,世贸组织"服务部门分类清单"(W/120)及联合国产品总分类(CPC)中均无此项,是否可在"国民待遇"原则的"负面清单"中列入此项,如何保障成员方有效利用规制政策应对未来技术环境变化的冲击尚未在成员国间达成共识。

在协定的机制设置上，TISA 拟将引入投资者—东道国争端解决机制，采用"有条件的"最惠国待遇和非成员最惠国待遇，同时设置进入条款和多边化条款以期融入多边贸易体制。协定将执行"有条件的最惠国待遇"，在避免中国、印度等领先新兴经济体"搭便车"行为的同时，无条件地向最不发达国家国提供最惠国待遇，这将在推进服务贸易自由化、标准化、一体化进程的同时兼顾"发展"议题，减小发展中经济体和发达经济体在发展水平、自由化程度、标准与规则之间的差距。另一方面，受"棘轮条款"和"冻结条款"的约束，TISA 将引入"非成员最惠国待遇"以贯彻"最优 PTA 实践"理念，即 TISA 缔约方在其他 PTA 中给予 PTA 缔约方的优惠待遇必须同时给予 TISA 的所有缔约方，这一创新成功将其他 PTA 中的优惠待遇在 TISA 中诸边化。除此以外，协定将创新性设置"进入条款"和"多边化条款"，以期在中短期内逐步扩大缔约方数目，并为满足"实质性多数"门槛后向多边协定靠拢预留政策空间与路径。

三、TISA 主要谈判方的利益分析

自 2016 年 11 月的 TISA 第 21 轮正式谈判结束以后，《国际服务贸易协定》的官方谈判已完全停摆，原计划召开的《国际服务贸易协定》部长级会议随之取消。一方面，美国大选后对外贸易政策的不明朗格局是造成 TISA 谈判停摆的主要外因；另一方面，服务业具有极强的行业专有性（sectoral specificity）特征，不同行业在市场准入和规制条款议题上的开放现状、监管机构、谈判模式差异巨大，使谈判难度远超货物贸易谈判。谈判参与方在"数据的自由流动""新型服务"等核心议题上的巨大分歧是促使各方暂时搁置 TISA 谈判的内在实质动因。如表 6-3 所示，本章根据 2015 年全球服务贸易数据选取占世界服务贸易比例 0.5％以上（含 0.5％）的 TISA 谈判参与方以分析当前 TISA 谈判的基本格局和主要国家在 TISA 主要议题上的利益关系。

表 6-3　TISA 主要成员在主要议题上的攻势利益与守势利益

	美国	加拿大	墨西哥	欧盟	瑞士	挪威	澳大利亚	以色列	日本	韩国	中国香港	中国台湾	土耳其
教育服务	○	×	×	×	×	×	○		×	×	×	○	×
自然人流动	×	×	○	×	×	×	×		×				○
电信服务	○	○	×	○	○	○	○	×	○	○	○	○	×
视听服务	○	○	○	×	○	○	○		○	○	○	○	×
金融服务	○	○	○	○	○	○	○		○	○	○	○	○
建筑服务	○	○	○	○	○	○	○	×	○	○	×	×	○
航空运输服务	×	×	×	○	○	○	○		×	×	×	×	
海运服务	×	×	○	○	○	○	○						
快递服务	○	○	○	○	○	○	○						
能源服务	○	○	×			○	○						
环境服务	○	○	×	○	○	○	○	×	○	○		○	×

注："○"表示该国在此议题上具有攻势利益；"×"表示该国在此议题上具有守势利益。

资料来源：Juan A Marchetti and Martin Roy, "The TISA Initiative: An Overview of Market Access Issues", *WTO Staff Working Paper No.ERSD-2013-11*, 2013.

从谈判参与方来看,发展中成员依旧处于服务贸易新规则谈判的版图之外。目前,TISA 中 23 个成员方的服务贸易总额共占全球 68%,其中 OECD 国家占比 91%,而非 OECD 国家占比不足 9%(其中中国香港和中国台湾两地占非 OECD 国家比重的 87%)。发展中成员在 TISA 中所占比重过小,特别是"金砖五国"(巴西、俄罗斯、印度、中国、南非)的一致缺席使 TISA 成为美欧等发达国家主导的、代表发达国家利益的"富人俱乐部"。此外,以"绿屋会议"形式推进的 TISA 谈判始终在保密状态下进行,在谈判过程中拟加入 TISA 谈判的申请国不得以观察员身份参与谈判,有违世贸组织中贸易协定的透明度原则、包容性内涵和多边化理念。一方面,封闭式谈判将降低发展中成员融入 TISA 谈判的动机与可能性,增加 TISA 满足"实质性多数"门槛的难度。另一方面,发达国家在谈判中的主导地位将促使 TISA 演化为发达国家利益导向式的谈判，后进国家在丧失参与国际服务贸易新规则章程制定权的同时，将再次面临边缘化、落后化的可能性。

从谈判格局上看，发达成员和发展中成员在不同服务部门中的对立格局异常明显，发达经济体在资本密集型和知识技术密集型的服务行业中占据领先地位，发展中成员则在劳动密集型的传统服务行业中占有比较优势。如以美国为首的发达成员在金融服务、知识产权相关领域（专业服务）、电信服务、环境服务等市场中均具有强烈的攻势利益，致力于推动金融服务自由化，促进数字产品的贸易自由化，以期进一步获得在发展中成员国的市场准入承诺，更试图以贸易协定的方式"出口"本国服务贸易规则，迫使发展中成员让渡部分国内治理权，获得服务贸易的规制协调与融合。相反，以墨西哥、土耳其、中国香港、中国台湾为代表的发展中成员和新兴经济体在新型服务部门的市场化程度较低，由国有企业主导和国内政策支持的现状在短期内难以改变。然而，其在餐饮、零售、旅游等劳动密集型行业，以及在自然人流动、建筑等资本和劳动力混合密集型产业上具有攻势利益，在交通和计算机领域的竞争力逐渐增强。

具体来看，不同利益集团内部关系错综复杂，成员方难以就各国的敏感性部门达成一致。欧盟在服务业市场准入和国民待遇议题上更为保守，要求将影音行业、水资源、健康、教育等本国敏感性公共服务部门从 TISA 谈判中剔除，该倡议得到挪威、加拿大、日本、瑞士等国的支持；相反，美国则要求实现公共服务的市场化，坚持将此类敏感性服务纳入谈判框架。海运部门历来是美国参与国际谈判的禁区，欧盟、瑞士、挪威、澳大利亚等国则对海运及公路、航空运输展现出较大兴趣。TISA 要求"禁止各国限制数据的自由流动"，规定"任何组织或个人都不得阻止其他国家或地区的服务提供商在境内或境外传递、获得、加工或储存与业务相关的信息（包括个人信息）"。这一条款将直接威胁欧盟隐私法，触及哥伦比亚、墨西哥、巴拉圭的相关法律,澳大利亚、新西兰也竭力反对此条款。此外,土耳其、墨西哥等发展中成员要求单独谈判自然人流动议题,提高商务人员、专家、技术工作者以临时入境为目的的自然人流动,修改对签证派发的约束性规则。美国、瑞士等国则对该议题持谨慎保留态度。最后,美国、澳大利亚、加拿大、墨西哥等TPP缔约国质疑TISA"国民待遇"原则"负面清单"项下的"保留措施"将导致TISA内部的TPP成员国和非成员国之间承诺的不平衡缺陷,进而引起TISA内非TPP成员国的"搭便车"问题。

四、《国际服务贸易协定》对中国的影响

根据联合国贸易和发展会议的数据显示2017年中国服务贸易进出口总值占进出口总值的比例约为16.94%[①],扩大服务业的开放将进一步激发中国外贸的增长潜力。然而,根据世界银行服务贸易限制指数数据库显示,中国专业服务贸易限制指数高达66、电讯50、金融服务34.8、零售25、运输19.3,远高于其他服务贸易主要国家[②]。另一方面,随着中国当前经济结构调整的深化,劳动力成本、环境压力的显著提高使得制造业的增长空间大大缩小,中国制造业的高增速时期已经过去,经济增长和解决就业需逐步向服务业转移。在2016年11月TISA协定的官方谈判完全停摆前,中国已提出申请加入TISA谈判,中国的加入将使TISA成员的服务贸易总量达到世界服务贸易总量的75%,并吸引其他"金砖国家"、东盟国家的加入。2013年10月底,美国贸易谈判代表就中国能否加入TISA谈判设定五项先决条件,分别为:中国在与美国谈判双边投资协议(BIT)时的立场、上海自由贸易试验园区中的投资改革情况、党的十八届三中全会可能宣布的改革政策、中国在过去谈判中是否积极做出高规格的服务贸易承诺,以及中国是

---

① 数据来源:https://unctadstat.unctad.org/CountryProfile/GeneralProfile/en-GB/156/index.html,访问时间:2019年6月3日。

② 数据来源:http://iresearch.worldbank.org/servicetrade/#,访问时间:2019年6月3日。

否完全执行两国电子支付服务争端的世贸组织裁决。[①] 此外,美方认为中国在 2013 年初《信息技术产品协定》扩围谈判中因保留过多敏感性商品而阻碍谈判的行为将在 TISA 的谈判中重现,并将再度延缓 TISA 的谈判进程。事实上在《信息技术产品协定》扩围谈判中,中国在中美对峙的医疗设备、下一代硅芯片等焦点问题上做出了巨大让步,并通过修改国内关税减让表,删除对其他成员国的减让表的保留意见最终促成 ITA 2.0 的达成。

从中国的角度来看,加入《国际服务贸易协定》谈判,对中国来说存在以下挑战:

第一,中国服务业市场将遭遇 TISA 所要求的高度市场开放带来的巨大压力。目前,中国在 GATS 中 155 个服务部门中的近 100 个进行了约束性承诺,承诺水平及比例远高于其他发展中成员的承诺水平,但是与 TISA 所要求的市场开放程度仍存在一定差异。中国国内服务业是否能承担进一步扩大市场开放所带来的冲击与压力仍有待进一步论证。如何规划并有序开放中国服务市场,降低加入 TISA 协定对中国国内服务业的负面冲击急需解决。

第二,TISA 协定"负面清单"式的市场开放承诺方式将增大中国服务业开放的潜在风险。目前,TISA 协定谈判中对于国民待遇承诺方面采取"负面清单"谈判模式,该模式与 GATS 的"正面清单"式的承诺方式完全不同,要求对于在确定"负面清单"时尚未出现的新型服务部门,未来均需无条件对缔约方开放,"负面清单"式准入承诺大大降低了服务承诺的可预见性。目前,中国已逐步在全国范围内复制并推广上海自贸区的 28 项改革措施以进一步扩大中国市场开放程度。但是,目前中国在上海自贸区改革中的负面清单开列方式、适用范围、事中事后监管体制、服务业开

---

① 屠新泉、莫慧萍:《服务贸易自由化的新选项:TISA 谈判的现状及其与中国的关系》,《国际贸易》,2014 年第 4 期第 41—47 页。

放程度、制度保障等方面与高标准国际贸易规则和管理制度仍存在一定差距。

第三,加入 TISA 协定谈判要求中国国内服务业监管政策、法律法规做出相应调整。目前,中国在服务业的监管政策方面存在着透明度不足、扶持特定服务部门等问题,如邮政、医疗卫生等公益性服务部门均受到制度保护并在一定程度上存在市场垄断局面。加入 TISA 协定谈判要求中国达到高标准的服务贸易自由化,并提供稳定、开放的制度保障环境,中国需对相应监管政策、法律法规做出相应调整和改变,同时要求在行政许可审批程序方面加强透明度。

第二节　政府采购协定(GPA)

一、GPA 协定的谈判背景

世贸组织的一般规则不要求成员在进行政府采购时使用国民待遇原则,即在政府采购中可以合法地歧视其他成员的货物、服务、工程和供应商。这一规定为发展中成员及最不发达国家政府预留较大自由量裁空间,直接导致多数国家(尤其是发展中成员及最不发达国家)政府采购程序透明度较低,造成生产资源的无效配置并极大地增加了政府财政负担。基于此,为维持适度管制承诺,保证政府采购透明度,尽可能地消除本国及其他国家生产商及供应商之间的歧视性差别待遇,开放政府采购行业,促进国际竞争,《政府采购协定》(Governmental Procedurement Agreement,简称 GPA 协议)由此展开。《政府采购协定》是世贸组织的 4 个诸边贸易协议中最为重要的一个,该协议管辖范围很大,将贸易自由化引入了 GATT 管辖范围外的一个重要领域,协定缔约方在协定生效后逐渐增加。

GPA 协定是世贸组织管辖下的诸边贸易协议,共包含世贸组织内的 47

个成员国和地区[①]。第一个 GPA 协议于 1981 年生效,并于 1988 年得到修改,只适用于货物贸易和中央政府的采购。1994 年,GPA 协定的范围再次扩大,涵盖了货物和服务的采购,包括建筑服务。此外,协定还扩展到地方政府实体的采购及其他政府实体和企业的采购,如公用企业。然而从协定成员构成来看,GPA 协定主要缔约方为发达国家及小部分发展程度较高的发展中成员,然而资源无效率配置、腐败最严重及政府采购最缺乏透明度的国家仍不愿放弃政府采购这一变相补贴本国产业发展的有力工具。以美国和欧盟为代表的发达国家致力于通过"胡萝卜加大棒"式的强硬态度促成 GPA 的多边化从而为本国企业在外国政府采购的投标过程中营造公平的竞争环境,减少发展中成员政府的腐败行为及企业的寻租行为。一方面,协定通过给予发展中成员更长的转型期等特殊差别待遇向发展中成员传递积极信号,鼓励其加入 GPA。另一方面,欧盟禁止成员国从未给予欧盟政府采购互惠市场准入的成员国处采购,并试图以此"威胁"非 GPA 成员国加入政府采购协定,欧盟这一指令与《美国贸易协定法案》(U.S. Trade Agreement Act)有异曲同工之妙。然而,印度、巴基斯坦、埃及等发展中成员及最不发达国家则质疑政府采购市场的对外开放将削弱本国企业竞争力,引起国际收支失衡,最终影响发展中成员及最不发达国家的工业化进程。此外,GPA 协定单纯以政府采购的市场准入为目标将阻碍一国政府实现环境、生态或人权等非贸易目标。从协定结构来看,GPA 协定中的主体内容采用"美式"模板,主要由两部分构成:一是协定文本,规定 GPA 项下采购程序遵循的基本原则及程序以确保采购过程透明、公正、非歧视及可预测;二是各参加方经过谈判所确定的政府采购市场开放出价清单,用于明确 GPA 所覆盖的政府采购需达到的门槛条件:采购金额是否超过最低金额门槛;采购实体是否为各成员国附录清单中所列明的主体;采购产品或服务类

---

① 15 个参加方分别为:美国、欧盟、加拿大、中国台湾、中国香港、以色列、列支敦士登、挪威、冰岛、新加坡、日本、韩国、瑞士、亚美尼亚、荷属阿鲁巴。

型(产品采用"负面清单"模式,服务为"正面清单"模式);产品或服务原产国是否为 GPA 成员国。

二、GPA 协定与 GPA1994 的进展

为提高 GPA1994 版本质量、消除原始版本中遗留的歧视性措施,2011 年 12 月 15 日 WTO 政府采购委员会会议通过了《关于〈政府采购协定〉第 24 条第 7 款谈判成果的决定》(以下简称修订版本),新一轮 WTO 政府采购谈判正式宣告结束。新一轮谈判自 2001 年发起,42 个 GPA 缔约方经过 10 年谈判就协定新文本和各缔约方扩大的覆盖范围达成一致。据 WTO 估计,修订版本 GPA 将带来每年价值 800 亿—1 000 亿美元的市场准入。在全球化几乎停滞的艰难时刻,新 GPA 的产生是全球贸易自由化的重要突破。与 GPA1994 相比,GPA 修订版本具有以下改进:

表 6 - 4　GPA1994 与 GPA 修订版本的对比

	GPA1994	GPA 修订版本
相同点	国民待遇与非歧视原则 进入条款与特殊差别待遇 与政府采购相关信息透明度及采购程序的公正性 承诺的修订与校正 争端解决机制与本地检查机制 内置时间表(build-in agenda)[①]	
修订版本对 GPA1994 的改进	—	文本用语的精确化改善与完善 扩大协定覆盖范围 电子采购工具的使用 发展中成员加入 GPA 的特殊差别待遇 引入避免利益冲突及反腐败的新规则 未来工作计划

资料来源:作者根据 WTO 官方网站资料整理得到。

第一,从形式上看,GPA 修订版本强调规则制定的同时兼顾灵活性。GPA 鼓励在政府采购部门按统一的最佳实践(best practices)原则执行,但同

---

① 内置时间表用于对协定的改进:协定所含采购范围的拓展及对某些特殊差别待遇的取消。

时充分尊重各成员国的不同发展情形并针对不同成员国提供不同的灵活度。

第二,各缔约方扩大了协定覆盖范围。在中央政府实体层面,欧盟、韩国、瑞士、以色列等国均扩大了中央政府开放范围[①],其中仅欧盟即增加了150余个中央政府实体。此外,日本、以色列等国均降低了中央政府采购门槛价格。在次级中央政府实体层面,加拿大首次将省级地方政府纳入涵盖范围,日本、韩国、以色列等国增加了地方实体开放范围。

第三,从内容上看,电子目录、电子逆向拍卖等电子工具广泛用于发达国家与发展中成员的政府采购程序中,成功提高了政府采购透明度、改善政府采购效率、实现采购合同模式的统一,基于此,修订版本将电子采购纳入协定中并提出电子采购的一般性使用原则同时鼓励在招投标中对电子采购模式的使用。

第四,GPA还以非约束形式要求各成员国禁止国内任何形式的腐败行为,受到不公平待遇的外国企业可通过本地监查机制对政府机构进行审查。

第五,从对发展中成员的特殊差别待遇上看,"协定将按发展中成员和最不发达国家的发展程度、融资需求及对外贸易情况在加入政府采购协定及执行和管理方面给予其特别考虑"(GPA Art. V(1))以吸引发展中成员和最不发达国家加入GPA,并通过价格补贴、对本国企业的特别补贴、政府采购部门的逐步放开及较高的门槛价格等过渡性措施,降低发展中成员和最不发达国家加入GPA的短期困境。

第六,修订版本中的未来工作计划充分考虑到支持中小企业融入GPA所适用的最佳实践原则,促进环境友好型、可持续性采购以及提高与协定相关统计信息的可获得性。

---

① 美国的开放范围却仍为最初的37个州政府,同时美国几乎保证了GPA1994版本中的所有敏感商品和例外,包括对小微型企业的财政补贴政策。资料来源:Robert D. Anderson, Steven L. Schooner and Collin D. Swan, "The WTO's Revised Government Procurement Agreement: An Important Milestone Toward Greater Market Access and Transparency in Global Public Procurement Markets", *Public Law and Legal Theory Paper No.2012 - 7*, 2012.

三、加入 GPA 协定谈判对中国的潜在影响

2003 年 1 月 1 日,中国颁布《政府采购法》,一套较为完整的政府采购管理制度初步形成。2016 年中国政府采购规模达 25 731.4 亿元,较上年增加 4 660.9 亿元,增长 22.1%[①],中国快速增长的政府采购市场使得欧美等贸易伙伴对中国政府采购问题日益关注。另一方面,中国加入 WTO 工作组报告书第 341 段对中国加入 GPA 谈判做出如下规定:"自加入世贸组织时起,中国将成为《政府采购协定》观察员,并尽快提交出价清单,开始加入 GPA 协定的谈判。"基于此,中国于 2007 年年底,提交第一份出价清单。目前,中国已第五次提交了修订后的出价清单,此次出价和第四次出价清单相比在采购范围、采购实体方面已有巨大改进,但仍和其他成员国的预期有较大差异。总体来看,加入 GPA 协定将为中国带来两方面的影响:

第一,加入 GPA 对中国贸易和经济的影响。一方面,加入 GPA 协定将通过互惠市场准入,帮助中国获得进入其他缔约方政府采购市场的有利机会。[②] 据 WTO 估计,全球政府采购占世界 GDP 的比例高达 10%—15%。以美国为例,2008 年,美国联邦政府采购中处于政府采购门槛价格以上并对外开放的中央政府采购为 4 946 亿美元;加入 GPA 协定的 37 个州的估计采购规模为 7 501 亿美元。总体来看,2008 年列入 GPA 协议覆盖范围的美国政府实体的采购总规模高达 14 233 亿美元,占当年美国 GDP 总规模的 10% 左右。GPA 协定将为各国国内外产品和供应商提供平等待遇,扩大市场准入机遇。另一方面,加入 GPA 协定将迫使中国开放规模庞大的政府采购市场,中国相关产业将遭遇更激烈的国际竞争,丧失一定市场份额,对相

---

① 中国财经报网:《中华人民共和国财政部.2016 年全国政府采购规模突破 3 万亿元》,http://www.cfen.com.cn/sjd/zyxw/jj/201708/t20170825_2684375.html,2017 年 12 月 8 日。

② Stephanie J. Rickard and Daniel Y. Kono, "Think Globally, Buy Locally: International Agreements and Government Procurement", *Springer Science ＋ Business Media New York*, 2013.

关产业造成不利冲击。

第二,加入 GPA 对中国采购制度的影响。随着政府采购规模的不断扩大,现有政府采购制度中的体制不完善、法律规制间的不协调、监管混乱等问题均将逐渐暴露出来。加入 GPA 协定将为中国的政府采购制度改革提供基本的指导,在法律规范、透明度、公平、公开、程序合理、第三方监督等方面推进国内政府采购制度的改革,改善制度和规范等隐形障碍。同时,加入 GPA 协定中国将借鉴其他 GPA 缔约方的先进经验,完善透明度要求、招标方式、投诉、招标程序,从而提升中国政府采购管理水平。

第三节　新一代信息技术产品协定(ITA II)

一、ITA 协定扩围谈判的背景

信息技术协定(Information Technology Agreement,ITA)是唯一一个未包含所有世贸组织成员方,却面向所有世贸组织成员方适用最惠国待遇原则的诸边协定。自乌拉圭回合以来,ITA 协定实现了信息技术产品的大幅削减,成就了 20 世纪 90 年代起全球信息技术产品贸易增长速度远超制造业增长速度的辉煌。然而,2000 年之后,信息技术产品贸易增速明显放缓,Kuriyama 和 Ogazon 的研究表明,2004—2011 年信息技术产品全球贸易增长率与 1997—2004 年间相比降低 2/3 左右,与此同时信息技术产品占全球贸易份额也由 2004 年的 13.2% 降低为 2011 年的 9.9%,APEC 经济体的信息技术产品出口份额占总贸易额比重由 21.8% 降低为 16.4%,进口比例则由 17.5% 降低为 15.5%。[①] 第一,随着信息技术不断创新带来产品生命

[①]　World Trade Organization (WTO),*15 Years of The Information Technology Agreement: Trade Innovation and Global Production Networks*,Geneva:WTO,2012;Carlos Kuriyama and Azul Ogazon,"Expanding the Information Technology Agreement",*APEC Policy Support Unit POLICY BRIEF No.6*,2013.

周期缩短、产品更新换代步伐加快，老旧、淘汰产品的全球需求量骤然衰减甚至锐减为零；相反，代表新兴技术、拥有广阔消费市场、占世界贸易比重不断攀升的新产品却被排除在 ITA 之外，同时面临较高的关税和非关税壁垒，降低新产品的普及率，阻碍新技术的使用、推广与进一步创新。第二，随着信息技术产品与全球价值链融合度不断提高，为巩固大型跨国公司的全球价值链、降低中小企业融入全球价值链壁垒、鼓励原材料及中间产品商参与全球价值链分工，ITA 缔约方产生更新 ITA 协定的需求。第三，随着世界贸易格局的变化，巴西、南非、阿根廷、文莱、智利和墨西哥（2010 年，墨西哥为全球第九大信息技术产品出口国，第七大进口国）等国已逐渐发展为信息技术产品的重要市场，却受协定所含产品的限制至今仍游离在 ITA 之外。第四，从技术上来看，创新带来的新产品出现的速度远远超过了海关商品编码表（HS）统一税则目录的更新速度，以致某些信息技术产品并未包含在任何 HS 编码之下，也不符合任何 HS 编码的定义或描述。[①] 基于以上四点原因，2012 年 ITA 缔约国着手进行《信息技术协定》的扩围谈判。

二、ITA 协定扩围谈判的历程

ITA 协定扩围谈判包括 54 个世贸组织成员方，涉及近 200 种不同关税类别的信息技术产品谈判。此前中美对峙的焦点在于中国力图将 60 种新产品类别，如高端医疗设备、下一代硅芯片等产品从 ITA 中排除，同时要求利用 10—15 年采取逐步削减关税的方法最终实现关税的完全削减，美欧则要求中国完全开放新一代半导体、磁共振成像仪和电脑断层扫描仪的市场准入，中美之间的这一分歧使谈判一度中止。此外，韩国、中国台湾与中国

---

① Alberto Portugal Perez，Jose-Daniel Reyes and John S. Wilson，"Beyond the Information Technology Agreement：Harmonization of Standards and Trade in Electronics"，*World Bank Policy Research Working Paper 4916*，2009.

之间就液晶电视的冲突也是谈判的主要分歧所在。[①] 2014 年 11 月 12 日，中美双方在 APEC 领导人峰会上就世贸组织下 ITA 所含主要技术产品达成《双边协定备忘录》(an understanding on a bilateral agreement)，同意将扩展 200 多种信息技术产品并逐步将其关税削减为零，其中包括多组件半导体（25%[②]）、磁共振成像仪（8%）、电脑断层扫描仪（8%）、GPS 设备（8%）、付费软件及游戏的下载（10%）、打印机墨盒（25%）、静态转换器和电感器（10%）、喇叭（30%）、固态硬盘等软件媒体（30%）和视频游戏控制台（30%）。2015 年 WTO 内罗毕部长级会议正式结束，54 个世贸组织成员就扩大 ITA 产品范围进行了诸边谈判（即 ITA 2.0 协定），新协定纳入了包括半导体、GPS 导航系统、通信卫星和触摸屏等共计 201 种新型信息技术产品。据 WTO 统计，2013 年 IT 产品世界贸易总额达 1.6 万亿美元，为 1997 年 ITA 1.0 协定生效时的 3 倍，而新协定所覆盖的新增种类的 IT 产品的贸易金额每年将达到 1.3 万亿美元，约占全球贸易的 7%[③]。同时，ITA 协定的扩围谈判将为全球信息技术产品贸易商节约近 10 亿美元的关税成本[④]。ITA 2.0 是世贸组织成立以来的首个零关税产品协定，标志着"开放的诸边主义"可以成为推动多边贸易协定与谈判的有效模式。

三、ITA II 扩围谈判对中国的影响

自 ITA 生效以来，中国已逐渐发展为信息通信技术（ICT）商品的最大

---

① US International Trade Commission (USITC), "The Information Technology Agreement: Advice and Information on the Proposed Expansion, Part 2", *Investigation No. 332 - 536*, *USITC Publication 4382*, 2013.

② 25%表示相应产品的关税税率最高分布。

③ World Trade Organization (WTO), "Information Technology Agrement", https://www.wto. org/english/tratop_ e/inftec_ e/inftec_ e. htm; Michael Anderson and Jacob Mohs, "The Information Technology Agreement: An Assessment of World Trade in Information Technology Products", *Journal of International Commerce and Economics*, Vol.3, No.1, 2010, pp.109 - 156.

④ World Trade Organization (WTO), "Azevedo Hails Breakthrough on The WTO's Information Technology Agreement", available at https://www.wto.org/english/news_e/news14_e/ita_ 11nov14_e.htm, November 11th 2014.

出口国,是第二大地区中国香港的 2.5 倍,约为美国 ICT 产品出口额的 4 倍[1],同时中国保持着 ICT 商品出口额以年均 30% 的速度增长,远超全球 ICT 商品出口额年均 7% 的增长水平。ITA 协定扩围谈判的顺利达成将为中国信息通信技术出口企业节省 80 亿美元的关税成本,并为中国 ICT 企业带来 120 亿美元的出口增长。从进口的角度来看,ITA 协定的扩围将提高依靠信息技术产品的下游产业的生产效率,不仅是将信息技术产品作为中间投入品的制造业将获得免税所带来的出口成本的降低及生产效率的提高,同时,从金融服务、技术咨询到医疗保健、教育培训和公共交通等服务业都对信息技术有着高度的相关性,将因扩围信息技术产品关税的取消直接提高此类"消费 ICT"的下游产业及周边服务业服务质量及生产效率。最终,消费者以更低的价格消费高质量的进口产品获得效用水平提升的同时将因制造业及服务业成本降低、生产效率的提高获得福利水平的改进。[2]

第四节　环境产品协定(EPA)

一、EPA 协定的谈判背景与进展

2014 年 1 月 24 日,美国、欧盟、中国在内的 46 个国家在达沃斯论坛中发表《联合声明》首次提出为应对日益加剧的气候变化及环境保护问题,世贸组织将启动环境产品贸易自由化的新进程,协定旨在通过谈判实现贸易、

---

[1] United Nations Conference for Trade and Development (UNCTAD), "Global imports of information technology goods approach $2 trillion", available at http://unctad.org/en/pages/newsdetails.aspx?OriginalVersionID=692&Sitemap_x0020_Taxonomy=Technology%20and%20Logistics, Febrary 11th 2014.

[2] Stephen J. Ezell 和 Robert D. Atkinson,《〈信息技术协定〉扩围如何使中国和全球经济从中受益》,信息技术与创新基金会,载于 http://www2.itif.org/2014-ita-expansion-benefits-chinese-global-economies-chinese-version.pdf,2014 年 4 月;International Centre for Trade and Sustainable Development (ICTSD), *The Information Technology Agreement*, *Industrial Development and Innovation: India's and China's Diverse Experiences*, Geneva: ICTSD, 2014.

环境与发展的三赢局面,同时完善基于规则制定的多边贸易体系,为多哈发展议程注入新的活力①。据估计,环境产品贸易便利化将促进环境友好型技术的发展,预计每年将带来 10 亿美元的贸易收益。2014 年 7 月 8 日,由美国、欧盟、中国主导的《环境产品协定》(Environmental Goods Agreement,以下简称 EGA 协定)谈判正式展开。谈判将包含两个阶段:第一阶段以亚太经合组织(APEC)的 54 项低耗能、低碳绿色的环境产品为基础确定谈判清单,要求成员方至 2015 年年底就清单上的所有环境产品进行进口关税削减至低于 5% 的水平;第二阶段简化并规范与环境产品非关税壁垒和环境服务相关的规制和法律条款,提高环境贸易效率。《联合声明》提出一旦协定达到"实质性多数"门槛将立即生效,并通过最惠国待遇(MFN)方式惠及所有世贸组织成员。

截至 2016 年 12 月底,《环境产品协定》共进行了 18 轮谈判②。其中,前 5 轮谈判采用"类别切入"式谈判,即每轮谈判分别对不同的谈判议题进行磋商,最终确定了包括控制大气污染和固体废物、污染废物管理产品、废水管理和处理、环境整治和清理、噪声消除设备、清洁能源与可再生能源、提高能源效率的产品、环境监测、分析和评估设备、环境有益产品和提高资源使用效率等 10 个类别的环境产品,包括共计近 600 个税号和产品作为待选清单。③ 自第 6 轮谈判起,谈判一方面按照既定关税税目逐步讨论谈判参与方提交的环境产品,整合各方建议,以确定 EGA 谈判中实施关税自由化的最终产品清单。另一方面,以增加"单列"(ex-out)清单形式化解谈判参与方

---

① 多哈发展回合部长宣言第 31 段(ⅲ)要求"削减、消除环境产品和环境服务的关税和非关税壁垒";European Union (the EU), "joint statement regarding the launch of the environmental goods agreement", available at http://eeas.europa.eu/archives/delegations/wto/documents/press_corner/final_joint_statement_green_goods_8_july_2014.pdf, July 8th 2014.

② 由于 2016 年 12 月第 18 轮谈判参与方未能就产品清单达成共识,随后 EGA 协定谈判陷入停顿。

③ International Centre for Trade and Sustainable Development (ICTSD), *Identifying Products with Climate and Development Benefits for An Environmental Goods Agreement*, Geneva: ICTSD, 2014.

分歧,纳入更多的环境产品。2016 年 7 月 10 日,EGA 谈判参与方在 G20
贸易部长会议上达成共识将"于 9 月 G20 杭州峰会前找到 EGA 协定谈判
的'着陆区'(Landing Zone),力求在 2016 年 12 月举行的 EGA 部长会议中
达成具有雄心水平的、面向未来的《环境产品协定》"。2016 年 7 月 25 日,
EGA 协定第 15 轮谈判根据 G20 指示提出了该"着陆区"产品清单,将待讨
论的环境产品海关税号由 600 余个降至 304 个。具体来看,"着陆区"清单
可分为两部分:清单 A 包括已基本获得各谈判方共识的 250 余项产品目
录;清单 B 包括仍待讨论的 50 余项敏感环境产品。除此以外,第 15 轮谈判
提出了非关税壁垒和环境服务工作计划、如何确定"实质性多数"门槛、敏感
产品的关税削减周期等议题。然而,由于谈判参与方未能在 2016 年 12 月
就"着陆区"清单模式达成共识,同时谈判方在特定敏感议题上存在难以弥
合的差距最终导致在 2016 年达成《环境产品协定》的愿景落空。①

二、EPA 协定谈判的潜在困难

(一) 难以准确界定环境产品的严格定义,增大谈判的难度与不确定性

目前世贸组织对环境产品并无明确定义,EGA 谈判采取"清单列表"的
形式降低初始阶段的谈判难度,但与此同时极大地降低了 EGA 协定"活清
单"的属性与执行效力,增大了未来对产品清单进行增项、减项,及对各项标
准进行更新升级的科学性、客观性、公平性,同时增大了未来的扩围谈判被
特定政治集团或利益诉求主导的不确定性。此外,EGA 谈判"清单列表"式
谈判增大了多用途环境产品和兼具环境相关/不相关类环境产品的关税确
定难度与实际操作难度。如当目录清单中产品包含具有两种或两种以上

---

① International Centre for Trade and Sustaiable Development (ICTSD), *Transforming The APEC Outcome on Environmental Goods into a Broader Sustainable Energy Trade Initiative: What Are the Options?*, Geneva: ICTSD, 2013; Jaime De Melo and Mariana Vijil, "The Critical Mass Approach to Achieve a Deal on Green Goods and Serbices: What Is on The Table? How Much to Expect?", *Development Policies Working Paper 107*, 2014.

"与环境相关的"用途是否应以较低关税水平为基准？同时兼备"与环境相关的"用途和"非环境性使用"的产品是否应直接归为环境产品并依照单一的关税水平进行削减还是为用于"与环境相关的"用途定制不同的关税细目？这些由定义模糊引发的各类问题仍将留在后续谈判中解决。

（二）更具实际意义的环境服务与非关税壁垒谈判尚未开启

为实现国内产业发展等特定政策目标，各国政府利用激励政策、法律法规约束、贸易救济措施等手段限制进口外国环境产品，环境产品的非关税壁垒问题日益尖锐。据测算，非关税壁垒关税化后的平均关税等值约为5.2%，相当于14.8%的平均统一关税，因此对非关税壁垒的实质性削减对贸易的直接促进效用将显著大于关税减让。然而，现阶段EGA谈判尚未涉及非关税壁垒和环境服务议题。目前，世贸组织框架内对服务贸易的自由化仅限于在GATS中就特定部门作出承诺的国家或地区，环境产品和环境服务的互补性将在一定程度上削弱环境产品关税减让的可执行性。

（三）大型新兴经济体的缺位使得谈判难以满足"实质性多数"门槛

自EGA协定谈判伊始，谈判参与方即承诺谈判将对所有世贸组织成员方开放，且协定满足实质性多数门槛后将以最惠国待遇方式惠及所有成员方。目前，世界贸易组织对"实质性多数"尚无明确定义，谈判参与方并未就是否沿用《信息技术协定》中对"实质性多数"协定的定义达成共识。根据Vossenaar的统计，2012年EGA谈判的发起国在APEC环境产品清单项下各产品的贸易额占全球86%，其中进口仅占78%，出口占93%[1]。因此，谈判参与方的不断扩大对协定的执行及全面实现环境产品自由贸易至关重要。然而，目前印度、巴西等大型新兴经济体均被排除在EGA谈判以外。如何化解进口环境产品对发展中成员产业的不利影响，如何充分利用环境

---

[1] 统计数据包括进口、再出口以及欧盟28国之间的贸易。资料来源：Rene Vossenaar, "Identifying Products with Climate and Development Benefits for an Environmental Goods Agreement", *ICTSD Issue Paper No.19*, November 2014.

产品和环境服务贸易所带来的产品、技术、服务升级与外溢实现包容性发展对全面实现环境产品自由贸易至关重要。

(四) EGA 协定谈判以贸易利益驱动,未能充分考虑气候变化和可持续发展等全球性议题

目前的 EGA 谈判由各国贸易官员主导,以国内相关环境产品的贸易竞争力为主要谈判落脚点,环境需求并未在环境产品清单中充分得以体现,如与臭氧层破坏、生物多样性丧失、土地退化等议题相关的环境产品均未包括在谈判中。

三、EPA 协定对中国的潜在影响

中国自加入世贸组织以来即积极参与贸易与环境谈判,并特别针对环境产品谈判提出"核心清单""发展清单"概念[①];作为 EGA 谈判蓝本的 APEC 环境产品清单中的 54% 由中国提出;在 EGA 谈判第 5 回合中国提出了 EGA 谈判清单中 9 个类别的约 70 个税号,涉及水、空气污染、竹子产品、高效能产品等。[②] 尽管中国环境产品的普遍关税水平较高,环境产品的整体竞争力较弱,具有明显优势的环境产品仅 1 个,有相对优势的 21 个,但是总体来看,中国环境产品的出口潜力巨大。[③] 特别是中国作为太阳能、风能产品的最大生产国,积极推动环境产品的自由化是推动外贸发展的良好契机。另一方面,作为最大的发展中经济体,主导环境产品协定的规则制定将为中国在国际谈判中赢得更大的话语权。基于此,中国在 EGA 的后续谈判过程中,应继续保持开放的态度,全面争取优势性环境产品在 EGA 成员进口国获得低关税或零关税,相应减让相关进口品关

---

① "后巴厘进程与中国"课题组:《后巴厘进程与中国:中国在结束多哈回合与重振 WTO 中的作用》,北京:对外经济贸易大学中国 WTO 研究院,2015.

② International Centre for Trade and Sustainable Development (ICTSD), "Environmental Goods Agreement Trade Talks on Track for Negotiation Stage", *Bridge Weekly*, 2015 - 03 - 26(7).

③ 刘国民:《专家呼吁重启环境产品协定谈判》,《中国贸易报》2017 年 8 月 31 日。

税,重点推动本国产业优势与提升技术水平,并积极推进非关税壁垒的削减规则。

第五节 本 章 小 结

本章剖析了四种不同类型的代表性诸边贸易协定,分别为巨型服务贸易协定《国际服务贸易协定》;世贸组织唯一的实质性多数协议《信息技术产品协定》;严格符合世贸组织定义的"诸边贸易协定"《政府采购协定》;目前正在世贸组织内进行谈判的"实质性多数协议"《环境产品协定》。通过考察发现,上述 4 个诸边协定具有各自鲜明的特点(如表 6-5 所示),其中由世贸组织主导的"实质性多数协议"(ITA 协定 2.0 和 EGA 协定)从制度上尊重世贸组织法理,可保证国际贸易规则的一致性,同时在协定满足一定"门槛"后向所有世贸组织成员方自动适用最惠国待遇,在避免大型发展中成员"搭便车"的同时为最不发达国家提供特惠待遇。WTO"诸边贸易协定"(GPA 协定)包含"质疑(Challenge)"程序,旨在帮助单个供应商在认为采购实体未遵守规则时,向这一实体提出申诉。该程序完全脱离了世贸组织的争端解决程序,当协议缔约方提起正式诉讼,称其应得好处因另一方措施或未能履行义务而丧失或减损,则后续程序应适用世贸组织争端解决机制。此外,GPA 协定允许发展中成员在加入协定时附加谈判条件,如国内比例要求等。巨型服务贸易协定(TISA)与多边贸易体制的从属关系尚未有明确界定,但是正因如此,TISA 协定谈判的发展无须经过所有世贸组织成员方的共同认可,降低了展开新议题谈判的难度。上述四个诸边协定均以特定议题为基础,兼具跨区域色彩,对协定的修订及新成员的加入持积极的开放态度。本章认为对上述四个"诸边协定"取长补短,能够有效补充(而非替代)现行多边贸易体制,不失为化解目前多边困局的折中手段。

表 6-5　各诸边协定与 WTO 多边体制的模式对比

		ITA2.0	GPA	EGA	TISA
实质性内容	WTO 争端解决机制	Yes	Limited	Yes	No
	是否有效阻止"搭便车"	No	Yes	No	Yes
	开放性（对非—WTO 成员方）	Yes*	No	No	Yes
	形式冲突	No	No	No	Yes
程序性内容	是否需要对 WTO 协定进行重新修订	No	Yes	No	No
	是否需要修改关贸总协定减让时间表	Yes	No	Yes	No

注：＊ITA 1.0 并不对非—WTO 成员方开放，扩围谈判中为鼓励更多成员国加入谈判同意成员国在加入世贸组织前可先行加入 ITA 扩围谈判，但目前参与扩围谈判的参加方均为世贸组织成员方。作者参照 Michitaka Nakatomi，"Plurilateral Agreements：A Viable Alternative to The World Trade Organization?"，*ADBI Working Paper Series*，No.439，2013 整理得到。

　　值得警惕的是，一方面目前非 OECD 国家对诸边协定谈判的参与度较低；另一方面 TPP 协定、TTIP 协定等巨型区域贸易协定的推进屡屡受阻，促使美欧等国试图在诸边谈判中依照美式模板（或欧盟模板）制定诸边协定条款，从而挤压发展中成员在国际贸易新规则制定中的话语权。因此，诸边贸易协定需在世贸组织平台中展开，重视发展中成员的利益诉求，将技术援助及能力建设纳入诸边谈判的重要组成部分，以此加强诸边谈判对发展中成员的吸引力，同时谋求与多哈"发展"回合相同的核心理念。

第七章
巨型区域贸易协定
对国际贸易新规则的谈判

　　本章将对两大巨型区域贸易协定——"跨太平洋伙伴关系协定"（Trans-Pacific Partnership，简称 TPP 协定）和"跨大西洋贸易与投资伙伴协议"（Transatlantic Trade and Investment Partnership，简称 TTIP 协定）进行考察。随着 2017 年 1 月 23 日美国新任总统特朗普签署行政命令正式宣布退出 TPP 协定，原 TPP 协定的 11 个成员方暂停了原协议中的一系列条款，以"全面与进步的跨太平洋伙伴关系协定"（Comprehensive and Progressive Agreement for Trans-Pacific Partnership，简称"CPTPP 协定"）形式继续推动 TPP 协定，2018 年 12 月 30 日 CPTPP 协定正式生效。毋庸置疑，美国的退出直接导致曾自诩为"雄心勃勃、全面、高标准和平衡"的 TPP 协定丧失其原有的对国际经济与贸易、亚太地区经济利益平衡，乃至国际贸易治理体系、世界经济格局的重要影响。另一方面，尽管欧盟方面曾多次提及重启并尽快结束 TTIP 协定谈判，但是特朗普政府始终未就 TTIP 协定的未来走向进行任何表态，TTIP 协定实质上进入了不设限休眠期。过去几年间大放异彩并直接挑战多边贸易体制权威的"巨型区域主义"受到重创，然而也必须清醒地认识到巨型区域贸易协定中的新理念、全覆盖、高标准等"美国印迹"仍将继续以其他形式在亚太地区，乃至世界范围内对全球贸易治理体系产生巨大影响。基于此，本章第一节和第二节重点分析 TPP

协定和 TTIP 协定中的文本结构和条款内容,同时剖析巨型区域协定中的新规则将对中国带来的冲击和影响;第三节构建静态博弈模型,分析在巨型区域贸易协定成功和失败的情景下,WTO 的最优策略选择;第四节论述巨型区域主义对国际贸易治理的启示,以及现行巨型区域主义所存在的弊端及不稳定因素;最后是本章小结。

第一节　TPP 协定的结构、理念、特征与影响[①]

一、TPP 协定内容、理念、特征

(一) TPP 协定的结构与内容要点

TPP 协定共包括 30 章,除第 1 章"初始条款与一般定义"外,余下的 29 章可以归结为四个模块的内容。

第一个模块为"市场准入"。它涉及货物、服务、投资、自然人流动、政府采购的自由化、便利化与准入(开业),包括:"货物的国民待遇和市场准入"(第 2 章)、"海关管理和贸易便利化"(第 5 章)、"跨境服务贸易"(第 10 章)、"投资"(第 9 章)、"商务人员临时入境"(第 12 章)、"政府采购"(第 15 章)。此外,协定还对一些有重大商业意义的产品或部门给予了特别的关注,单独设立章节或在其他章节中赋予特别显著的地位,包括:农产品(第 2 章)、纺织品与服装(第 4 章)、金融服务(第 11 章)、电信服务(第 13 章)、专业服务(第 10 章)、快递商品及服务(第 5 章和第 10 章)。

第二个模块为"规则与纪律"。它涉及对与生产、贸易、投资、经营等相

---

① CPTPP 协定继承了 TPP 协定内容的完整性,延续了 TPP 协定的"宽领域、高标准、严规则"的体系特征,因此,本节仍将以 TPP 协定的完整文本作为主要考察对象,在本节的最后部分对 TPP 协定和 CPTPP 协定进行对比分析。

关的边界措施和边界内措施进行监管协同的各种规则与程序。它涵盖了在 WTO 协定下已有的边界措施规则,包括:"原产地规则和程序"(第 3 章)、"卫生及动植物检疫"(第 7 章)、"技术性贸易壁垒"(第 8 章)、"贸易救济"(第 6 章)和"例外和一般条款"(第 29 章)。更为重要的是,它还纳入与创立了与边界内措施相关的诸多新规则,包括:"知识产权"(第 18 章)、"投资"(第 9 章)、"政府采购"(第 15 章)、"竞争政策"(第 16 章)、"电子商务"(第 14 章)、"劳工"(第 19 章)、"环境"(第 20 章)、"国有企业和特定垄断企业"(第 17 章)、"监管一致性"(第 25 章)、"透明度和反腐败"(第 26 章)。这些规则均属于"第二代"或"下一代"贸易政策的范畴,部分议题曾在 WTO 多哈回合谈判中饱受争议并最终退出谈判议程,但却在近年来高标准的双边或区域贸易协定中大放异彩。TPP 协定在这些方面获得了较为重大的突破,特别是在国有企业、监管一致性、透明度和反腐败方面首次确立了规则与纪律。

第三个模块为"运行与执行机制"。它涉及对 TPP 协定中的各项内容开展合作、监督、评估及改进的机制与程序。(1) 建立 TPP 委员会(由各国部长组成)负责全面事务的指导、磋商与决策(第 27 章"行政与制度安排");(2) 在主要章节下设立 17 个专门工作委员会(极少数为专家委员会)开展对实施协定的监督、磋商与评估;(3) 在部分章节中要求成员方在国内设立协调与对话机制,如:劳工对话与合作机制(第 19 章)、公众参与环境问题协商机制(第 20 章)、政府部门间监管协调机制(第 25 章)等;(4) 开展有效的评估、分析与合作,并在未来提出改进建议,包括:评估成员间合作潜力与能力建设优先领域(第 21 章"合作与能力建设")、评估 TPP 协定对竞争力与区域整合的影响(第 22 章"竞争力与商业促进")、评估 TPP 协定对发展的影响(第 23 章"发展");(5) 单独设置"中小企业"章节(第 24 章),确保中小企业能够共享 TPP 协定的收益,特别是有效融入全球与区域供应链;(6) 关于协定生效、修改与退出的规定(第 30 章"最终条款")。

第四个模块是"争端解决"。它除了规定类似 WTO 的一般性争端解决机制(第 28 章,即国家—国家争端解决)外,还在金融服务、劳工、环境章节下专门补充设定了独立的争端解决方式与程序(主要是强调加强仲裁的专业性)。更具有重要意义的是,TPP 协定首次在巨型 FTAs 中引入了"投资者—国家争端解决机制"(ISDS,第 9 章),从而为跨国公司挑战东道国政府的规制政策提供了渠道。同时,协定也明确了商务人士临时入境、竞争政策、监管一致性、中小企业、合作与能力建设、竞争力与商业促进、发展等议题不受 TPP 协定的争端解决管辖,控烟政策、与反倾销和反补贴诉讼相关的最佳作法、医药或医疗设备上市或报销的透明度与程序等具体议题也被排除在争端解决机制之外。

(二) TPP 协定的理念

作为当前高质量、高标准和高水平 FTAs 的样板,TPP 协定蕴含了当代六大贸易规则制定理念。

(1)"自由贸易"(free trade),即给予外国贸易商和企业在货物、服务、投资、政府采购方面的市场准入、便利化与非歧视待遇(包括国民待遇、最惠国待遇和与习惯国际法相适用的最低待遇),这也是一般贸易协定所共同认定的基本准则。

(2)"公平贸易"(fair trade),即通过协定限制成员方不会因缺失立法、降低执行标准或赢得国家非商业性支持而获取不公平、不正当的竞争优势,这尤其体现在知识产权、环境、劳工、国有企业等领域。

(3)"价值链贸易"(trade in value chains),即通过区域贸易安排促进国际生产网络发展、区域内贸易和资本流动以及区域经济一体化,通过贸易与投资净创造效应使区域内企业与公民能切实从协定中分享获益。这一点特别体现在 TPP 协定中的"竞争力与商业促进"和"中小企业"章节上。

(4)"价值贸易"(value in trade),即货物贸易、服务贸易与资本流动不仅反映经济竞争力水平,同时也包含着在公共卫生与健康、可持续发展、人权、劳工标准、透明度、反腐败、发展等方面的人文理念、价值判断与社会制度,贸易与投资政策对这些价值取向的缺位与忽视将造成国家间的不公正和不公平竞争,即所谓"社会倾销"。

(5)"安全贸易"(trade in security),即各国在确保开放、竞争与一体化的同时有权通过保留自由裁量权和被协定所授权使用的"安全阀"措施保障本国在政治、军事、经济(产业)、金融、生态、信息、隐私权、文化等方面的安全,这体现在 TPP 协定中所列明的各种豁免、例外、部分成员方的过渡期及保留、可以使用的贸易救济手段(反倾销、反补贴、保障措施和过渡期保障措施)。

(6)"包容性贸易"(trade for inclusiveness),即对特定对象与群体的关注、支持与差别待遇,包括:中小企业、不发达国家、低技能劳动者以及落后地区,例如,TPP 协定特别为中小企业提供专门的网站信息和能力建设支持,保障其从参与地区供应链中获益[①],并允许越南、马来西亚等成员在实施协定时保留较长的过渡期。

TPP 协定的上述理念是如何演化而来的呢? 从本质上来说,TPP 协定是对基于 21 世纪全球新型生产方式的"新一代"贸易与投资政策的制度反应。传统的国际生产与贸易方式是"国内生产、全球销售",因而国家之间聚焦的问题是如何形成在互惠基础上的市场准入,由此贸易协定的重点也就在于相互削减关税、配额、贸易许可等边界壁垒,从而导致"向下竞争"的贸易自由化。但 21 世纪以来,国际生产与贸易方式发生了根本性的变化,"全球生产、全球销售"已成为新型模式,随着制程(工序)分割、合同制造、服务(任务)外包、全球采购、垂直专业化投资等方式的兴起与扩散,以产品内分工为核心的全球价值链已经成为当代国际分工的主流。

---

① TPP 试图通过削减税费、提高海关程序效率和透明度、简化贸易壁垒、促进数字贸易和电子商务的发展、增强对知识产权的保护提高中小企业抵御外部风险的能力,降低中小企业参与全球分工的不确定性,强化中小企业对全球贸易的重要推动作用。

在这种新型全球生产网络中，中间产品贸易、商业存在形式的服务贸易、跨国投资、商务人员流动比传统的最终产品贸易和跨境服务贸易的作用更加重要。由此，"新一代"贸易政策关注的焦点性议题也就由"全球销售"转为"全球生产"，从而实现全球供应链无缝对接、成本降低以及竞争力提高。

　　然而，影响全球生产的主要壁垒则来自边界内措施，特别是各种国内规制政策措施，包括：标准、监管、商业惯例、营商环境、法律法规制度和司法体系等。这些措施在不同国家间存在广泛差异，这一方面是历史演化形成的，另一方面是政府设定公共政策目标和执行程度的差异造成的。如果政府所实施的某些公共政策过于严厉（比如采取干预经济的产业政策、歧视外国投资的限制性措施、针对进口的苛刻技术壁垒标准和过分的卫生及动植物检疫等），就会形成"隐形"的国内保护壁垒。相反，如果政府所实施的某些公共政策过于松弛（例如缺乏有力的知识产权保护、低水平的劳工与环境标准等），则会使这些国家由于未尽国际责任和道德义务而在竞争中获取不正当的出口优势与利益。因此，需要通过新型贸易协定对各国的边界内措施进行规制协调与一体化，在达成一些共同认同的最低标准与规则基础上，逐步实现向更高标准与规则迈进，即"向上竞争"。这种规制融合主要包括四个方面：（1）标准水平协调，如技术性贸易壁垒和卫生及动植物检疫；（2）准入水平协调，如商业存在形式的服务贸易、投资、政府采购；（3）竞争水平协调，如知识产权、竞争政策、国有企业、电子商务、劳工、环境；（4）治理水平协调，包括透明度、反腐败、监管一致性、行政与司法制度。不难看出，TPP协定的重点与创新之处正在于制订了一整套基于全球价值链、以国内规制一体化为核心、努力实现贸易投资自由化与为公共政策目标加强监管之间平衡的国际贸易与投资新规则体系。同时，从另外一个角度说，TPP也是一个带"牙齿"的协定，它体现出很强的对国内政策自由度的侵略性，从而使成员方能够保留的国内政策空间越来越少。

（三）TPP 协定的特征

第一，通过在货物贸易、服务贸易以及商务人士流动领域大幅度削减壁垒，TPP 协定实现了较全面和更高水平的市场准入。各成员方按照在 TPP 协定中的承诺与减让，在货物贸易领域将分阶段将所有产品的关税削减为零，从而成为一个"无例外"的自由贸易协定。其中近 90％的货物将在协定生效后立刻执行零关税，大米、奶制品、糖类、猪肉、牛肉、化工、汽车等敏感产品虽有相对较长过渡期，但仍然实现史上最大幅度的关税削减①。在服务贸易领域，TPP 协定要求成员方取消对服务提供商的数量限制、特定法律实体类型限制②和本地化要求③，仅对国防、金融、航空等少数特殊服务业设置例外条款，实现了较充分的市场准入。在金融服务领域，协定允许开展直接跨境销售特定金融服务④。在电信服务领域，协定要求确保各国主要电信服务供应商为外国服务供应商提供互联网接入及电信基础设施⑤的使用服务，并以非歧视的方式管理稀缺电信资源⑥的分配和使用。在商务人士临时入境领域，协定的范围由公司内高级管理人员扩大为：提供售后、租赁、安装与维修服务的商务访客；特定高技能专业人士和技术人员；投资者等。

第二，TPP 协定在服务贸易、投资、政府采购、国有企业领域采取"清单"准入或活动列明方式，构建了创新模式的样板。TPP 协定中的服务贸易与投资的市场准入共用两份"负面清单"（准入前国民待遇）⑦，其中一份是"当前措施"，包括该缔约方关于未来不再收紧有关措施以及实施自由化的

---

① Schott J. Jeffrey，Barbara Kotschwar and Muir Julia，"*Understanding The Trans-Pacific Partnership*"，*Policy Analysis in International Economics No. 99*，Peterson Institute and East West Center，Washington：2013.
② 如只能通过合营企业提供服务。
③ 要求服务供应商须以建立或维持代表处或任何形式的企业或者成为居民作为条件提供跨境服务贸易。
④ 包括保险及与保险相关的服务、银行、金融数据与信息、金融咨询等。
⑤ 包括线路租用、主机代管、电塔电杆、国际海底电缆和其他设施。
⑥ 包括频率、号段、网路权。
⑦ "金融服务"章节下还单独设立提交类似的两份"负面清单"。

承诺，另一份是缔约方在未来保留完整自由裁量权的措施和政策。12 个成员方均已按此提交了国别"不符措施"附件。通过建立这样一个强大并基于规则的框架，协定不仅保证了向外国服务提供商和投资者提供一个更加透明、稳定和可预测的商业环境，也为所有高标准的 FTAs 设立了一个可供参考的"负面清单"模板格式①。此外，在"政府采购"章节下，协定还设立了关于政府采购的实体和活动的"正面清单"，即政府采购国别减让表。它包括所覆盖的中央政府部门、次级中央政府(地方政府)部门、其他实体(国有企业、事业单位等)详细名单以及所覆盖的不进行政府采购的商品和服务清单。最后，在"国有企业与特定垄断企业"章节下，协定开创了国有企业不符活动的"负面清单"，详细描述了所列明的各国国有企业接受政府非商业援助和进行非商业性经营的不符活动范围与措施。

第三，在传统贸易规则领域，TPP 协定提出了更严格的纪律要求。例如，在原产地规则议题上，通过更严格的规则确保缔约方而不是非缔约方成为协定的主要受益者。特别是在纺织品与服装产品上实施"从纱原则"，要求使用 TPP 各缔约方区域内的纱和纤维，只有针对那些"短缺原料"才允许使用区域外供应的纱和纤维。在技术性贸易壁垒上的重要创新是在 7 个特定行业推广共通监管模式，包括化妆品、医疗器材、制药、信息和通信技术产品、红酒和蒸馏酒、预包装食品和食品添加剂的专利配方、有机农产品等，主要内容为采纳国际标准和相关国际组织机构的建议、加强合作、实施贸易化便利措施。在贸易救济方面，TPP 虽允许成员方对造成威胁或损害的进口商品实施全球保障或过渡性保障措施，但同时也对其使用条件进行较为严格的限定，例如：不能对同一产品采取一次以上的保障措施，只能采取提高关税的方式实施过渡性保障措施而不能采取关税配额或数量限制的方式，

①　模板格式包括列明：(1) 部门；(2) 不符措施涉及的规则及领域(国民待遇、最惠国待遇、业绩要求、高级管理和董事会人员、服务业市场准入、服务业商业存在)；(3) 政府层级(包括中央政府、地方政府)；(4) 具体不符措施的法律依据(指政府的法律或法令)；(5) 具体措施内容描述。

过渡性保障措施最长可以维持 2 年并享受 1 年的延长期①,实施过渡性保障措施须按照双方商定的金额提供赔偿金。此外,成员方可采取临时性的保护措施(比如资本管制),但受到一些条件下的使用限制。

第四,TPP 协定提供了更强有力的投资保护,并引入了中立而透明的投资者—国家争端解决机制。协定关于"投资"的定义与口径从传统的"直接投资"扩大到包括"间接拥有或控制的具有投资特征的任何资产"。除了国民待遇与最惠国待遇外,协定还为符合国际法惯例的投资提供了最低待遇标准②。协定禁止业绩要求③,禁止非公共目的、非正当程序、无赔偿的征收,以及禁止对资金自由转移、汇入或汇出、货币自由兑换采取限制④,禁止对高级管理人员采取国籍限制。此外,最具显著意义的条款(也是最具争议的条款之一)是,协定采用了投资者—国家争端解决机制对外国投资者与东道国政府之间的争端进行中立而透明的仲裁⑤。它赋予了跨国企业更大的权力对因东道国法律与政策变化所带来的损失要求赔偿。不过,这个机制的使用也受到了一些限制与例外⑥,同时在激烈的谈判后,协定最终排除了烟草行业,从而确保 TPP 成员国可以对烟草行业进行管制与实施公共禁烟措施。

第五,TPP 协定为应对创新、互联网与数字经济、可以持续发展、国有企业、腐败等新问题,在"规制融合"类的新条款与规则上设定了高标准,体

---

① 且一旦启用 1 年以上,必须开始渐进式地解除干预。
② 包括"公正与公平待遇"与"充分保护与保障"。
③ 包括出口业绩要求、当地含量要求、外汇平衡要求、内销限制要求、技术转让要求、技术本地化、技术保护要求等。
④ 当出现国际收支失衡或面临系统性金融风险时,可以采取非歧视性的暂时性保障措施来限制投资资金转账。
⑤ 投资者—东道国争端解决机制(ISDS)允许在投资者"认为自身权益受到侵害时,在 6 个月内无法通过磋商与谈判方式解决,则投资者不需先行穷尽当地的国内救济途径,可依据相关的《ICSID 公约》和《ICSID 仲裁程序规则》直接向第三方仲裁法庭提起诉讼寻求赔偿"。ICSID 为世界银行"国际投资争端解决中心"。
⑥ 例如,协定附件规定,不能对政府未能如期偿还公共债务提出仲裁诉讼;在智利、秘鲁、墨西哥和越南,投资争端只能通过其国内法院或行政诉讼程序进行,从而排除使用 ISDS 程序;澳大利亚、加拿大、墨西哥、新西兰四国关于对外国投资的安全审查也不被诉诸争端解决机制。

现了示范与引领效应。例如,在知识产权领域①,协定要求所有成员方须加入或批准的一系列国际协定;将声音与气味专利、商业秘密、加密电视和卫星信号、电子出版物纳入知识产权保护范畴;实施对新农药与生物制药非披露试验与数据的保护,并分别赋予其不低于 10 年和 8 年的保护期限;打造强有力的执法体系,包括民事程序、临时措施、边境措施,以及针对伪造商标和版权剽窃等行为的刑事程序和刑罚。在竞争政策上,协定禁止反竞争商业行为以及欺诈和欺骗性商业活动等有害消费者的行为,确保在遭受到违反某国国内竞争法的行为所造成的伤害时,私人拥有采取法律行动的权利。在国有企业问题上,协定要求确保各成员国企在进行商业采购和销售时基于商业考虑,不得向国企提供非商业性帮助的方式(比如优惠的融资或者带选择性的监管),公布各成员的国企名单并详细说明政府对有关国企的所有权、控制权和所提供的非商业性援助的范围和程度。在劳工方面,协定要求各成员方通过法律纳入和维持 1998 年国际劳工组织宣言所承认的基本劳工权利,包括:结社自由和集体谈判权利、消除一切形式的强迫或强制劳动、有效废除童工和禁止最有害的童工形式、消除就业与职业歧视;在法律制度框架下规定适宜的工作条件,包括:最低工资、最长工作时间、职业安全和健康条件;禁止进口由强迫劳工或童工所生产的货物,或包含强迫或强制劳动成分的货物。在环境方面,协定要求各成员须履行在《濒危野生动植物贸易国际公约》下所做出的承诺,禁止最具危害的渔业补贴②,并对公众提交的意见进行公开的书面答复与讨论。在电子商务问题上,协定禁止强制要求使用本地服务器存储数据③、禁止强制要求提交或开放软件源代码④、禁止为偏袒国内生产商或供应商而采取歧视措施或网络封锁、

---

① 自美国宣布退出 TPP 协定后,"知识产权"章节成为 TPP11 国中分歧与冲突最为巨大的议题。
② 包括捕鱼补贴、渔船补贴与燃油补贴。
③ 为了达到合法的公共政策目标除外。
④ 关键基础设施的软件,以及商用合同中具有提供源代码的补充条款除外。

禁止商家向消费者发送未经索取的商业电子信息。在反腐败方面,要求所有缔约方批准并加入《联合国反腐败公约》,并加强其国内反腐败法与规则的执行。

二、从 TPP 协定到 CPTPP 协定

2017 年 1 月 23 日,美国新任总统唐纳德·特朗普(Donald Trump)签署行政命令正式宣布美国退出 TPP 协定,这是特朗普总统上任后实施的第一项重大贸易政策。美国退出 TPP 协定后,日本作为 TPP 协定的主导者继续推进 TPP 协定谈判。2017 年 11 月 11 日,原 TPP 协定的 11 个成员方宣布"已就新的协议达成了基础性的重要共识",将继续推进 TPP 协定正式达成一致,并将其命名为全面且先进的 TPP 协定(Comprehensive and Progressive Agreement for Trans-Pacific Partnership,简称"CPTPP 协定")。2018 年 3 月 8 日,参与 CPTPP 协定谈判的 11 国代表在智利首都圣地亚哥举行协定签字仪式,CPTPP 协定于 2018 年 12 月 30 日正式生效。

与 TPP 协定相比,CPTPP 协定总体上继承了 TPP 协定的主要精神和原则,沿用了 TPP 协定约 95% 的条款内容,基本保留了 TPP 协定的基本结构和承诺范围,仅暂时搁置了原 TPP 协定中的 22 项条款(如表 7-1 所示),包括电信、投资、政府采购市场准入覆盖度的审议时间,这些条款包括独立的条款、脚注、附件以及次级段落。

表 7-1 TPP 协定中被暂停的 22 项条款

章 节	条 款	内 容
海关管理和贸易便利化	5.7.1(f)	对速运货物的关税审查义务
投 资	9.1; 9.19.1; 9.19.2; 9.19.3; 9.22.5; 9.25.2; 附件 9-L	投资者—国家争端解决机制的投资审查条例;东道国政府和投资者之间的与投资协定相关的条例

续　表

章节	条　款	内　　容
金融服务	11.2.2(b)	与金融服务相关的投资将遵循金融服务章节的相关规定
电　信	13.21.1(d)	企业向电信监管机构或其他相关机构提出上诉或申诉,要求复议电信机关机构裁定或决定的权利
政府采购	15.8.5	"符合"当地劳工法
	15.24.2	扩大政府采购覆盖面谈判条例
知识产权	18.8	国民待遇
	18.37	可授予专利的客体
	18.46	因专利局的延迟而调整专利保护期
	18.48	因不合理缩短而调整专利保护期
	18.50	对新药(包括生物制剂)的数据保护义务
	18.51	对新药(包括生物制剂)的市场保护义务
	18.63	对版权的保护期限从 50 年延长至 70 年
	18.68	技术保护措施(TPMs)
	18.69	权利管理信息(RMI)
	18.79	对载有加密节目的卫星和有线电视信号的保护
	18.82	法律救济和安全港
环境	20.17.5	禁止非法买卖野生动物
附件	附件 10 - B	邮政垄断服务提供商所获得的营业收入不得用于为其自身快递服务或其他竞争性供应商提供交叉补贴
	附件 26 - A	缔约方允许新药(包括生物制剂)的制造商通过相关网站传播与药品相关的信息
	文莱附件 2 时间表	"服务"和"投资"章节中,所有提及"自本协定签署后"的用语均被搁置
	马来西亚附件 4 时间表	"国有企业"章节中,不一致活动的范围:所有提及"自本协定签署后"的用语均被搁置

资料来源：New Zealand Foreign Affairs & Trade. Despite Similarities Between the CPTPP and the TPP, there are Some Significant Differences to Aspects that were of Concern to New Zealanders the First Time Around. https：//www.mfat.govt.nz/en/trade/free-trade-agreements/free-trade-agreements-in-force/cptpp/understanding-cptpp/tpp-and-cptpp-the-differences-explained，2019 - 5 - 7.

　　具体来看,22 项暂停条款中有 11 项条款均处于 TPP 协定中的第 18 章
"知识产权"章节,涉及国民待遇原则,对专利、版权的保护期限,对新药(包
括生物制剂)的数据及市场保护义务,技术保护措施,数据的保护,互联网服
务提供者的法律责任和安全港措施,对加密程序运载卫星和电缆信号的保
护等;在第 9 章"投资"章节中,与投资者—国家争端解决机制(ISDS)的投资
审查相关的条例,以及东道国政府和投资者之间的投资协定相关的条例均
被暂时搁置,这意味着东道国政府违反投资授权和投资协议的行为将不再
通过 ISDS 机制解决[①];在第 15 章"政府采购"章节中,CPTPP 协定暂停了政
府采购需符合当地劳工法的要求,并暂时搁置扩大中央政府(及次级中央政
府)采购覆盖面的谈判条款;在第 11 章"金融服务"章节中,CPTPP 协定暂
停了与金融服务相关的投资将遵循金融服务章节的相关规定;在第 13 章
"电信"章节中,CPTPP 协定搁置了各国企业可对一国电信监管机构的裁定
或决定进行上诉或申诉的权利;在第 5 章"海关管理和贸易便利化"章节中,
暂时搁置了对速运货物关税最低减让标准的审查义务。在第 20 章"环境"
章节中,CPTPP 协定暂时搁置了禁止非法买卖野生动物的条款。

　　可以看出,CPTPP 协定所搁置的条款是 TPP 协定谈判时各国的核心
利益分歧点,其中知识产权、投资仲裁等相关条款是美国意愿和诉求的集中
体现。海关管理和贸易便利化、政府采购、透明度与反腐败等章节中被搁置
的条款是当前 11 个缔约国所关心的重点,也是争议、分歧的集中地,对相关
条款的搁置体现了 CPTPP 协定 11 个缔约国求同存异,在 TPP 协定的基础
上尽快达成协定的强烈意愿。[②] 总体来看,在自贸协定标准和水平方面有所
降低,但是 CPTPP 协定依然是目前仅次于 TPP 协定的较高水平的自贸
协定。

---

① 蔡彤娟、郭小静:《TPP 到 CPTPP:中国面临的新挑战与对策》,《区域与全球发展》2019 年第 2
　期,第 5—16 页。
② 白洁、苏庆义:《CPTPP 的规则、影响及中国对策:基于和 TPP 对比的分析》,《国际经济评论》
　2019 年第 1 期,第 58—76 页。

三、CPTPP 协定对中国的影响与挑战

（一）贸易转移效应

作为区域经济一体化的组织形式，自由贸易协定最大的特点在于成员国内部相互取消贸易壁垒，对非成员国则维持原有关税水平。而在贸易壁垒、国内市场开放等方面的区别对待必然导致贸易流向的改变，即非成员国的出口份额很有可能被区域内其他成员国所取代，由此产生贸易转移效应，而贸易转移效应的大小则取决于该自贸协定对区域内外贸易伙伴关税水平及贸易壁垒的差别程度。就货物贸易而言，CPTPP 协定延续了 TPP 协定对关税的规定，致力于将目前的关税水平降为零。通过测算缔约国最惠国待遇关税零关税产品比重和协定实施一年后零关税产品的比重，可以发现 CPTPP 协定实施后，绝大部分缔约国零关税的比重将达到 80％以上。其中，6 个国家的零关税货物比例将达到 90％以上，然而在中韩 FTA 中，协定实施一年以后，中国零关税货物比重仅为 57.02％。由此可以看出，CPTPP 协定的关税减让力度高于已有 FTA。[①]

（二）原产地规则效应

全球价值链分工条件下，产品的生产并不是在某一国家或地区内部独立完成，而是由各分工参与国接力共同完成，因而最终产品包含着各国中间品或工序环节的增加值。按照原产地规则，为实施自贸协定在关税水平等方面的差别待遇，商品原产地被视为"经济国籍"，海关根据原产地规则的标准来确定进口货物的原产国，并给予相应的海关待遇。可见，实施原产地规则将通过差别待遇改变出口国的贸易成本，进而影响其原材料及中间品采购，甚至对跨国公司的价值链生产布局产生重要影响。CPTPP 协定延续了 TPP 协定的相关规定，以双边谈判的方式制定针对不同国家与商品的原产

---

① 白洁、苏庆义：《CPTPP 的规则、影响及中国对策：基于和 TPP 对比的分析》，《国际经济评论》2019 年第 1 期，第 58—76 页。

地规则,在累积方式上则采用了超越 NAFTA 协定中双边累积方式的"完全累积"原则。具体而言,CPTPP 协定(及 TPP 协定)的原产地规则要求出口产品所含的中间品必须有 50%—60% 以上来自成员国内部。"微量条款"(De Minimis)则仍沿袭 P4 协定中 10% 的标准,即非原产成分含量低于货物交易价值 10% 的产品可被视为原产货物,进而享受关税减免的待遇。因而,对于中国而言,CPTPP 协定"封闭式"的原产地规则将对其原材料及中间品的出口以及利用外资产生显著的影响,目前以中国为中心的东亚生产网络可能因此而遭到破坏。例如,在中国的重要传统出口部门之一——纺织品与服装中,CPTPP 协定专门规定其原产地规则遵行美国设定的"从纱认定"原则,即要求进入成员国市场的纺织品和服装从纺纱、纤维到剪裁加工为成衣必须在 CPTPP 区域内完成。此举无疑将对中国纺织品(织物)原材料的出口产生负面影响,尤其是在主要竞争对手——越南加入 CPTPP 协定的情况下,今后中国对亚太地区的纺织与服装出口份额可能会面临下降的挑战。同样的情况还可能发生在汽车行业。在中国巨大的市场需求刺激下,宝马、通用、大众等跨国公司已纷纷把发动机、变速箱等核心部件生产环节在中国布局,并由此带动了一大批国内配套企业的发展。而按照 CPTPP 条款规定,进口汽车和核心部件必须有 45% 来自 CPTPP 成员方,其他的零部件必须有 40% 来自 CPTPP 成员方,这必将严重影响中国的汽车零部件的出口。为享受原产地规则带来的贸易自由化,跨国公司可能将进行区域价值链的重新布局,将生产线从中国转移至越南、马来西亚等低成本的 CPTPP 成员方,中国的汽车第一生产大国和销售大国地位将会面临严峻考验。

(三) 投资竞争效应

通过 FDI 跨国公司可加快推进区域或全球范围内的价值链分工与地理配置。对于跨国公司的投资选址而言,除了要素成本、市场规模、基础设施、配套基础等考量外,对东道国的商业环境和市场制度的关注度日益提升。在很大程度上,CPTPP 协定的高标准集中体现于其投资及相关规则条款。

准入前国民待遇、负面清单、国有企业竞争中立、知识产权保护等规则，完全符合跨国公司放开投资市场准入、保护投资权利、公平市场竞争等利益诉求。可想而知，若CPTPP协定缔约方（特别是发展中经济体）按照协定标准制定外资政策，改善投资环境，将对跨国公司构成巨大的吸引力。20世纪90年代以来，凭借低工资优势、健全的基础设施及招商引资的优惠政策，中国大量承接以国际直接投资为载体的国际产业转移，一举成为全球第一大利用外资国。然而随着国内要素成本的不断攀升及对外资优惠政策（尤其是税收）的取消，以往吸引外资的国家区位优势不再明显。相反，国内市场在市场经济体制与规则、营商环境、知识产权与创新制度、竞争政策、法治、环保标准等方面的深层问题日益暴露出来。因而可以预见，CPTPP协定的达成可能对中国继续吸引外资产生竞争压力。

（四）规则竞争与溢出效应

规则向来都是由领导者制定的，贸易与投资的全球治理领域也不例外。尽管现阶段特朗普政府宣布美国退出TPP协定，但是TPP协定中的"美式血液"无法磨灭，并已逐步渗透在由美国主导的双边贸易协定中（如美国-韩国自由贸易协定），其所体现的广覆盖、高标准、全面开放的规则仍有可能成为未来双边或多边贸易协定的标杆，进而发展为新的全球性通行准则与惯例。近年来，中国持续推进双边及多边区域合作并取得巨大成就，特别是中瑞、中韩、中澳FTAs的达成对中国构建高标准FTAs网络具有重要的意义。此外，中日韩FTA、中国-东盟升级版FTA、RCEP、中美BIT、中欧BIT等经贸谈判也正在全面铺开。但从总体上说，中国目前已经达成的FTAs和BITs的版本水平依然较低。例如，中国在已生效的FTAs中对贸易新规则（WTO-X）的覆盖率与执行率偏低，分别只有大约20％和8％，低于其他APEC成员方。[①] 考虑到在短期内难以达到TPP协定在外资、知识产权、政

---

① 盛斌、果婷：《亚太地区自由贸易协定条款的比较及其对中国的启示》，《亚太经济》2014年第2期，第94—101页。

府采购、国有企业、环境、劳工等方面的高标准,中国自然也很难在这些议题上引领已参加的 FTAs 谈判或发起新的高水平谈判。因此,"规则竞争"上的弱势将为中国参与乃至引领全球贸易治理蒙上一层阴影。此外,美国在 TPP 协定中的某些新规则与纪律将会产生外溢效应,如在未来的中美、中欧 BITs 谈判甚至中日韩 FTA 谈判中出现在谈判桌上,届时中国也将会承受大的谈判压力。

第二节　TTIP 协定的内容、影响与挑战

由美国和欧盟主导的 TTIP 协定旨在通过综合性、高标准、高质量的贸易与投资新规则促进贸易自由化与便利化、设定国际贸易投资新规则与标准、探索国内规制融合模式。协定谈判过程全程保密,在美欧之间达成共识后方才对外公布协议内容。从目前获得的信息来看,草案共包含 24 个核心章节,涵盖市场准入、提高管控合作以及制定新的贸易与投资规则三方面的议题。本节将基于目前所能够收集到的有限信息,对上述三类议题中核心条款的内容、意义及对中国未来的影响和挑战进行分析。

一、增强市场准入

(一) 货物贸易与关税

目前,美欧间平均关税税率低于 2%,一半以上货物贸易已享受免税(零关税)待遇,因此关税谈判并非 TTIP 协定的谈判焦点。目前关税谈判重点为农产品与劳动密集型产品等高关税(存在关税峰)领域,如苹果、橄榄油、纺织品与服装、鞋类、玩具等产品等,以及在部分工业制成品(特别是工业与自动机械、精密仪器、科学仪器、化工与塑料产品等)实现零关税贸易自由化。

TTIP 协定实现关税的削减与取消将对中国未来的进口贸易自由化带来潜在压力。据 WTO 统计,2013 年中国平均最惠国(MFN)关税率为 9.4%,与 2009—2011 年间(9.5%)基本持平。农产品平均关税率与 2009—2011 年相比有所下降,但仍高达 14.8%,如水果类产品为 14.8%、油类产品为 10.9%。制成品平均关税率约为 8.6%,其中纺织品为 9.6%、服装为 16%、鞋类为 13.5%、运输设备为 11.4%。出于保护特定产业和部门,提高行业与产品国际竞争力的动机,可以预期中国进一步削减关税的空间有限。

(二) 服务业

服务业谈判是 TTIP 协定谈判的核心内容,谈判内容与承诺超过迄今为止的所有双边和多边协定。TTIP 协定对服务业的谈判目标为破除服务贸易壁垒(如对外资比例的限制、对从业资格与证书的拒绝承认等)、限制国有及垄断企业对市场的扭曲,从而提高透明度。其中美欧在公共服务领域(主要是卫生、教育与社会服务)、个人数据保护等领域均具有守势利益。

根据 OECD 关于“服务贸易限制指数”①的比较研究可以看出,目前中国服务业的开放程度仍明显低于世界平均水平,与欧美发达国家服务业开放水平差距更大。中国在建筑服务、工程服务、计算机服务等领域开放程度较高,但是在快递服务、广播、航空运输服务等领域的开放程度极低。在文化服务领域,2012 年 2 月中美两国就外国电影发行、上映数量及收益分配达成谅解书,但是目前中国仍未完全执行谅解书内容。在卫生、医疗、教育等服务领域,中国通过国家财政保障其生产与供给,社会资本进入渠道不足,客观上存在制度上的不平等。在金融服务、保险服务、电子支付等领域,中国整体保护程度较高,国有企业仍掌控着绝大多数资源,对外资银行的开放中国总体上仍持谨慎态度,并附加资本要求、地域限制与业务限制(如人民币业务)。

---

① 服务贸易限制指数取值介于 0 和 1 之间。取值越趋于 0,表明该服务业开放程度越高,取值越趋于 1,表明该领域开放程度越低,具有较高的进入壁垒。

二、提高管控合作

(一) 规制的统一化和技术壁垒

目前,欧美双方对技术管控的要求和程序相差巨大,TTIP 协定旨在提高两国规制程序透明度,取消对产品的重复试验、检查与发证,加强双方标准化部门的合作。该条款为未来各国加强国内规制一体化与协调技术性壁垒指明了方向,也将对中国产生重要的冲击与影响。

中国的技术标准主要基于《标准化法》(1988)和《〈标准化法〉的执行规则》(1990)而制定。近年来,中国已逐渐在技术规则、标准、合格评定程序等方面向世贸组织标准和规则靠拢,着力解决透明度、国民待遇、国内标准的唯一性以及重复检验、重复认证等问题,并逐步改善监管部门的监管多头性与协调无效性问题。目前在中国国家标准制定过程及与国际标准相互认证过程中,仍存在以下问题:(1)外国企业在中国国家标准的制定、执行过程中受到歧视性待遇,其技术、知识产权等均处于不利地位;(2)在某些存在国际标准的高新技术领域,中国仍单独采用国内标准(低于国际水平),具有保护主义之嫌,例如在 3G 和 4G 网络、Wi‑Fi 标准和信息安全标准方面;(3)国外检测结果及合格证书在中国国内认可程度较低,对进口产品的再次检验要求与国际惯例相悖。

(二) 卫生与动植物检疫

卫生与植物检疫议题是美欧之间的重要分歧点之一,美国极力推动采用"基于科学的"最简单检疫手段,而欧盟则力图保持其"合法的"更严格标准,并寻求在动物福利方面与美国达成高标准协议。

TTIP 协定中的该项条款将迫使中国改进、升级国内实施标准与国际接轨。首先,现阶段中国的卫生与植物检疫事务由不同政府机构协调共同监管,包括卫生部、农业部、质检局、工商行政管理局、商务部、国家食品药品监督管理局,不同监管机构功能的交叉与重叠必然引致责任推卸、无力追责与问责等问题。其次,TTIP协定将迫使中国对现行卫生与植物检疫要求进行改革。目前,中国允许依据风险评估,禁止进口任何原产于流行病或植物病害国家或地区的动植物。未经出入境检查,不得在中国境内销售或使用《卫生与植物检疫清单》中的所有2 032条关税税目项下的产品;约80%需获得自动进口许可证的商品需满足卫生与植物检验检疫标准;35%需获得非自动进口许可证的商品需满足卫生与植物检验检疫标准。上述规定与管制措施无疑将增加贸易商与企业的进口时间与成本负担。

(三) 信息与通信技术

美国和欧盟是世界最大的信息与通信技术服务出口方,也是世界第二大和第三大信息与通信技术产品出口方。美欧两国在该议题中具有不同利益诉求,一方面欧盟希望通过TTIP协定谈判提高操作的兼容性,统一电子标识、电子接入和信息通信产品的认证流程;另一方面美国要求取消网络交付产品的额外关税及收费。

中国信息与通信技术服务市场具有较高的技术性进入壁垒。如中国对信息技术产品采用强制性产品认证制度(3C认证),其认证标识、认证标准、认证流程、认证模式等均与欧美模式存在不同。在存在通行国际标准的信息与通信技术领域,如3G/4G网络标准、Wi‐Fi标准、信息安全标准等,中国仍执行唯一的国内标准,以保护国内信息技术产业免受来自国际市场的残酷竞争。此外,中国音视频产品的安全标准与国际标准也存在一定差异。

(四) 药品

TTIP协定力求在该议题上达成双边审批流程和检查结果的相互认可协议。境外的药品注册认证(特别是发达国家的注册认证)仍是中国医药产品扩大出口必须跨越的环节和障碍。目前,中国是除欧美日等发达国家以外为数不多的强制实施药品生产质量管理规范(GMP)的发展中成员。然而,中国在注册文件格式、申报程序、注册产品分类等方面均与其他国家存在显著差别。如欧美日三方已达成统一、具体、规范的《药品注册通用技术文件》(简称 CTD),然而中国则采用由国家食品药品监督管理总局制定的《化学药品 CTD 格式申报资料撰写要求》,这极大地阻碍了中国非专利药在欧美等国的注册之路,更导致原料药、中药在发达经济体的药品注册认证难度极大,只能以原料身份、天然产品或膳食补充剂等名义出口。

(五) 纺织品

关税、原产地规则、产品标识、产品安全及产品标准是 TTIP 协定纺织品谈判的核心所在。此外,随着环境标准被纳入纺织品贸易政策的制定和实施中,围绕环境标准产生的各类技术性贸易壁垒与绿色贸易要求成为制约中国纺织品参与全球竞争的最主要障碍之一。欧美市场是中国重要的纺织品出口市场,其技术标准的变化将对中国产生重大挑战。

首先,中国所用的各项标准的内容及表现形式与国际上的一般规则存在一定差异。例如,中国将标准分为"强制标准"和"推荐性标准"两类,而欧美国家则分为"法规"和"标准",法规需强制执行,标准可自愿选择。其次,在纺织品水洗尺寸变化、色牢度标准等多项指标上,中国各项指标水平普遍低于美国标准;各国对外观质量的考核角度(如表面疵点、规格尺寸偏差等)亦截然不同。再次,生态标准是欧盟构筑技术壁垒的有效工具,目前生态纺织品问题已发展到基于整个生产、消费过程的环境管理,与之相关的生态标准修订与补充日益频繁,标准愈发严格,然而中国除考核 pH 值、甲醛含量、禁用偶氮染料项目外,其他均为非强制性要求。

(六) 汽车

汽车产业非关税壁垒包括安全类技术标准和环保类技术标准,美欧双方在汽车安全和环保标准上存在显著差异。如在安全方面,美国联邦机动车安全标准(FMVSS)由美国高速公路交通安全署(NHTSA)制定,并需通过相关碰撞试验实施;欧盟则要依据欧洲新车安全评鉴协会(EU – NCAP)的碰撞测试结果。在环保与排放方面,美国需满足环保署的环保标准,而欧盟则必须达到欧 V 排放标准。双方在细则、试验方法、分项计算和得分权重等方面的极大差异提高了研发、制造与生产成本。TTIP 协定旨在达成相互认可协议,或有效衔接双方现有的主要标准与规则,在制定新标准与规则时展开合作。

TTIP 的相关谈判与条款将从安全、环保、节能三方面对中国未来的进口汽车技术标准产生影响。在安全方面,中国政府规定,进口汽车必须获得国家强制性产品认证证书(3C 认证),并经检验检疫机构抽查检验合格方准予进口。非正规渠道进入中国的汽车及未通过国家认监委指定机构认证的汽车无法获得 3C 认证。然而整体看来,中国实行的车辆安全测试标准仍低于欧洲标准。在环保方面,中国已参照欧洲标准体系制定机动车排放标准,总体标准化程度与水平仍有待提高。在节能方面,中国油耗标准制度建设与欧美发达国家差距明显,主要表现为中国油耗标准较为宽松,并未将碳排放标准纳入考察。

三、新的贸易与投资规则

(一) 贸易与可持续发展

由于美欧相关的非政府组织(NGOs)担心 TTIP 规制融合条款可能会造成"去规制化",损害消费者权益、劳工标准、环境标准及其他公共利益,因此美欧双方坚持在环保领域与劳工权益保护上实施最高标准。

现阶段中国在与贸易有关的环境和劳工标准方面的法制基础较弱,中国几乎未在双边与区域贸易协定中触及该类条款或作出实质性承诺,TTIP 协定的可持续条款等同于对中国提出更苛刻的国际标准。在贸易与劳工标准议题上,中国首次在中瑞自贸协定中纳入劳工、权利、反腐败等内容,协定就贸易与可持续发展进行了更加明确和具体的表述和规定。对于中国国内而言,在环境标准方面,中国在双边、区域、多边领域参加了数十个环境与资源保护国际公约和条约。但从总体水平来看,中国同发达国家的差距仍然十分明显(如 PM2.5、气候变化等)。在劳工权益方面,中国的国内劳动立法与国际标准相比存在一定差异。目前，中国已批准了与消除就业和职业歧视、禁止童工两个核心劳工标准有关的国际基本劳工公约，但未批准与自由结社和集体谈判权、废除强迫劳动有关的基本劳工公约。中国的工会尚缺乏国际劳工组织（ILO）所界定的工会"独立性"，这导致自由结社权和集体谈判权的行使大打折扣。

（二）中小企业

中小企业是美欧双方国内创造就业的核心力量，TTIP 协定谈判旨在通过削减成本高昂的标准壁垒，提升中小企业对跨大西洋贸易的参与程度；其次，谈判呼吁双方成立"中小企业委员会"，为中小企业提供与贸易和投资相关的各类相关信息；此外，欧盟敦促美国设立专门针对中小企业的服务网站，以公布与关税、税收、规制等相关的法律法规信息。

（三）国家—投资者争端解决机制

美国发起国家—投资者争端解决机制（以下简称 ISDS）谈判旨在提升贸易与投资透明度，防止歧视行为、不合理征收、不平等待遇和对资本流动的过度限制等。该机制允许在投资者认为当其权益受到侵害时，就相关争端向所投资的东道国或第三方仲裁法庭提起诉讼。ISDS 机制允许企业向立法、行政措施甚至东道国为保障公共卫生和其他公共利益事务做出的司法决定提出异议，允许公司要求赔偿由于实施这些公共利益保护措施而未能获得的利润。欧盟对该议题持谨慎态度，2015 年 7 月 8 日，欧盟通过关于 TTIP 的谈判决议案，要求用新的司法体系代替引起巨大争议的 ISDS 机制。

ISDS 是对国家间传统争端解决机制的重大挑战，将对中国未来司法体系产生重要影响。从法律层面看，ISDS 从根本上改变了公司和国家之间的权力平衡。ISDS 机制不允许国家对投资者采取仲裁，相比之下，外国投资者可在仲裁人面前质疑国家，即该机制将企业和投资者提升到一个等同于国家的法律地位。此外，ISDS 还将削弱一国政府维护公共利益以及公共医疗体系运行的能力。由于 ISDS 的"投资"定义中包含知识产权,则药品制造公司可利用 ISDS 机制,以政府执行的促进获取药品的卫生法规措施(如价格控制、市场营销审批、更严格的专利获取标准)将损害他们的知识产权收益为由起诉任何 TTIP 成员国(如美国礼来公司诉加拿大政府的案件),这一做法将影响缔约方国内药品定价,打击为保护公众获取平价药品的公共卫生政策。

(四) 竞争

TTIP 协定对竞争政策的谈判内容包括加强反腐措施,防止价格密谋以及市场权利滥用,确保与国有企业的公平竞争,公布对企业的补贴等。TTIP 协定对竞争政策的谈判将对中国产生重要影响。

2008 年 8 月中国《反垄断法》生效,同时成立反垄断委员会执行以下职责:审查企业并购;审查与定价相关的垄断行为、滥用主导权与滥用行政力量;审查与定价不相关的垄断行为、滥用主导权与滥用行政力量。然而具体来看,中国仍应在以下方面进一步改善:(1) 在执行竞争政策的目标上应进一步关注消费者福利水平,保障交易竞争性过程,而非产业政策与其他非竞争性目标。(2) 鼓励《反垄断法》执行机构与管理机构协作充分发挥行业协会的重要性,区分行业协会与政府的职能属性,避免从事违反《反垄断法》的行为。(3)《反垄断法》对企业兼并、定价的审查对外国政府与企业存在一定的歧视性。自 2008 年《反垄断法》生效以来,90% 的兼并审查涉及至少一个跨国公司,而反垄断法委员会同意的 24 项附带条件的兼并案例中并无中国企业之间的兼并。同时,尽管中国企业与跨国公司将同样受到与价格相关的审查,但在近期外国企业受到的审查逐渐增加。除此以外,与定价相关的价格审查调查过程在可预测性、公平性与透明度上均存在较大的改进空间。

(五) 知识产权与地理标志

知识产权保护是 TTIP 谈判的重要谈判议题,美欧双方试图通过 TTIP

协定知识产权议题的谈判达成"TRIPs+"条款,为今后的知识产权谈判树立旗帜。

目前,中国知识产权所有者面对复杂的、不确定的执行环境,政府机构之间缺乏协调合作、培训不足、资源限制、执行过程及执行结果透明度不足、民事强制执行过程中的程序性障碍、本地保护及腐败问题等是当前中国执行有效的知识产权保护面临的最主要困境。具体来看,首先中国法律规范对跨国公司法律援助不足,诱发中国竞争者主观或利用他人盗取跨国公司商业秘密的案件显著增多;其次,中国对电视、广播音乐、书目保护程度极低易诱发严重的盗版问题;再次,中国尚未设立专门的《地理标志法》,而是将其包含在商标法及其执行规章中,规定按照相同的程序将地理标志注册为集体商标或证明商标,且相关方可自主选择注册地理标志的政府机构。

第三节　区域主义和多边主义的博弈

巨型区域主义和多边贸易体系的关系取决于巨型区域贸易协定的成败及世贸组织对此所作出的具体反应。如图 7-1 所示,巨型区域贸易协定的两种战略选择分别为"成功"和"失败",世贸组织可做出三种不同反应,分别为"维持原状""适应性改进"和"谈判新规则",由此形成 6 种不同战略空间。

			WTO	
		维持原状	适应性改进	谈判新规则
巨型区域贸易协定	成功	取代	互补	竞争
	失败	WTO 1.0	WTO 1.5	WTO 2.0

图 7-1　巨型区域贸易协定和 WTO 的响应图

一、WTO 维持原状

　　世贸组织继续"多哈"回合剩余议题的谈判，置身规制融合类议题谈判之外。（1）若巨型区域贸易协定顺利达成并生效，围绕特定产品或行业的价值链，上下游国家必然将主动或被动的趋向、认可、融合巨型区域贸易协定中已达成的既定规则、标准和制度，以保证本国在价值链中的既有地位与市场份额，或寻求加入新的价值链贸易中。随着加入巨型区域贸易协定的缔约国逐渐增多，将加速世贸组织的边缘化，最终巨型区域贸易协定将取代世贸组织成为新的全球贸易治理平台。（2）若巨型区域贸易协定未能顺利达成或生效（如 TPP 协定），世贸组织的争端解决职能、执行和监督职能、能力建设职能可在短期内维系 WTO 1.0 在现有国际贸易治理体系中的部分角色。但是与此同时，跨国公司和发达经济体将继续寻找其他路径和平台（如双边 FTA、BIT、G20 等）行使"规则谈判"职能，展开对"第二代"国际贸易议题的谈判，继续应对并化解边境后措施对价值链贸易的制约。另一方面，2017 年 8 月，世贸组织贸易政策审议周期由原来的 2 年、4 年、6 年分别延长为 3 年、5 年、7 年。此外，自 1995 年起，世贸组织处理了共计 532 个争端解决案件，其中仅 96 件顺利结案，尚不足 1/5，基于 20 世纪贸易规则形成的争端解决机制在应对 GVC 背景下的贸易争端时愈发无力。因此从长期来看，世贸组织争端解决机制的无力和贸易审议机制的弱化将加速侵蚀世贸组织在 21 世纪价值链贸易模式下的地位。

二、WTO 进行适应性改进

　　世贸组织基于现有职能、机制障碍、未尽事宜进行内在自我修正与升级，通过"横向议题"的谈判，在服务传统贸易的同时为承接新规则谈判奠定基础。（1）若巨型区域贸易协定成功，世贸组织和巨型区域贸易协定形成互补关系，两者分别规范传统贸易和价值链贸易。此外，校正与升级后的争端解决机制、审查与评估机制可同时服务于价值链贸易,在一定程度上弥补世贸组织在新规则谈判领域的不足。(2)若巨型区域贸易协定失败,世贸组织将实现自我升级并过渡为 WTO 1.5。一方面世贸组织将提高争端解决机制的处理效率,改善透明度机制,扩大监督和执行职能的覆盖范围;另一方面,巨型区域贸易协定的失败将为世贸组织赢得续构多边贸易体制核心地位的时间,以磋商多哈回合的可能发展路径,并探寻将新规则纳入世贸组织的可行模式、途径与条件。

三、WTO 开启新规则谈判

世贸组织完全放弃"多哈发展议程",顺利展开 GVC"新"议题谈判。(1)若巨型区域贸易协定成功,两者在短期将形成竞争关系。多边贸易体制内的"新"规则谈判将继承于巨型区域贸易协定,吸收各国在单边、双边自由化进程中的成果,同时纳入中国等领先经济体的利益考量,即世贸组织将成功实现巨型区域贸易协定的"改良式"多边化。长期来看,世贸组织和巨型区域贸易协定的关系将取决于"成员的开放度"(主要的世贸组织成员方是否会加入巨型区域贸易协定)、"议题的时代性"(议题是否能反映当前贸易模式中成员方的核心利益诉求)、"争端解决机制的执行力"(巨型区域贸易协定中的争端解决机制是否能和世贸组织争端解决机制发挥相同的效力)。(2)若巨型区域贸易协定失败,世贸组织将跃升至 2.0 时代,成为兼顾传统贸易规则和价值链贸易新规则的全球贸易治理核心平台。

然而,目前世贸组织并不具备放弃多哈回合,直接开启新规则谈判的条件:第一,发展中成员在乌拉圭回合中的谈判利益尚未兑现,却在市场准入领域做出了巨大牺牲与让步。多哈回合既是发展中成员正式提出自我利益诉求的第一回合,也是要求发达国家兑现乌拉圭回合的谈判筹码。放弃"多哈发展回合",开启新议题谈判对发展中成员存在巨大挑战。第二,"逆全球化"席卷而来,巨型区域贸易协定谈判纷纷停摆,在世贸组织内启动"第二代"贸易政策的谈判将大大增加"新"规则谈判的复杂度。① 综上来看,现阶段在世贸组织内开启新规则谈判为"不可能策略"。相反,世贸组织可寻求中短期的"适应性改革",为过渡为 WTO 2.0 作出应有铺垫。

第四节　巨型区域主义的遗产与挑战

一、巨型区域贸易协定对全球贸易治理的启示

（一）协定为全面、平衡、先进、高水平的 FTAs 谈判提供了重要模板,对世贸组织推进现有工作议程和开展新议题的磋商提供了有效标尺与借鉴

TPP 协定在货物贸易、服务贸易及商务人员流动等领域大幅削减壁垒,实现了较全面和更高水平的市场准入;在服务贸易、投资、国有企业等领域均采用"负面清单"模式;在原产地规则、知识产权保护、环境、劳工标准等规则设定领域均设定了更为严格的纪律要求。TPP 协定准入程度之全面、承诺方式之创新、规则设定之严格均具有极强的示范与引领效应。特别地,就"电子商务"议题来看,立足于传统贸易模式的多边贸易体制对电子商务和数字贸易的正面溢出效应非常有限②,WTO"电子商务工作项目"过去 20年间仅在"标准和技术性贸易壁垒""国内规章""一般例外原则"等三项议题上达成基本共识,各国在"服务贸易"和"知识产权"等领域的分歧直接导致跨境数字服务传输和互联网贸易成为国际贸易的重要争端点。③ 然而,TPP协定有效弥合了世贸组织成员国在"电子商务工作计划"中的争端分歧(如

①　Richard Baldwin and Michitaka Nakatomi, "A World without the WTO: What's at Stake?", *CEPR Policy Insight No.84*, July 2015.

②　Brian Bieron and Usman Ahmed, "Services, International Rulemaking, and the Digitization of Global Commerce", E15 Program, Geneva: ICTSD and World Economy Forum, 2015.

③　Sacha Wunsch-Vincent, "Trade Rules for The Digital Age. in Panizzon Marion", et al. (eds.), *GATS and The Regulation of International Trade in Services*. Cambridge: Cambridge University Press, 2008.

下表 7 - 2 所示），更就数字贸易中出现的"新议题"进行了广泛磋商。世贸组织可以以"电子商务工作计划"为依托和原型，借鉴 TPP 协定对数字贸易的规定，展开更为全面的"数字贸易"谈判。

表 7 - 2　WTO 电子商务工作计划和 TPP 协定电子商务议题的对比

	WTO 电子商务工作计划中未能达成共识的议题	是否引起争端	TPP 电子商务议题
GATS	将"对电子交易暂停征收关税"的规定纳入永久性规则	×	禁止对电子交易征收关税或收取其他费用
	GATS 中的水平条款是否适用于数字服务贸易	×	以电子方式交付或提供服务的措施需遵守 GATS 中所包含的义务
	GATS 中的具体承诺可否适用于数字服务贸易	√	以电子方式交付或提供服务的措施需遵守 GATS 中所包含的义务
	对数字服务贸易的分类（模式 1 还是模式 2）	√	负面清单模式下不存在此问题
	对数字经济中产生的新型服务贸易的分类	×	市场准入承诺中未对新型服务贸易做出过多限制
	数字产品贸易应受到产品贸易规则 GATT 还是服务贸易规则 GATS 的管辖	×	以电子方式交付或提供服务的措施应接受 GATS 相关规定所包含的义务；数字产品的非歧视待遇、通过电子方式跨境传输信息等应遵守 GATS 中的相关条款、例外和不服措施
	在应用 MFN 待遇和国民待遇承诺时对"相似性"的认定	×	负面清单模式下不存在此问题
TRIPs	对版权和商标的保护，以及对新技术的使用	×	在版权方面，要求各方为互联网服务商建立"版权安全港框架"

资料来源：作者根据相关资料整理所得。

（二）协定首次在巨型区域贸易协定中系统地体现"包容性发展"理念，可成为南北经济和贸易一体化的模型

TPP 协定实现首次在区域贸易协定中纳入"合作和能力建设"（第 21 章）、"发展"（第 23 章），并在"竞争力与商业促进"（第 22 章）和"中小企业"

（第 24 章）等章节。TTIP 协定的谈判议题包括"贸易与可持续发展""中小企业"等。上述章节与议题强调对女性、小微企业、低技能劳动者、欠发达成员及落后地区等特定对象和群体的关注、支持和差别待遇，通过提供专门的能力建设援助和支持，保障各类群体有效融入全球与区域价值链共享巨型贸易协定带来的收益。更为引人注目的是，TPP 协定将技术和创新纳入能力建设援助的范围，鼓励通过对话、合作方案和项目、对政策和程序最佳实践的分享、信息和技术的交流，通过多种模式开展合作和能力建设活动。与WTO《贸易便利化协定》类似，发展中成员可主动向合作与能力建设联络点提出执行协定所需的特定合作和能力建设请求，专门委员会将发起、参与合作，并加强协调援助方，为公私合作关系提供便利，保障能力建设援助的落实。

（三）巨型区域贸易协定有效缓解了 FTAs 的"意大利面碗"效应，是推进区域贸易协定实现多边化的必经阶段

TPP 协定 12 个初始缔约国之间共 26 个双边贸易协定、6 个区域贸易协定，巨型区域贸易协定通过统一的市场准入、规制条款、要求与标准实现"化零为整"，在一定程度上加快了亚太地区"美式"贸易协定的整合。不可否认，现阶段失去美国支持的 TPP 协定对全球贸易治理体系中的影响大打折扣，但是与美国版本的自由贸易协定相比，TPP 协定中仅有不足 20% 的议题为新增议题。因此，TPP 协定与"美式"模板 FTAs 的共通性将使美国以继续推进"美式"模板 FTAs 的形式间接助力巨型区域贸易协定的多边化。如美国商务部秘书 Wilbur Ross 曾公开表态"TPP 的条款将成为NAFTA 谈判的起点，美方希望在电子商务、电信、反腐败及若干个行业附件上均能沿用 TPP 协定的文本"。[①]

---

① International Centre for Trade and Sustainable Development (ICTSD)，"TPP-11 Trade Talks Approach Finish Line Under a New Name"，*Bridge Weekly*，2017-11-16(11)．

二、巨型区域贸易协定对国际贸易治理体系的挑战

（一）非对称的区域主义将经济地位日益增强的新兴经济体排除在外，加速国际贸易治理体系的分裂局面

巨型区域贸易协定主要呈现出发达国家主导、中小型经济体参与、领先发展中成员被排除在谈判框架之外的特点。由于中小型经济体在双边、复边、区域贸易协定中的议价能力远低于"一人一票"制的多边贸易体系，为换取发达国家的互惠市场准入、离岸投资、技术溢出、能力建设，中小型经济体"无条件"将"第二代"贸易政策的规则制定权让渡给发达国家，发达国家实现围绕特定产品或行业价值链的规制"输出"。为了巩固本国在区域价值链中的地位，提高本国在国际贸易、投资新规则制定领域的领导力，被排除在巨型区域贸易协定之外的中国、印度、巴西等领先发展中成员将在既有巨型区域贸易协定之外另起炉灶，构筑与当前发展阶段相匹配的区域价值链规则〔如由中国主导的"区域全面经济伙伴关系"（RCEP 协定）〕。然而，领先发展中成员和发达国家分庭抗礼将进一步加速国际贸易治理体系的碎片化。尤其是考虑到巨型区域贸易协定占全球经济总量的比重，其对国际贸易治理体系的割裂作用远甚于自由贸易协定。

（二）巨型区域贸易协定具有对价值链低端国家的低端锁定效应和对域外国家的歧视效应

发达经济体通过巨型区域贸易协定实现布局区域，控制知识产权溢出和价值链升级路径，影响全球价值链的布局走向。协定通过延长对知识产权的保护期限、禁止要求"技术本地化"、增强对数据的保护，一方面加强了对创新活动和技术的保护程度，降低发达国家离岸投资和生产的潜在成本，维护其在价值链贸易中的核心优势；另一方面，提高了发展中成员的研发成本，锁定发展中成员的价值链低端位置，阻碍发展中成员实现产业结构调整及价值链的攀升。此外，巨型区域贸易协定在技术贸易壁垒领域采用共同

监管模式,在专业服务领域资质相互认可,电子商务领域推动达成数字认证与签名技术的多边共识,降低域内国家间贸易成本、推动贸易便利化的同时形成封闭的区域价值链,阻碍域外国家的嵌入。例如,TPP 协定第三章"原产地规则"中规定所有来自缔约方的原材料投入可共同累积,在达到一定的本地含量标准后享受关税削减待遇,若未能达到本地含量标准则不得享受优惠税率。该条款明确排斥非缔约方的原材料供应,王中美的研究表明在协定谈判期间该条款已通过市场预期的改变影响企业的投资和贸易决策,进而影响到全球价值链的布局。[①]

(三)对域外国家的投资流向产生扭曲效应

追求规制合作的巨型区域贸易协定成员国通过在成员国之间设定更高标准的边界后措施,削减成员国之间的贸易成本,刺激跨国公司在缔约国内部投资的意愿,进而提高集团内部的福利水平。然而,受投资规则要求的限制,巨型区域贸易协定以外更具生产效率的企业将被锁定在生产网络之外,跨国公司只能寻求缔约国以内次优的资本流入国,造成对投资的扭曲作用,并引致效率的损失。

(四)缺乏有效的监督和执行机制保障协定的生效与执行

巨型 FTA 的谈判、生效与执行均以缔约方为导向,不受任何第三方监管机构的约束,在协定正式生效前缔约方终止或退出谈判的违约成本几乎为 0,谈判参与方的国内政治局势、商业环境、立法或司法流程等任一环节的变动均可能直接导致谈判的中止或流产。特别是考虑到当前"逆全球化"背景对经济政策制定的重要影响,更加剧了政策的不确定性。美国退出TPP 协定,TTIP 协定和 TISA 协定谈判相继停摆正是巨型区域贸易协定不稳定性的最真实写照。此外,巨型区域贸易协定的内涵早已超越边境措施和"贸易"领域,涉及协定与缔约方国内法律、行业法规、条例、标准的匹

---

① 王中美:《MEGA 与全球供应链:变化、响应与反作用》,《世界经济研究》2017 年第 6 期,第 3—13 期。

配,对国内政策空间具有较强的侵蚀作用①,缔约方国内替代性行业、政党之间的政治博弈将增加协定的不确定性。与 WTO 显著不同的是,TPP 协定的第 28 章第 28.3 条第 1 款 c 项列明 TPP 协定的争端解决条款仅适用于第 2 章(国民待遇与货物贸易市场准入)、第 3 章(原产地规则与原产地认定程序)、第 4 章(纺织品与服装)、第 5 章(海关管理与贸易便利化)、第 8 章(技术性贸易壁垒协议)、第 10 章(跨境服务贸易)、第 15 章(政府采购)。这一"正面清单"的列举方式表明 TPP 协定争端解决条款并非适用于协定涵盖的所有议题和条款[如第 18 章(知识产权)、第 14 章(电子商务)并不适用 TPP 协定争端解决机制]。由此可见,TPP 协定"半开放"式的争端解决机制仅适用于缔约方之间分歧较小的传统贸易政策领域,如何保障"新"议题的执行,以及如何处理"新"议题领域的争端仍不确定。

第五节　本　章　小　结

本章基于巨型区域协定 TPP 协定、CPTPP 协定和 TTIP 协定的结构、条款内容进行分析。TPP 协定、CPTPP 协定和 TTIP 协定作为高质量、高标准和高水平区域协定,在知识产权、竞争、电子商务、中小企业、发展等新规则领域均有不俗表现,可视为 21 世纪贸易协定的标杆和引领者。在市场准入和传统规制领域,巨型区域协定同样超越 WTO 协定和其他自由贸易协定,实现了更高水平和更全面的市场准入,设定了更为严苛的纪律要求。总体来看,巨型区域协定的条款内容反映了自由贸易、(区域内)公平贸易、价值链贸易、价值贸易、安全贸易等理念,体现了全面自由化、议题覆盖广、

①　东艳:《全球贸易规则的发展趋势和中国的机遇》,《国际经济评论》2014 年第 1 期,第 45—64 页。

标准高、创新度强、利益平衡的自由贸易协定特征。本章利用博弈模型分析当前阶段 WTO 应采取的最优策略，为 WTO 应基于现有职能、机制障碍、未尽事宜进行内在自我修正与升级，通过"横向议题"的谈判，在服务传统贸易的同时为承接新规则谈判奠定基础。

随着美国退出 TPP 协定，TTIP 协定谈判停摆，巨型区域主义的"热度"已大大降温。但是，巨型区域贸易协定中的新理念、全覆盖、高标准等"美国印迹"仍将继续以其他形式在亚太地区，乃至世界范围内对全球贸易治理体系产生巨大影响。理由如下：第一，巨型贸易协定为全面、平衡、先进、高水平的 FTAs 谈判提供了重要模板，对世贸组织推进现有工作议程和开展新议题的磋商提供了有效标尺与借鉴。第二，协定首次在巨型区域贸易协定中系统地体现"包容性发展"理念，可成为南北经济和贸易一体化的模型。第三，巨型区域贸易协定有效缓解了 FTAs 的"意大利面碗"效应，是推进区域贸易协定实现多边化的必经阶段。但是，这并不表示 TPP 协定和 TTIP 协定所代表的"巨型区域主义"能够成为国际投资和贸易"新规则"谈判的最佳平台，理由如下：一是非对称的区域主义将经济地位日益增强的新兴经济体排除在外，将加速国际贸易治理体系的分裂局面；二是巨型区域贸易协定具有对价值链低端国家的低端锁定效应和对域外国家的歧视效应；三是巨型区域贸易协定对域外国家的投资流向产生扭曲效应；四是缺乏有效的监督和执行机制来保障协定的生效与执行。

第八章
在多边贸易体制框架下
续构国际贸易规则

　　本章第一节回顾自《关税与贸易总协定》时期起,世贸组织通过调整谈判议题、校正决策机制、拓宽协定类型、加强监督审议机制、精准提供特殊和差别待遇等改革措施顺利实现了从临时性《关税与贸易总协定》向世界贸易组织的过渡,回应了国际贸易的发展对全球经贸治理的新诉求。第二节剖析多边贸易体制近年来所面临的新风险,主要包括自 2008 年全球金融危机后,世界经济走势逐步出现了"逆全球化"的趋势;美国单边主义行为违反世贸组织规则,并挑战多边贸易体制的法律基石;从现实层面看,世贸组织争端解决机制及上诉机构随时面临彻底瘫痪的风险,进而引发 WTO 的系统性风险。第三节将对美日欧《联合声明》、欧盟《世贸组织改革建议》、加拿大渥太华部长级会议"三点共识"、中国《关于世贸组织改革的建议文件》进行全面分析和评估,剖析当前中国受到美欧等发达国家围堵的现状与事实,并针对中国和美欧等发达国家之间存在明显分歧和对立之处的"非市场经济"国家、国有企业和工业补贴、强制性技术转移、对"发展中国家"的界定、争端解决机制议题进行具体分析。第四节聚焦中国角色,回顾自中国加入 WTO 以来义务的履行与责任的承担;阐述在当前中美贸易摩擦背景下,中国就世贸组织改革所持基本原则和主张;基于当前中国"三项基本原则和五点主张",提出在中短期内可供中国参考的应对策略,为新兴经济体和发展中国家争取发展空间。第五节立足长期视角，从 21 世纪新型国际贸易模式出发，在第五、第六、第七章所得结论的基础之上，为 WTO 破解"多哈困局"，在多边贸易体系内引入国际贸易"新规则"，同时进行自身机制设置改革，重回国际贸易治理体系的核心地位提供可行政策建议。最后是本章小结。

第一节　逐步推进中的世贸组织改革

自 1947 年《关税与贸易总协定》（以下简称 GATT）达成以来，多边贸易体制不断对贸易谈判、监督审查、争端解决、能力建设四大基本职能及机制设置进行改革校正，以提升世贸组织的运行效率、贸易相关度、法制程度。具体来看，自"乌拉圭回合"至今，世贸组织共经历了以下几个阶段的改革：

第一阶段（1986—1995 年）：扩大谈判议题、确立运行机制，顺利实现从 GATT 向 WTO 的过渡

GATT 前七个回合的谈判使工业品的平均关税水平从高于 40％降至 4.7％，成功刺激了 20 世纪 50—60 年代国际贸易年均增长率稳定在 8％左右的高速增长水平。此后，随着国际投资的逐渐兴起，服务贸易领域的互惠市场准入成为越来越多缔约方的利益诉求点，同时，WTO 在农产品领域的漏洞被成员方不断滥用。基于此，"乌拉圭回合"将谈判议题扩大至服务贸易、知识产权等规制融合议题，同时纳入了农产品和纺织品等敏感行业议题；在谈判模式上，"乌拉圭回合"确立了"回合＋一揽子协定"式的谈判模式，以降低发展中成员的"搭便车"行为，平衡发达国家和发展中成员间的利益分歧；在决策机构设置上，"乌拉圭回合"确立了 WTO"部长级会议"为最高决策权力机构，该会议是 WTO 体系内唯一一个包括所有成员部长级官员的官方论坛，负责磋商并决定涉及世贸组织的所有重要问题；在争端解决方面，"乌拉圭回合"创新了结构化的争端解决机制，严格设定处理争端案件

需遵循的程序及时间表,取消了裁决生效的协商一致前提,转为实行裁定的自动采用模式,极大地提高了争端解决机制的法律约束力,提高国际贸易运行环境的法制性、稳定性、可预测性。

第二阶段(1995—2001 年):探索"新"议题、多元化协定类型,确立多哈回合的"发展"导向

随着东南亚金融危机的爆发与迅速扩散,全球货物贸易出现自 1982 年以来的首次负增长,[1]贸易保护主义势力抬头,争端解决案件的数量显著增加。以欧盟为主的发达国家要求就"乌拉圭回合"的未尽事宜展开谈判,改善营商环境,进一步实现贸易自由化。在议题设置方面,1996 年 WTO 第一届部长级会议进一步将谈判议题扩大到包括竞争政策、知识产权、政府采购透明度、贸易便利化等四项议题在内的"新加坡议题"。[2] 在协定类型方面,1996 年 WTO 第一届部长级会议达成了世贸组织内第一个"实质性多数"协议——《信息技术协议》,实现了全球具有重大商业意义的特定行业或部门的进一步开放,在满足一定条件后,ITA 协议将作为公共产品无条件适用于所有世贸组织成员国,产生巨大的溢出效应。此外,为回应多哈回合的发展主题,进一步兑现发达国家在乌拉圭回合中的谈判承诺,WTO 于 1997 年设立"增强综合框架"项目(Enhanced Integrated Framework,简称 EIF),成立 EIF 信托基金,以汇总并协调各项可用于支持最不发达国家能力建设的技术援助及资金支持;于 2005 年香港部长级会议启动"促贸援助"倡议(Aid for Trade Initiative),为发展中成员提供进一步融入国际贸易所需各项援助和资源。

第三阶段(2001—2008 年):修正决策机制,收缩谈判内容

2003 年 9 月坎昆部长级会议以失败而告终,农产品议题和"新加坡议

---

[1] 陆燕:《未能如期结束的谈判——WTO"多哈发展议程"启动三年评析》,《国际贸易》2005 年第 1 期,第 16—21 页。

[2] 《贸易便利化协定》于 2013 年达成、2017 年正式生效。该协定是 WTO 自 1995 年成立以来达成的首份多边贸易协定,也是多边贸易体制的首个"正向一体化"协定。

题"成为发达国家和发展中成员之间无法弥合的巨大分歧点,世贸组织遭遇自成立以来的第一次大危机。2004 年 8 月,世贸组织成员方就《多哈发展议程》达成框架性协议(即"七月套案"),各方约定未来《多哈发展议程》的核心内容将围绕农业、非农产品市场准入、贸易与发展、服务贸易及贸易便利化等议题展开,"新加坡议题"等分歧较大的议题将暂时搁置。① "七月套案"的达成标志着:第一,世贸组织正式放弃原有的"回合+一揽子协定"谈判模式,成员方将就多哈发展议程进行压缩与改进,力图率先在已取得初步共识的议题上实现突破。② 第二,多边谈判的议题设置以符合当前发展阶段和所有成员方的共同利益诉求为出发点,并非美欧等发达国家的"一言堂"。

第四阶段(2008 年至今):加强贸易监督与审议、改革特殊和差别待遇

2008 年全球金融危机爆发后,WTO 开始与 OECD、UNCTAD 展开合作,定期对成员方贸易自由化政策的执行情况和所采取的临时性贸易限制措施进行盘点、披露与监督,并定期发布《贸易监督报告》③,有效地避免了类似 20 世纪二三十年代经济"大危机"中全球"贸易战"的再次重演。此外,2018 年 11 月 1 日 WTO 货物贸易理事会发布"关于强化 WTO 成员履行通知义务的通报",要求相关工作组或委员会就每年 WTO 成员履行通知义务的情况作出评估报告,并对现有通知义务及程序进行系统改革,对未能充分履行通报义务的成员进行"行政"处罚,④以促进 WTO 成员方更好地履行通报义务。在特殊和差别待遇方面,WTO 成立以来达成的首个多边协定《贸易便利化协定》改变了传统的"一刀切"模式,针对不同发展中成员和最不发达国家对每一项条款的执行能力、所需能力援助支持进行"定制式"客观评

---

① WTO. *Doha Work Programme*. WT/L/579. 1st August 2004.
② 世贸组织"一揽子协定"谈判模式的放弃是 2013 年 WTO 达成首个多边贸易协定《贸易便利化协定》的基本前提与保障。
③ 金融危机后至今,WTO 共发布两份《贸易监督报告》以增强各成员国贸易政策的透明度,一是 WTO 定期对所有成员国和观察国与贸易相关的发展问题进行监督并报告,二是 WTO 与 OECD、UNCTAD 合作,对所有 G20 经济休的贸易与投资措施进行监督并报告。
④ WTO. *Procedures to Enhance Transparency and Strengthen Notification Requirements Under WTO Agreements*. JOB/GC/204,1 November 2018.

估,并创造性地将发展中成员与最不发达国家执行协定的能力与执行协定的行动相联系。《贸易便利化协定》对特殊和差别待遇的创新模式是发展中成员和最不发达国家最终接受该协定的重要原因。[①]

第二节　世界贸易组织面临的新风险

根据国际货币基金组织的定义:"全球化"是人类技术进步和创新的结果,主要表现为贸易在世界经济中的比例增加、资本自由流动和对外直接投资的增加、劳动力的自由流动、知识和技术的扩散。[②] 按照这一定义,可以发现自2008 年全球金融危机后,世界经济的走势已逐步出现"逆全球化"现象。

在国际贸易领域,国际贸易增长率持续低于全球 GDP 增速,世界贸易限制措施处于历史高位水平。根据 WTO《世界贸易统计审议 2018》数据显示 2012—2016 年间世界贸易的平均年增长率约为 2.24%[③],低于全球经济平均增长速度 2.46%。[④] 随着 2018 年中美贸易冲突不断加剧,国际贸易增长速度(WTO 预测约为 3%)和世界经济增长率(IMF 预测约为 3.7%)之间的差距将进一步扩大。与之相对应,2016 年世贸组织成员方新增 182 项贸易限制措施,与 2009 年全球金融危机后的贸易限制措施水平基本相当[⑤]。其中,G20 国家是执行贸易限制措施最为频繁和严重的国家,针对战略性行

① Neufeld Nora, "Trade Facilitation Provisions in Regional Trade Agreements, Traits and Trends", *WTO Staff Working Paper ERSD -2014 -01*, 2014.

② International Monetary Fund (IMF), *Globalization: Threat or Opportunity?*, Washington: IMF, 2000.

③ World Trade Organization (WTO), *World Trade Statistical Review: 2018*, Geneva: WTO, 2018.

④ 作者根据 WTO 相关数据计算得到。资料来源: https://www.wto.org/english/res_e/statis_e/wts2018_e/wts18_toc_e.htm.

⑤ World Trade Organization (WTO), Trade Policy Review Body: Annual Overview of Developments in The International Trading Environment, available at https://www.wto.org/english/news_e/spra_e/spra152_e.htm, December 9th 2016.

业制定的投资限制及监管措施，以及基于国家安全理由的外资审查比例均逐渐上升。

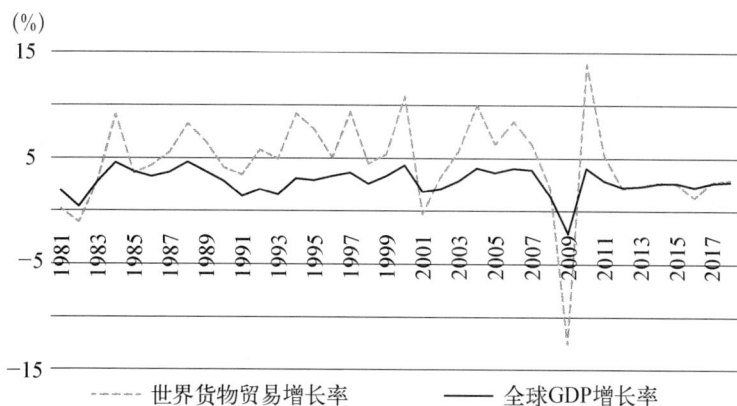

(%)

图 8-1　1981—2017 年世界货物贸易增长率和全球 GDP 增长率

在国际投资领域，世界对外直接投资总额持续缩减，投资者与国家争端解决案件的数目高居不下。除 2015 年由跨境合并和收购带动外商直接投资的强劲复苏以外，2012—2017 年全球对外投资流量平均降幅高达 8.79%。2017 年全球外国直接投资流量减少了 23%，降至 1.43 万亿美元，创下自 2008 年金融危机以来的年度最大跌幅，并与全球国内生产总值和贸易的加速增长形成鲜明反差。发达国家仍是目前国际投资的最主要来源地，但是与 2016 年相比，发达国家 2017 年对外直接投资总额降幅高达 37%。与此同时，各国对外国直接投资审核要求更为严苛，全球投资环境出现基于国家安全和战略性产业的投资限制措施增多、设置本地成分要求、对高新技术公司的外国收购的审查趋严、地缘政治经济风险加剧等趋势；另一方面，投资者与国家争端案件频发。截止到 2017 年年底，投资者与国家争端解决案件总数达到 855 起，其中约 40% 的新增申诉针对发达国家提出。[①]

① United Nations Conference on Trade and Development (UNCTAD)，*World Investment Report 2018*，Geneva：UNCTAD，2018.

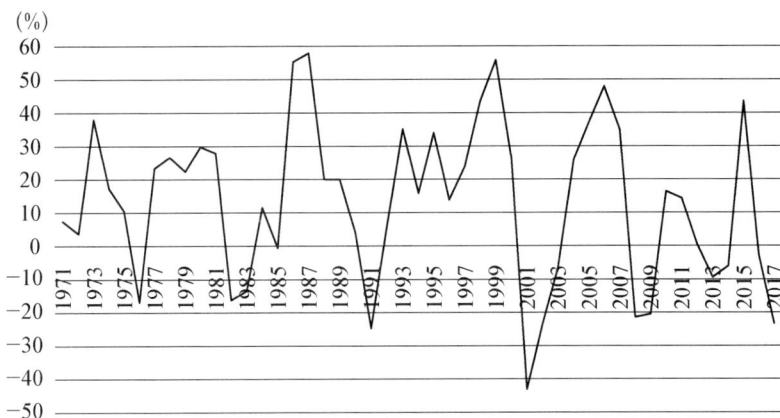

图 8 - 2 1971—2017 年全球 FDI 增长率

在劳动力的自由流动领域上,以美国和欧洲为代表的发达国家不断收紧移民政策。目前,欧盟整体仍维持相对宽松的移民政策,但是多个欧盟成员国通过调整移民筛选程序、短期项目审查条件、投资移民项目收紧高质量移民数目,同时法国、瑞典、芬兰等国均通过加强边境控制,扩大警察和安全情报部门监督权,防范移民过多进入中欧和西欧①。据 OECD《国际移民展望 2018》显示,2017 年 OECD 国家接收移民总数自 2011 年来首次下降,与 2016 年相比降低约 5%。② 在北美地区,2017 年 9 月 5 日,特朗普宣布废除移民特别保护项目——"童年入境者暂缓遣返行动"(DACA, Deferred Action for Childhood Arrivals);2018 年 4 月 6 日,美国司法部宣布实行"零容忍"移民政策,所有"非法"入境的成年人将在移民法庭之前先接受司法审判;2017 年 9 月 24 日,特朗普签署第 9645 号总统文告实行"旅行禁令",要求暂停向伊朗、利比亚、索马里、叙利亚和也门 5 个穆斯林国家,以及朝鲜和委内瑞拉公民签发合法签证入境美国;2017 年 8 月 2 日,特朗普政府采取

---

① 程卫东:《欧洲是否会走向"逆全球化"之途?》,《人民论坛》2018 年第 28 期,第 107—109 页。
② Organization for Economic Cooperation and Development (OECD), *International Migration Outlook 2018*, Paris: OECD, 2018.

"择优"制,大幅减少"亲属移民"数量。①

除此以外,美国单边主义行为违反世贸组织规则,挑战多边贸易体制的法律基石。2017 年 8 月特朗普政府重启休眠多年的"301"条款对中国展开"301"调查,审查中国在技术转移、知识产权和创新方面的法令、政策和实践是否损害美国的科技发展、知识产权和创新,并对美国企业造成不合理的负担或限制。② 2018 年 3 月 22 日美国发布"301"调查报告认定:(1)中国利用不透明的行政审批程序、合资要求、外国股权限制、采购及其他监管措施迫使美国企业将技术和知识产权转让给中国公司;(2)中国歧视性的许可证及其他技术转让限制迫使美国企业对中国技术转让;(3)中国政府介入中国企业对美国的投资及并购活动中以获取尖端技术和知识产权;(4)中国存在非法侵入美国企业计算机网络窃取知识产权、商业秘密的行为。③ 随后美国政府决定对从中国进口的 500 亿美元商品征收 25% 从量税;同时将其诉至世贸组织争端解决机制。④ 特朗普政府根据美国"301"调查报告对中国实施制裁已经违反了世贸组织的相关规定。第一,美国政府单方面对中国征收高于对其他国家的征收水平、高于美国在世贸组织中的约束关税税率的高额关税,违反《1994 年关贸总协定》第 1 条"最惠国待遇"原则和第 2 条"约束关税"义务;第二,美国政府根据"301"调查结果单边认定中国违反世贸组织规则,并直接对中国施行贸易制裁违背世

---

① 赵梅:《美国特朗普政府移民政策改革及影响》,《当代世界》2018 年第 9 期,第 28—31 页。

② Office of the United States Trade Representative (USTR), "Initiation of Section 301 Investigation; Hearing; and Request for Public Comments: China's Acts, Policies, and Practices Related to Technology Transfer, Intellectual Property and Innovation", *Federal Register* Vol.82, No.163. 24 August 2017.

③ Office of the United States Trade Representative (USTR), Findings of the Investigation into China's Acts, Policies, and Practices Related to Technology Transfer, Intellectual Property, and Innovation under Section 301 of the Trade Act of 1974. March 22, 2018.

④ Office of the United States Trade Representative (USTR), Notice of Determinations; Additional Culturally Significant Objects Imported for Exhibition Determinations; "Heavenly Bodies: Fashion and the Catholic Imagination" Exhibition. *Federal Register* Vol.83, No.67, 6 April 2018.

贸组织《争端解决谅解》第 23 条第 2 款(a)的规定：当成员方之间发生贸易争端时，不得根据成员方自己的调查判断是否发生违反行为，而应诉至世贸组织争端解决机制进行调查并作出结论。世贸组织成员方应根据《争端解决谅解》的规定和程序，通过专家组或上诉机构报告判定违规行为的发生及损害。① 在确认调查结论前，成员方不得对其他成员方做出单方面的制裁。

从现实层面看，美国锁定了 WTO 上诉机构法官任命程序，致使世贸组织争端解决机制随时面临彻底瘫痪的风险，进而引发世贸组织的系统性风险。根据世贸组织的规定，上诉机构为世贸组织的最高审判机构，由 7 名法官构成，每届任期 4 年，可连任一次，上诉案件需由 3 名法官共同审理。然而，由于美国反对依照现有世贸组织"上诉机构法官候选人甄选程序"推选新的法官填补现有职位空缺。因此，自 2018 年 9 月 30 日起，世贸组织上诉机构的法官数量仅剩 3 名成员，仅达到审议上诉案件所需法官数量的最低要求，自 2019 年 12 月 10 日，世贸组织上诉机构的法官数目降至 1 人，WTO 争端解决机制无法继续运作，争端案件中的任何一方可试图阻止专家组的裁决生效，多边贸易体制将因此面临系统性风险。事实上，自 2001 年起，WTO 已着手对《争端解决谅解协议》(DSU)的运行机制进行审议，成员方已提交多份提案以期澄清和改进现有争端解决机制。然而，"协商一致"原则和"一揽子协议"承诺从根本上摧毁了就争端解决机制进行实质性改革的可能性。②

---

① WTO. Understanding on Rules and Procedures Governing the Settlement of Disputes [EB/OL]. https：//www.wto.org/english/docs_e/legal_e/28‐dsu_e.htm.
② WTO 的"协商一致"原则规定议题的发起、谈判与磋商需得到所有成员方的一致同意。严格来说，争端解决机制并非多哈回合谈判议程中的谈判内容，但是成员方希望将争端解决机制的改革作为在其他议题上取得突破，最终达成"一揽子协议"的筹码。

第三节　对现有世贸组织改革方案及 重点议题的解读

　　2017 年 12 月 12 日世贸组织第十一届部长级会议期间，美国、日本、欧盟三方首次发表《联合声明》正式提出世贸组织改革议程，①声明指出"三方将加强在世贸组织体制内的合作力度，以消除各类市场扭曲行为和保护主义做法对全球技术创新和可持续增长的制约作用"。截至 2019 年 5 月，美日欧三方已进行六次会面并发布《联合声明》。此外，2018 年 9 月欧盟发布《世贸组织改革初步建议》；2018 年 10 月加拿大与其他 12 个世贸组织成员国召开世贸组织改革的部长级会议并就世贸组织改革达成"三点共识"；2018 年 11 月 23 日，中国发布《关于世贸组织改革的立场文件》，随后于 2019 年 5 月 14 日向世贸组织正式提交《中国关于世贸组织改革的建议文件》。由此看出，对世贸组织进行改革已在各国之间形成广泛共识。

　　上述就世贸组织进行改革的议题清单如表 8 - 1 所示。其中，美国、日本、欧盟《联合声明》确认将在"非市场经济"问题、强制性技术转移、发展中国家问题、工业补贴和国有企业、投资安全审查、数字贸易和电子商务、世贸组织机制改革等领域深化合作；欧盟《世贸组织改革建议》详细刻画了世贸组织可从规则制定、常规性工作和透明度、争端解决机制三个方面进行改革；加拿大渥太华部长级会议建议从争端解决机制、重振世贸组织谈判职能、加强贸易政策透明度三方面开启新一轮世贸组织改革；中国建议世贸组织改革的行动领域应包括四大领域：一是解决危及世贸组织生存的关键和

① Office of the United States Trade Representative (USTR), "Joint Statement by the United States, European Union and Japan at MC11", available at https://ustr.gov/about-us/policy-offices/press-office/press-releases/2017/december/joint-statement-united-states, December 12 2017.

紧迫性问题,二是增加世贸组织在全球经济治理中的相关性,三是提高世贸组织的运行效率,四是增强多边贸易体制的包容性。对比四份改革方案,可以发现各国在对通报义务的履行、提升世贸组织工作效率、电子商务、渔业补贴等议题上具备初步共识;在特殊和差别待遇、国有企业和补贴、投资安全审查、争端解决等议题内部存在一定分歧;在"非市场经济"问题、发展中国家地位、强制性技术转让等议题上存在明显的分歧和对立之处。本节将对各方的核心利益分歧点进行具体分析。

表 8 - 1　WTO 改革方案及改革议题清单

		中国	美日欧	加拿大	欧盟
解决危及 WTO 生存的关键和紧迫性问题	争端解决机制	√		√	√
	加严对滥用国家安全例外的措施的纪律	√			
	加严对不符合世贸组织规则单边措施的纪律	√			
增加 WTO 在全球经济治理中的相关性	农业领域纪律的不公平问题	√			
	完善贸易救济领域的相关规则	√			
	市场准入议题跨理事会中的协调解决				√
	更新对 WTO 现有规则的解释				√
	渔业补贴	√		√	√
	电子商务议题	√	√		√
	新议题　投资便利化	√			
	新议题　中小微企业	√			
提高 WTO 运行效率	加强成员通报义务的履行　加强 WTO 监督和审查职能		√	√	√
	加强成员通报义务的履行　提高透明度和通知义务		√	√	
	加强成员通报义务的履行　对故意和多次不履行通报义务的惩罚机制				√
	加强成员通报义务的履行　发达国家在履行通报义务上的示范作用	√			
	加强成员通报义务的履行　反向通报	√			√

续　表

			中国	美日欧	加拿大	欧盟
提高 WTO 运行效率	加强成员通报义务的履行	最佳实践分享	√	√		√
		更新通报技术手册	√			
		对发展中国家的技术援助	√			√
	改进WTO的工作效率	加强常任理事会和秘书处的职能	√			√
		加强与其他国际组织的合作	√	√		
		WTO 的机构"瘦身"	√			√
		复边谈判模式				√
增强多边贸易体制的包容性	特殊和差别待遇		√	√		√
	贸易和投资的公平竞争	补贴和国有企业	√	√		√
		投资安全审查	√	√		
其他	发展中国家地位			√		√
	强制性技术转让			√		√
	"非市场经济"问题			√		

资料来源：笔者根据美日欧《联合声明》、欧盟《世贸组织改革建议》、加拿大渥太华部长级会议"三点共识"、中国《关于世贸组织改革的建议文件》整理得到。

一、"非市场经济地位"国家

世贸组织并未对"非市场经济地位"国家进行界定，仅提及在反倾销案件中，当一国是"非市场经济地位"国家，政府具有垄断定价权时，进口国可采用市场经济"替代国"的价格确定被诉产品的正常价值。美国认为"世贸组织的规则框架没有充分预料到由国家主导经济的成员对全球贸易造成的破坏性影响，现行规则以及世贸组织上诉机构规制的严重缺陷，使成员没有足够的工具来应对此类问题的侵蚀性蔓延"。① 因此,美日欧三方约定将共同磋商并讨论界定"非市场经济政策和实践"的要素和条件;加强对第三国非市场经济政策和实践的信息共享;深化相关规则的制定和执行以解决非市场经济的行为和政策②。

根据《中国加入 WTO 议定书》第 15 条有关规定,在中国加入世贸组织15 年后,采用"替代国"的价格测算被诉产品正常价值的测算方法将自动终止。③ 然而,目前美国、欧盟、日本等主要经济体均未给予中国"完全市场经济地位"。美国基于资本账户不可完全自由交易、工会和户籍制度限制劳动力的自由流动与议价权、外商投资限制、国有企业在经济中的比重过大、政府控制生产资料并拥有定价权、法律法规服务于经济和产业政策六要素④判定中国为"非市场经济地位"国家。

对"非市场经济地位"争论背后的经济学逻辑为如何确立反倾销调查中商品的可比价格,美国、欧盟等主要发达国家坚持认定中国为"非市场经济地位",其实质为继续坚持对中国的反倾销案件采取"替代国"标准做法,从而实现对本国传统产业的贸易保护。此外,美国在《美墨加三国协议》中纳入"毒丸条款"⑤,迫使其他国家在"非市场经济地位"问题上与美国保持一致,其本质上是通过协定对第三国的发展模式设置潜在义务,阻止其他贸易伙伴国与中国签订贸易协定,违背了《维也纳条约法公约》第 34 条,即"非经

---

① Office of the United States Trade Representative (USTR),2019 Trade Policy Agenda and 2018 Annual Report of the President of the United States on the Trade Agreements Program [R]. Washington:USTR,2019.

② 刘玮、徐秀军:《发达成员在世界贸易组织改革中的议程设置分析》,《当代世界与社会主义》2019 年第 2 期。

③ World Trade Organization (WTO),Accession of the People's Republic of China. WT/L/432,23 November 2001.

④ US Department of Commerce,China's Status as a Non-Market Economy,Washington:US Department of Commerce,2017.

⑤ "毒丸条款"是指任何一个缔约方决定和"非市场经济国家"谈判签署自由贸易协定,须提前三个月通知其他缔约方,其他缔约方可选择在六个月内退出协定,组建双边贸易协定。

第三国同意,不得为该国创设义务或权利"。① 而事实上,对"非市场经济地位"的讨论应遵循所有制中性和竞争中性原则,遵循世贸组织"非歧视"基本原则,不应以对抗特定国家发展模式为目的。

二、国有企业和工业补贴

世贸组织《补贴与反补贴措施协定》第 1 条规定构成补贴的四大要素分别为:行为主体为政府或公共机构;支持形式为财政资助;存在利益传导;针对特定产业、地区或企业。同时,协定要求各成员方通报"公共机构"提供的补贴类型、规模等具体信息。欧美等国普遍认为 WTO《补贴与反补贴措施协定》对"公共机构"的包含范围十分有限,因此在实际操作过程中,惯例宽泛地将中国的国有企业、国有银行均视为"公共机构"。②

基于此,美欧等国认定中国大量国有企业并未严格执行对其所获得的补贴进行通报的义务。美日欧三方《联合声明》达成共识将设置有效规则应对有害的补贴行为(包括政府担保、政府投资基金股权投资、非商业债转股等),提高与补贴相关的信息的可获得性,提高不履行透明度和通报义务的成本,呼吁中国等关键的贸易国参与至相关谈判中。欧盟《世贸组织改革倡议》建议参照世贸组织《贸易便利化协定》的"定制式"特殊和差别待遇赋予模式,采用"逐例分析"的模式确定各成员方公共机构名录,并逐个分析相关国有企业是否履行了政府职能,或出于战略考虑(而非经济考虑)执行相关产业政策。同时,欧盟倡议世贸组织加强对国有企业实施的其他市场扭曲行为及政策的监管力度,以提高国有企业的政策透明度。

所有制类型不应成为判定某一企业是否为"公共机构"的准绳。基于商业因素开展进出口贸易的"国营贸易企业"以及未滥用市场独占地位展开进

---

① 贺小勇、陈瑶:《"求同存异":WTO 改单方案评析与中国对策建议》,《上海对外经贸大学学报》2019 年 3 月。

② 王受文:《加强贸易政策合规 全面提升开放质量》,《行政管理改革》2018 年第 9 期。

出口贸易的"垄断性和排他性服务提供商"均符合《关税及贸易总协定》及《服务贸易总协定》的相关条款规定。此外,《中国入世议定书》第6条和第10条已分别对国营贸易企业的进出口透明度及补贴纪律作出明确承诺。因此,世贸组织应坚持公平竞争原则,为不同所有制企业在进行商业竞争时创造公平竞争的制度环境。在论证中国国有企业及补贴相关议题时,应以是否符合《中国入世议定书》及WTO相关协定为法律依据,不应以所有制不同为由,将所有国有企业不加区别地认定为"公共机构",并对其设立额外的、歧视性透明度要求及补贴纪律。

三、强制性技术转移

在世贸组织体系中,《服务贸易总协定》《与贸易有关的知识产权协定》《与贸易有关的投资措施协议》《实施卫生与植物卫生措施协议》《技术性贸易壁垒协议》均包含与技术转让相关的条款。然而,现有WTO协定中与"技术转让"相关的条款以"发展援助导向"为主,具有以下局限性:第一,适用范围窄,受众小。由于在WTO内,与技术转让相关的条款散见于各个不同的多边协定中,分属于不同议题、部门、领域。因此,WTO现有规则并不能包括所有类型和模式的技术转让。第二,法律约束力弱,执行力低。WTO内与技术转让相关的条款以能力建设援助和技术支持条款为主,分属"软"法律范畴。该类条款承诺程度较浅,不具备法律强制执行力,仅要求WTO成员方"尽最大努力"为发展中成员提供所需援助,并未强制要求发达国家为发展中成员提供技术援助的类型、时限、金额等。随着时间的推移,"软"法律的执行度及其对经济的促进作用将迅速衰减。第三,未涉及技术转让的核心问题。技术转让和投资议题紧密相关,对合资企业的要求以及外国股权限制是各国之间强制技术转让问题的核心分歧。然而,目前世贸组织体系内尚无系统的投资规则协定。

欧盟主张通过制定与强制性技术转让相关的新规则,化解市场准入壁垄、对外国投资者的歧视性待遇、边境后贸易扭曲政策等问题。美欧日《联合声明》指出三方将对现有各类技术转让政策和实践进行深入调查,采取有效措施深化相关条款的执行,同时将制定并引入新规则对现有规则进行补充,以明确行政审查和许可程序、技术许可限制标准等,进一步加强对商业秘密的保护和执法力度。除此以外,在投资领域,美欧等国要求改善外商直接投资的市场准入条件,解决法律规制约束、业绩要求等造成市场扭曲的歧视性做法。

加入 WTO 以来,中国逐步改革外资管理体制,全面推行"准入前国民待遇＋负面清单"管理制度,以营造稳定、透明、法治化的营商环境,包含合资合作要求及外资股比限制的投资限制措施已不断缩减。此外,中国已删去《中华人民共和国技术进出口管理条例》第 24 条、第 27 条、第 29 条有关"赔偿条款""技术改进的权利"的相关规定。[①] 世贸组织需对强制性技术转让及基于商业考量的技术转移进行区分,不应对基于市场经济等价交换原则进行技术转让的经济行为进行干预。

四、"发展中国家"地位与特殊和差别待遇

除将联合国定义的 47 个最不发达国家单独明确列为"最不发达国家"以外,世贸组织未设定统一标准对"发达国家"和"发展中国家"进行界定和区分,各成员方通过"自我认定"(Self-declaration)的方式判定是否为发展中成员。在实际操作层面,WTO 不同协定对"发展中国家"给出了相关区分标准,并给予不同类型的特殊和差别待遇。例如 WTO《补贴与反补贴措施协定》第 27 条规定基于人均国内生产总值和出口竞争力来划分发展中国家;WTO《贸易便利化协定》规定发展中成员和最不发达成员应对协定的执行能力进行"自我评估",并根据评估结果提供定制式、差异化的特殊和差别

---

① 《中华人民共和国技术进出口管理条例》第 24 条第 3 款、第 27 条、第 29 条与"赔偿条款"和"技术改进的权利"相关条款是美国"301 调查报告"指责中国的重要内容。

待遇。然而,此类区分标准并未在世贸组织成员方内达成普遍共识,成为细分发展中国家的官方分类方法。

美国提出应根据成员方是否为经济合作与发展组织(Organization for Economic Cooperation and Development,OECD)的成员或已启动加入 OECD 的程序、是否为 G20 的成员、是否为世界银行发布的"高收入"国家群体、商品贸易进出口总额占全球贸易总值的比重是否高于 0.5% 四要件判定该成员方是否为发展中成员并享有特殊和差别待遇。欧盟要求 WTO 改变传统的开放性、集体豁免式特殊和差别待遇,转为以实际需求为导向、客观事实为基础的特殊和差别待遇提供模式。同时,欧盟进一步提出鼓励先进的发展中成员在条件成熟时"毕业"并选择退出特殊和差别待遇,完全执行世贸组织协定中的各项承诺。中国指出 WTO 应加强特殊和差别待遇条款的执行和监督力度,提高能力建设援助和技术支持的针对性和具体性。同时,中国鼓励发展中国家成员积极承担与发展水平和经济能力相符的义务。

根据美国提案,36 个 WTO 成员方将被认定为不应享有"发展中国家地位"。然而这一提案刻意忽略了不同成员方的差别国情,不仅将经济总量规模较大的新加坡、韩国、中国剔除,同时剥夺了越南、泰国、印度尼西亚等中小型经济体从现在及未来的 WTO 谈判中享有特殊和差别待遇的权利,势必遭到这些国家的强烈反对。根据美国提案,这 36 个 WTO 成员方不得继续享有特殊和差别待遇,而应"完全承担作为 WTO 成员的充分承诺",这将彻底打破现有 WTO 协定及承诺权利和义务的分配格局。另一方面,美国提案强调 WTO 发展中成员义务的履行,并未纠正特殊和差别待遇的"规则赤字"问题及发展中成员的能力缺失问题。欧盟提案认同美国修改 WTO 对发达国家和发展中成员"二分法"的分类标准,要求实现特殊和差别待遇的全面灵活性,但其忽略了两点内容:一是欧盟提案未具体阐明发展中成员"毕业"并退出特殊和差别待遇的条件及门槛;二是对各 WTO 发展中成员提供"订制式"能力建设援助和支持,忽略了发展中成员识别和诊断自我实际需求的能力制约,同时将极大地提高援助和支持的执行成本。

五、争端解决机制

争端解决机制及上诉机构改革是危及世贸组织生存的最关键和紧迫性问题,美国与其他 WTO 成员方在该议题上存在巨大分歧。争端解决的运行机制障碍是美国拒绝对上诉机构法官进行任命的主要原因,具体包括:WTO 争端解决机制未充分执行"90 天作出裁决"的承诺、WTO 上诉机构法官在任期满后仍继续服务于未结束案件、"长臂管辖"问题、专家组报告的法律地位模糊、WTO 上诉机构的权利和义务边界不清晰等。美国认为世贸组织的争端解决应遵从原始谅解,保障现行制度的政策可连续性,充分尊重成员的主权政策选择。[①] 美国始终强调在 WTO 争端解决机制的上述"实质性"问题得到解决之前,不考虑程序性问题。

针对美国对世贸组织争端解决机制和上诉机构的五大质疑,中国、欧盟、加拿大等 14 个成员方已向世贸组织提交关于争端解决机制和上诉机构改革的联合提案,[②]此外,欧盟进一步倡议对 WTO 争端解决机制和上诉机构启动两阶段的改革(如表 8 - 2 所示)。其中,第一阶段为全面修订世贸组织争端解决机制中的上诉机构职能,化解上诉机构的路径和模式问题,包括并不限于美国对 WTO 争端解决机制和上诉机构的五大质疑;第二阶段着力解决世贸组织上诉机构的"长臂管辖"等实质性问题。

---

① Office of the United States Trade Representative (USTR). 2019 Trade Policy Agenda and 2018 Annual Report of the President of the United States on the Trade Agreements Program [R]. Washington: USTR, 2019.

② World Trade Organization (WTO). Communication from The European Union, China, Canada, India, Norway, New Zealand, Switzerland, Australia, Republic of Korea, Iceland, Singapore, Mexico, Costa Rica and Montenegro to The General Council. WT/GC/W/752/Rev. 2, 11 December 2018.

表 8-2　美国对世贸组织争端解决机制及上诉机构的
五大质疑与欧盟改革方案对照表

美方质疑	欧盟倡议对 WTO 争端解决机制进行第一阶段改革	第二阶段改革
WTO 争端解决机制未充分执行"在 90 天内作出裁决"的承诺	1. 提高上诉机构透明度和协商义务,修订《DSU》第 17 条第 5 款,规定"在任何情况下,诉讼均不得超过 90 天,除非当事人另有约定" 2. 将上诉机构法官的数量从 7 个增加到 9 个 3. 上诉机构法官的工作性质由兼职转为全职 4. 扩大上诉机构秘书处对上诉机构法官的资源池	
WTO 上诉机构法官在任期满后仍继续服务于未结束案件	在《DSU》中增加第 15 条规则,如以法律条文的形式规定"即将离任的上诉机构法官应完成对该法官任期内所有已进行过听证的待决上诉案件"	
专家组咨询意见冗余	修改 DSU 第 17 条第 12 款(上诉机构"应解决争端案件中提出的所有分歧"),将其修订为 WTO 上诉机构对争端案件中所提出各项分歧的解释权仅限于对解决争端案件有"必要"的分歧	
WTO 上诉机构的事实审查范围过宽(包括成员方国内法)且审查标准不一	应澄清 WTO 专家组报告和专家组的法律解决不应涉及对市政措施的解释	启动对上诉机构"长臂管辖"的实质性改革
专家组报告是否可被视为先例	建立 WTO 上诉机构和成员方的定期沟通渠道(如年会模式)就与上诉机构相关的关切议题进行磋商与交流	
—	修订上诉机构法官的任期为一期(6—8 年)以保证上诉机构的独立性、稳定性和高效性	

资料来源:笔者根据相关资料整理得到。

第四节　短期方案：世贸组织与中国角色

一、中国在世贸组织体制内义务的履行和责任的承担

(一) 第一阶段(1992—2001 年)：加快市场化改革、提高市场准入

随着中国改革开放政策取得的显著成就,中国经济与世界经济联系日益紧密,为适应全球化进程与加速融入国际经贸体制,1986 年 7 月 10 日中国正式提出申请要求恢复中国在《关税与贸易总协定》(GATT)中的缔约方地位。1992 年 10 月党的十四大明确提出中国经济体制改革的目标是建立"有中国特色的社会主义市场经济体制",这为中国未来的经济改革确立了总基调与明确蓝图,自此也自上而下地开启了一系列涉及贸易、金融、外汇、投资、财政、税收、国有企业、行政管理领域的改革。与此同时,中国与主要贸易伙伴(尤其是美国)在 20 世纪 90 年代展开了"复关"与"加入WTO"[①]的艰苦谈判,在确保国家核心利益的前提下,中国勇敢地接受了开放国内市场的挑战,并有效地通过大幅度提高市场准入水平加快市场化改革进程。最终,中国于 2001 年 12 月 11 日正式加入世贸组织,成为中国改革开放进程中最重要的里程碑事件。

在贸易领域,1994 年中国颁布《对外贸易法》,为中国贸易政策制定奠定了法律基石,该法确保了中国的贸易法律法规的透明度,遵循国际通行的非歧视原则,并直接促使中国的贸易政策取向由贸易保护向"贸易中性"转变[②]。此外,2000 年 7 月中国修订了《海关法》,规范了海关执法和海关监管、征税、缉私和统计的合规性、透明度和法制化。在关税方面,中国采用世

---

① 随着 1995 年 1 月 1 日世界贸易组织的成立,中国的"复关"之路转变为"入世"之路。

② World Trade Organization (WTO). Report of The Working Party on The Accession of China. WT/ACC/CHN/49, 1 October 2001.

界海关组织(WCO)制定的《商品名称及编码协调制度》(简称"HS"编码)，对关税减让表中所有税号下的商品实行约束关税，并逐步在各行业和各部门展开实质性关税削减。根据世界银行和世贸组织的统计，中国的平均实施关税水平由 1992 年的 43% 降至 2001 年的 15.6%[①]。在非关税壁垒方面，中国逐步取消了进口调节税、出口补贴以及进口替代措施，降低了进口强制计划、配额和许可证的使用比例，禁止/限制进出口类目、指定经营企业、进出口许可证的透明度均有显著提升。

在金融领域，1994 年 1 月 1 日人民币官方汇率和市场汇率正式并轨，开始实行以市场供求为基础的、单一的、有管理的浮动汇率制度。同时，银行间外汇交易系统投入使用，全国范围内统一的银行间外汇市场由此建成，人民币经常账户实现有条件的自由兑换。自 1996 年 7 月 1 日起，中国许可外商投资企业的在华外汇交易自行通过银行间交易系统进行结算，给予外商投资企业国民待遇，取消经常账户的兑换限制，从而鼓励外商直接投资。1996 年 12 月 1 日，中国正式接受《国际货币基金组织协定》第八条，即"取消对经常账户交易的各种限制"，这标志着人民币实现了经常账户的完全可自由兑换。

在吸引外资领域，中国逐步由计划经济体制下高度集中的投资管理体系转化为市场经济体制下投资主体多元化、资金来源多渠道、投资形式多样化、投资范围和领域扩大化的新模式。1994 年中国拉开以市场为导向的财税改革，统一了国营企业、集体企业和私营企业所得税，给予外商投资企业优惠税率，在鼓励外商投资的同时促使中国的税收制度与国有企业改革相互兼容，提高了国有企业的市场化程度。

在市场竞争领域，1993 年 9 月 2 日，中国颁布《反不正当竞争法》，该法

---

① World Bank, *China Foreign Trade Reform: Meeting the Challenge of the 1980s*, Washington D.C.: World Bank, 1993; World Trade Organization (WTO), *Trade Policy Review Report 2006: China*, Geneva: WTO, 2006.

作为维持市场公平竞争的基本法,鼓励和保护公平竞争,禁止不正当竞争行为,有效保护经营者和消费者的合法权利。1997 年颁布《价格法》《刑法》以及 1999 年颁布的《招标投标法》等也对反垄断和不正当竞争进行了相关规定。由此,中国的竞争政策制度体系初步建立,为市场主体的公平竞争确立了法律保障。

(二) 第二阶段(2001—2007 年):履行加入 WTO、深化法制化改革

加入世贸组织后,中国不断建立健全知识产权法律体系。对外,中国与多个国家建立知识产权工作机制,积极吸收借鉴国际先进立法经验,构建符合世贸组织规则和中国国情的知识产权法律体系。对内,中国对本国国内立法及法规、地方法规、条例、管理措施的透明度、一致性、非歧视性进行全面评估和审查,随后废除或停止了现存法律、地方法规、政府条例和其他规章中与世贸组织国民待遇原则不一致的规定,为所有世贸组织成员方提供非歧视的国民待遇(协定中有明确描述的"例外"除外)。根据世贸组织统计,1999—2003 年间中国共计修订 17 项法律,签发、修订、废除 63 项中央行政法规,废止 34 项国务院法令;2001 年 9 月—2003 年 7 月,共计修订或废除 196 453 项省、自治区、直辖市的地方法规、条例及政策[①]。

2001 年 10 月,中国分别对《著作权法》和《商标法》进行修订,增加了惩罚性赔偿制度,以期实现知识产权保护和促进商业竞争之间的平衡。自2001 年起,中国对外支付知识产权费年均增长 17%,2017 年达到 276 亿美元。中国知识产权保护效果明显。2002 年 6 月 29 日中国通过了《政府采购法》,通过区分政府采购和普通商业采购,规范了国家机关、公共和社会组织(不包括国有企业)的政府采购行为,提高了政府采购基金使用效率,改善了政府采购项目、标准、实施的透明度,并在一定程度上保障了国家及公众利益。此外,中国承诺将遵照加入 WTO 议定书的规定尽快提供初始报价清

① World Trade Organization (WTO), *Trade Policy Review Report 2006: China*, Geneva: WTO, 2006, p.34.

单,展开加入世贸组织《政府采购协定》的谈判。2004 年 4 月 6 日中国通过了修订后的《对外贸易法》,此次修订增加了"与贸易有关的知识产权保护""对外贸易调查"和"对外贸易救济"三章;放开了自然人从事对外贸易经营活动的限制;取消了对货物和技术进出口经营权的审批制度,改为备案登记制;加强协会和商会等中介机构的职能;加大了对违法行为及侵犯知识产权行为的处罚力度。2005 年 10 月 27 日,全国人民代表大会修订了《公司法》,简化了民营企业(特别是中小企业)的设立流程,为中小企业提供所需的各类援助。2005 年国务院还签署指导意见放松在电力及设施、铁路、民航、原油等领域的投资限制,允许私人投资进入相关领域。上述中央及地方法律法规的颁布与修订提高了中国新时期对外开放的法制化、规范化、市场化、透明化进程,并确保中国在对外开放的同时有序与稳步推进符合发展阶段和发展诉求的国内改革。

在关税领域,根据《中华人民共和国加入世贸组织议定书》的规定,中国按照承诺的时间表降低进口产品关税,放宽服务贸易领域市场准入。根据世贸组织的统计,中国平均最惠国关税税率由 2001 年的 15.6% 降至 2005 年的 9.7%。其中,农产品和非农产品的平均最惠国关税税率在同期分别由 23.2% 和 14.3% 降至 15.3%[①]和 8.8%,尤其值得关注的是,汽车及零部件的最惠国关税税率在同期由高于 30.1% 降至 14.8%,纺织品和服装的最惠国关税税率在同期分别由 20.7% 和 24.1% 降至 10.9% 和 15.8%[②]。

在服务贸易领域,截至 2007 年,中国服务贸易领域开放承诺已全部履行完毕[③]。在世贸组织分类的 12 大类服务部门的 160 个分部门中,中国承

---

① 中国农产品的平均最惠国关税税率为 15.3%,约为世界农产品平均关税水平的 1/4,远低于发展中成员 56% 和发达国家 39% 的平均关税水平。据统计,农产品的最高约束关税为 65%,而美国、欧盟、日本分别为 440%、408%、1 706%。资料来源:中华人民共和国国务院新闻办公室. 中国与世界贸易组织 [M]. 北京:人民出版社,2018 年 6 月。

② World Trade Organization (WTO), *Trade Policy Review Report 2006: China*, Geneva: WTO, 2006, p.68.

③ 中华人民共和国国务院新闻办公室:《中国与世界贸易组织》,北京:人民出版社,2018 年 6 月。

(%)

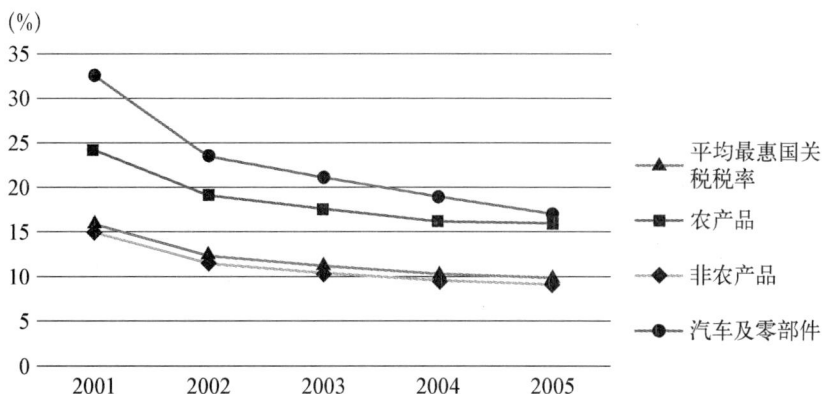

图 8‑3　2001—2005 年中国进口产品关税变动情况

资料来源：笔者根据世贸组织关税数据计算得到。

诺开放 9 大类的 100 个分部门,接近发达成员平均承诺开放 108 个分部门的水平。在非关税壁垒领域,中国遵照加入 WTO 议定书的承诺逐步放宽外贸经营权的可获得性和使用范围。在进出口配额上,至 2004 年底中国已按入世承诺全部取消了进口配额、进口许可证和特定招标程序的使用,涉及汽车、机电产品、天然橡胶等 424 个税号产品,仅对小麦、玉米、大米、食糖、棉花、羊毛、毛条和化肥等关系国计民生的大宗商品实行关税配额管理。在技术标准、检验检疫措施、应急措施等边境管理措施上,2005 年中国实现 32％的国内标准基于国际标准制定,44％的标准依照国际标准进行修订,同时废除 11.6％与国际标准不符的国内标准[①]。此外,在与贸易有关的投资领域,中国还取消了对外汇平衡要求、本地含量要求和出口绩效要求等限制。

（三）第三阶段（2008 年至今）：承担大国义务、推动国际化进程

经历了 1992—2001 年努力对标国际经贸规则和 2001—2007 年充分享受加入 WTO 红利之后,中国在 2008 年全球金融危机之后迎来了主动引导谈判、积极承担大国义务的重要转折。

---

① World Trade Organization（WTO）, *Trade Policy Review Report 2006: China*, Geneva: WTO, 2006, p.90.

2015 年,中国成为接受《贸易便利化协定》议定书的第 16 个世贸组织成员。2016 年,中国担任 G20 主席国期间,推动多国完成《贸易便利化协定》的国内批准程序,为协定的早日生效做出了积极的贡献。在履行该协定方面,中国的 A 类措施(协定生效后立即实施)所占比重达到 94.5%,目前仅保留 4 项 B 类措施(协定生效后经过一定过渡期后实施)。同时,中国组建了国家贸易便利化委员会,各有关部门通力协作提高贸易便利化水平。截至 2017 年,中国各省(自治区、直辖市)已建立贸易便利化工作联席会议制度,积极做好本地区贸易便利化相关工作。在诸边渠道中,中国在加入世贸组织时即加入《信息技术协定》,在此基础上,中国深入参与《信息技术协定》的扩围谈判,推动各方就取消 201 项信息技术产品的关税达成协议。作为《环境产品协定》谈判的发起方之一,中国始终以积极建设性态度参与磋商,在 G20 领导人杭州峰会期间推动谈判达成重要共识。此外,中国积极推动世贸组织回应投资便利化、中小微企业、电子商务等世贸组织成员普遍关注的新议题并展开相关讨论。中国发起成立"投资便利化之友"①(Friends of Investment Facilitation for Development,FIFD),引导 70 多个世贸组织成员方达成《关于投资便利化的部长联合声明》;中国加入"中小微企业之友"(Friends of Micro,Small and Medium-sized Enterprises),积极推介中国在世贸组织相关提案中关于中小微企业的内容;中国加入"电子商务发展之友"(Friends of E-commerce for Development,FED),积极推动世贸组织电子商务议题的多边讨论,分享经验做法,以帮助发展中成员从发展电子商务中受益。

此外,中国全力支持发展中国家融入多边贸易体制。作为世界上最大的发展中国家,中国为实现 2030 年可持续发展议程做出积极贡献,不断推

---

① 在吸引外资方面,中国的外商直接投资规模从 1992 年起连续 26 年居发展中国家首位。加入世贸组织后,中国的外商直接投资规模从 2001 年的 468.8 亿美元增加到 2017 年的 1 363.2 亿美元,年均增长 6.9%。在对外投资方面,中国对外直接投资流量从加入世贸组织之初的第 26 位上升至 2017 年的第 3 位。

动发展中成员和最不发达国家参与全球经贸治理,帮助其他发展中成员和最不发达国家提高从全球价值链中获益的能力。中国积极响应世贸组织"促贸援助"倡议,在南南合作援助基金项下加强与各国际组织的合作,利用多双边援助资源帮助其他发展中成员特别是最不发达国家成员加强基础设施建设、培训经贸人员、提高生产能力、发展贸易投资,加大对发展中成员和最不发达国家的援助力度,缩小南北发展差距。截至 2018 年 3 月,中国已对 36 个建交且已完成换文手续的最不发达国家的 97％税目产品实施零关税。此外,中国于 2011 年设立"最不发达国家及加入世贸组织中国项目",已帮助 6 个最不发达国家加入世贸组织。

中国的发展得益于国际社会,同时中国也为国际社会提供了更多公共产品。2015 年 5 月中共中央、国务院《关于构建开放型经济新体制的若干意见》指出,"全面参与国际经济体系变革和规则制定,在全球性议题上,主动提出新主张、新倡议和新行动方案,增强我国在国际经贸规则和标准制定中的话语权"。中国已充分认识到制定与把握国际经贸规则是一国在国际社会中"软实力"与"巧实力"的体现,获取制度性话语权是中国成为经贸强国的重要标志之一。在过去 5 年中,中国在参与和引领全球经贸规则制定方面进行了多方面的尝试与开拓。例如:(1)中国利用 G20 峰会创新全球经济治理的优先领域和运行机制[1];(2)中国将"互联互通"元素注入 APEC 合作框架,倡导以 APEC 为基础推进亚太自贸区(FTAAP)建设,实现亚太区域经贸规则的整合;(3)中国支持东盟 10 国发起的《区域全面经济伙伴关系(RCEP)协定》谈判,推动中国国内制度创新与改革和区域贸易投资规则的统一,并借助国际协定的"法律约束力"倒逼中国改革;(4)中国发起并

---

[1]　2016 年 G20 杭州峰会达成了全球首份《全球投资指导原则》,公布了《G20 落实 2030 年可持续发展议程行动计划》,制订了《G20 全球贸易增长战略》。此外,G20 杭州峰会将贸易部长会议纳入 G20 专业部长会议系列,首创贸易投资工作组机制。

主导的"一带一路"倡议[①]、金砖开发银行、亚洲基础设施投资银行和上合组织银行,为国际社会提供了新型制度性公共产品;(5)中国国际进口博览会是中国发起的、多个国际组织和 100 多个国家参与的国际博览会,是推动全球包容互惠发展的国际公共产品。中国国际进口博览会将为各国出口提供新机遇,为各国共享中国发展红利搭建新平台,为世界经济增长注入新动力。

二、中国就世贸组织改革的基本原则与主张

2018 年 11 月 23 日,中国发布《关于世贸组织改革的立场文件》[②],支持对世贸组织进行必要改革,解决其面临的生存危机,增强其权威性和有效性。中国认为世贸组织改革应遵循三项基本原则:一是世贸组织的改革应维护多边贸易体制的核心价值。非歧视和开放是世贸组织最重要的核心价值,也是世贸组织成员在多边框架下处理与其他成员经贸关系的遵循。其中,非歧视涉及最惠国待遇和国民待遇,核心是确保任何成员不得在进出口方面针对某一成员采取歧视性做法。开放涉及关税约束和禁止数量限制,核心是确保任何成员不得随意将进口关税提高到超过其约束水平,不得随意对某一成员产品采取数量限制。改革应维护多边贸易体制的规则基础,为国际贸易创造稳定和可预见的竞争环境。二是世贸组织的改革应保障发展中成员的发展利益。发展是世贸组织工作的核心。世贸组织明确规定发展中成员可以享受特殊与差别待遇,具体包括比发达成员更小的市场开放程度、更长的开放过渡期、保留政策空间的灵活性以及接受技术援助等。中国认为,改革应解决发展中成员在融入经济全球化方面的困难,赋予发展中

---

① 目前,中国已与 80 多个国家和国际组织签署了合作协议。自 2018 年起,中国将在 3 年内向参与"一带一路"建设的发展中国家和国际组织提供 600 亿元人民币援助,建设更多民生项目。

② 商务部世界贸易组织司:中国关于世贸组织改革的立场文件,载于商务部 http://sms. mofcom.gov.cn/article/cbw/201812/20181202817611.shtml,2018 年 12 月 17 日。

成员实现其经济发展所需的灵活性和政策空间,帮助达成联合国 2030 年可持续发展目标,缩小南北差距。三是世贸组织的改革应遵循协商一致的决策机制。改革关系到多边贸易体制的未来发展方向,改革的议题选择、工作时间表和最终结果都应由世贸组织广大成员在相互尊重、平等对话的基础上,通过协商一致的方式做出。磋商进程应保证所有成员特别是发展中成员的共同参与,不能由少数成员说了算,也不能搞小圈子。

此外,(1)中国主张世贸组织改革应维护多边贸易体制的主渠道地位,中国反对个别成员以新概念和新表述"偷换概念""另起炉灶",混淆并否定多边贸易体制的权威性。(2)中国主张世贸组织改革应优先处理危及世贸组织生存的关键问题,中国认为世贸组织改革应尽快解决上诉机构成员遴选问题,并将违反世贸组织规则的单边主义和保护主义做法关进制度的笼子,确保世贸组织各项功能的正常运转。(3)中国主张世贸组织改革应解决规则的公平问题,回应时代的需要,改革应解决发达成员过度农业补贴对国际农产品贸易造成的长期严重扭曲,纠正贸易救济措施滥用特别是反倾销调查中的"替代国"做法对正常国际贸易秩序的严重干扰。同时,改革应推动世贸组织规则与时俱进,涵盖反映 21 世纪经济现实的议题,例如投资便利化、中小微企业等议题。(4)中国主张世贸组织改革应保证发展中成员的特殊和差别待遇。发展中成员在经济社会发展阶段、产业结构和竞争力、区域发展层次、教育文化水平、社会保障体系、参与国际治理能力等方面与发达成员存在全方位差距,不能简单地用经济总量来衡量。中国反对有些成员借世贸组织改革质疑甚至剥夺一些发展中成员享受特殊与差别待遇的权利。(5)中国主张世贸组织改革应尊重成员的各自发展模式。中国认为改革应取消一些成员在投资安全审查和反垄断审查中对特定国家企业的歧视,纠正发达成员滥用出口管制措施、阻挠正常技术合作的做法。中国反对借世贸组织改革对国有企业设立特殊的、歧视性纪律,也不同意将没有事实依据的指责列为世贸组织改革议题。

三、短期方案：应对世贸组织的新风险

在"三项基本原则和五点主张"的基础上，2019 年 5 月 13 日中国正式向世贸组织提交《中国关于世贸组织改革的建议文件》，提出世贸组织改革的四大行动领域①，为世贸组织改革和多边贸易体制贡献了中国智慧。针对目前中国方案与美欧等发达国家方案之间的分歧和对立之处，笔者提出以下短期政策建议以应对当前国际经贸环境的新变化和世贸组织的新风险。

第一，坚定拥护多边贸易体制的核心地位，确保全球经济与贸易稳定的运行环境和开放的发展环境。多边贸易体制作为全球贸易治理的唯一具有法律地位的平台，具有双边、区域性贸易和投资协定及组织不可比拟的天然优势。特别是在全球金融危机期间，WTO 贸易政策审议、监督和审查机制以及争端解决机制为构建稳定的世界经济运行环境发挥着重要作用，WTO 与 OECD、UNCTAD 合作定期对成员国贸易自由化政策的执行情况和所采取的临时性贸易限制措施进行盘点、披露与监督②，有效地避免了类似 20 世纪 30 年代经济"大危机"中全球"贸易战"的再次重演，对遏制贸易保护主义爆发与力促世界经济复苏做出了积极贡献。此外，对于发展中国家来说，世贸组织各层次的决策均由成员方主导（member-driven），所有国家都享有平等的投票权，这有助于发展中国家在谈判中谋求与发达国家对话的对等地位，避免接受歧视性要求或被迫接受更高承诺。因此，在确保世贸组织稳定运行的基础上，广大发展中成员应共同维护世贸组织的"互惠"原则和"非歧视"原则不受侵犯，确保任何成员不得在进出口方面针对其他成员方采取歧视性做法，为国际贸易创造稳定和可预见的发展环境。

---

① 具体领域见本章第三节。资料来源：中华人民共和国商务部：中国关于世贸组织改革的建议文件，载于商务部 http://www.mofcom.gov.cn/article/jiguanzx/201905/20190502862614.shtml，2019 年 5 月 14 日。

② 金融危机后至今，WTO 共发布两份贸易监督报告以增强各成员国贸易政策的透明度，一是 WTO 定期对所有成员国和观察国与贸易相关的发展问题进行监督并报告，二是 WTO 与 OECD、UNCTAD 合作，对所有 G20 经济体的贸易与投资措施进行监督并报告。

　　第二，从贸易理念上看，可在世贸组织内推动国际贸易理念从追求"双边平衡"向实现"多边平衡"转变。中美货物贸易双边失衡是此次中美贸易摩擦爆发的导火索，然而货物贸易的"双边平衡"并非衡量一国贸易利得和福利水平的准绳。从18世纪亚当·斯密的"绝对优势理论"到21世纪保罗·克鲁格曼的"新国际贸易理论"的所有西方经典贸易理论均证实了开放环境中的国际分工与交换体系使世界相对价格低于封闭环境中的各国国内价格，贸易双方均通过国际贸易获得贸易利得，提高国内福利水平。美元作为国际储备货币，美国以"零成本"生产并"出口"美元，进口产品与服务，因此，随着国际贸易规模的扩大，美国对外贸易长期、持续、大量的逆差成为必然现象。贸易和资本双顺差则是中国进行工业化建设的必经之路。特别是美国出于国家安全及战略考量，长期限制美国具有相对优势的高新技术产品对中国的出口，进一步加剧了中美双边货物贸易逆差。因此，中国可在世贸组织内推动"多边平衡"的贸易理念，追求一国对多个国家货物和服务贸易的总体平衡，同时启动"相互评估程序"（Mutual Assessment Process）对一国对外贸易的多边平衡情况进行评估，加强多边合作降低一国对外贸易的过度失衡，将经常账户失衡维持在可控的水平①。

　　第三，从特殊和差别待遇角度看，可正式在世贸组织内提出"新兴经济体"概念，对世贸组织中的发达国家和发展中国家成员进行进一步的区分，同时强调"特殊和差别待遇"的执行问题。目前，国际组织、研究机构、私人企业确定了各种类型的新兴经济体名录，但是尚未在世界范围内取得具有普遍共识的对"新兴经济体"的界定与新兴经济体名录。"发展中国家"问题及"特殊和差别待遇"问题是中国与美欧就世贸组织改革的核心分歧，均由世贸组织对发达国家和发展中国家的区分过于笼统导致。具体来看，（1）中国可主动提出介于发展中国家和发达国家之间的"新兴经济体"概

①　在2010年韩国庆州G20部长级会议中，美国财长蒂姆·盖特纳（Tim Geithner）提议将经常账户余额指标设定为国内生产总值的4%。

念,根据成员方发展阶段、经济规模、国际贸易和资本流动、重点产品产出等方面,构建衡量指标体系,对世贸组织成员方进行进一步的细化区分;(2)达到上述标准的"新兴经济体"群体不完全享受特殊和差别待遇,同时不完全承担发达国家在世贸组织内的相关义务,根据"新兴经济体"的发展阶段制定与其执行能力相当的,在世贸组织内履行义务和行使权利的"行为守则";(3)目前世贸组织内的特殊和差别待遇条款以"软法律"形式存在,一直存在不够精确、不够有效、不易于操作的"执行问题",发展中国家和新兴经济体可要求发达国家正式回应并化解乌拉圭回合中的"规则赤字"和"发展赤字"问题①。

第四,从谈判议题上看,应以危及世贸组织存亡的议题以及在世贸组织成员国中具有基本共识的议题为世贸组织改革的突破口。世贸组织规则谈判的宗旨应是与促进国际贸易流动直接相关,包括成员方发展模式在内的与贸易自由化和便利化不直接相关的议题不应被纳入世贸组织未来的改革议程中。在此原则下,可能对世贸组织产生系统性风险的争端解决和上诉机构改革议题应成为世贸组织改革亟须解决的风险议题,目前除美国以外的大多数成员方已就该点达成广泛共识。此外,中国应引导新兴经济体和发展中国家率先在世贸组织内启动面向 21 世纪国际贸易和投资模式的电子商务、投资便利化等议题,以加强发展中国家群体在新规则谈判领域中的制度话语权,避免"新"规则在自由贸易协定中成熟后以"多边化"的形式向世贸组织外溢,发展中国家将再次被动接受由发达国家所构建的 21 世纪国际贸易规则话语体系,进而面临"二次加入 WTO"问题。最后,针对目前发展中国家尚不具备能力和条件展开谈判,而美欧等发达成员具有强烈谈判诉求的敏感议题,发展中成员可对相关议题展开能力评估和风险测试,同时解构相关议题的关键要素,实现从已具备成熟条件的分项上取得进展与突破。

---

① 参见张向晨、徐清军、王金永:《WTO 改革应关注发展中成员的能力缺失问题》,《国际经济评论》2019 年第 1 期,第 9—33 期。

第五节　长期方案：续构 21 世纪国际贸易新规则

本节立足长期视角，从 21 世纪新型国际贸易模式出发，在第五章、第六章、第七章所得结论的基础之上，为 WTO 破解"多哈困局"，在多边贸易体系内引入国际贸易新规则，同时进行自身机制设置改革，重回国际贸易治理体系的核心地位提供可行政策建议。

一、应对传统谈判议题

在传统谈判议题与模式方面，WTO 应以全球价值链贸易为切入点，尝试改进以价值链贸易为导向的市场准入与规则谈判。进一步，建立"多哈回合之友"联盟，设立内置议程将"多哈回合"中获得成员方认可的并已取得谈判进展的谈判与授权开启一系列特定议题的诸边协定谈判的承诺相捆绑，寻求更深层次、更大范围、更具包容性的讨价还价。

目前，WTO 市场准入议题的谈判是在不同组别中分别独立进行，并依据议题的差异采取不同的谈判模式。然而，在全球新型生产网络的背景下，成员方之间单纯进行降低关税水平或削减服务部门与投资壁垒对促进价值链贸易的作用，其成效都比较有限，必须采用横向一体化的方法进行"联合谈判"，并辅以促进公平竞争和降低企业融入价值链贸易的其他配套措施的规则谈判。这一做法可以进一步强化多边贸易谈判中的"议题挂钩"并实现传统议题的"GVC 化"，在同一空间内对非关税壁垒、原产地规则、服务、补贴和贸易便利化议题的同期谈判将拓展谈判空间，并将不同利益集团的经济利益结合起来，化解其在单独议题上的政策对抗性，为多边贸易协定的达成赢得最大的政治支持。如图 8 - 4 所示，开启"价值链贸易协定谈判"首先需要在综合考虑对相关区域或行业经济发展的重要程度的基础上,从全球价值链中筛选出具有代表性的价值链为研究对象,并特别考虑中小企业在价值链贸易中的角色和利益。随后,借助贸易商和跨国企业提供的信息,鉴别与分析那些对价值链贸易和跨境投资产生显著影响的壁垒及程度。最后,进行技术分析,依据各项市场准入与规则议题对价值链贸易成本的影响,落实非农产品、农产品和服务等市场准入与规则谈判的具体领域,并以"互补"的方式展开磋商谈判。

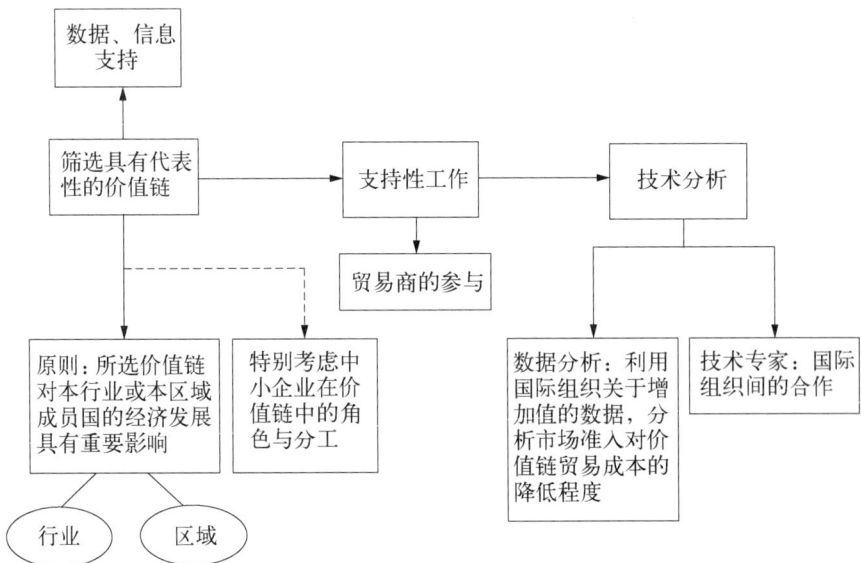

图 8-4　价值链贸易导向的市场准入(规则谈判)流程图

此外,WTO 应打破"多哈回合"现有"一揽子协定"的认知困局[①],建立"多哈回合之友"联盟,通过设立内置议程将"多哈回合"中获得成员方认可的并已取得谈判进展的农业、非农产品市场准入、规则等议题的谈判与授权

[①]　事实上,"一揽子协定"谈判模式在 2011 年的第八届部长级会议上已被实质性放弃(参见 WT/MIN(11)11),随后在 2015 年 12 月的第十届部长级会议上正式同意在"多哈发展回合"谈判中放弃使用"一揽子协定"谈判模式。

开启一系列特定议题的诸边协定谈判的承诺相捆绑，寻求更深层次、更大范围、更具包容性的讨价还价，以期在打破现有多哈回合谈判僵局的同时，利用诸边谈判重拾发达成员国对多边贸易体制的信心。具体来看，当前服务业的增长速度远超制造业增长速度，但是服务出口占世界出口总额仍不到25％，服务贸易增长潜力巨大。可通过促进和开放"服务贸易便利化"的综合框架，进一步深化在服务领域的监管合作、简化服务贸易壁垒，实现标准化和便利化的程序性手续，拓宽基础设施融资渠道，同时扩大《服务贸易总协定》模式4中各项承诺，简化自然人流动限制，进一步探讨对服务贸易增长和就业创造的潜在贡献。

二、应对"价值链贸易导向型"新议题

在应对21世纪"价值链贸易导向型"新议题的谈判方面，WTO可考虑建立"信息共享平台""全球价值链委员会""价值链峰会"等多渠道的正式或非正式的对话途径，一方面加强监管合作，提高各成员国国内政策透明度；另一方面为发展中成员提供能力建设援助和政策咨询，促进其国内政策自主地融入全球价值链，为逐步在多边贸易体制中引入新规则谈判做好准备工作。

当前，在全球范围内，各国在国内规制政策领域出于发展水平、公共政策目标以及约束条件的不同而存在诸多差异，包括标准水平、准入水平、竞争水平、治理水平等方面。因此，WTO应通过加强与OECD、世界银行等其他国际组织的合作关系，构建"规制融合信息共享平台"，实现各国政府监管机构之间及它们与工商界之间的政策信息共享、基础设施互通与经验互鉴，改变目前存在的监管混乱与不一致性。进一步地，可在"信息共享平台"下设"全球价值链发展平台"，建立世界范围的全球价值链发展问题专家网络，统筹全球价值链的贸易和发展问题，研究全球价值链对发展的影响，以帮助发展中成员提高对规制协调必要性与重要性的认识，并独立、客观分析发

展中成员的企业、特别是中小企业加入全球价值链并且升级中面临的壁垒，为它们的国内规制改革提供相应的政策咨询和能力援助。同时，WTO 可成立基于特定行业或生产网络的"全球价值链委员会"，充分利用行业内的企业、厂商等私人部门所具有的信息分析特定行业的供应链，并界定妨碍其高效运行的监管限制，研究、识别与评估投资、竞争政策、劳工标准、环境标准等监管限制措施对贸易成本和投资决策的影响。WTO 应定期汇总并分析"信息共享平台"和"全球价值链委员会"的阶段性评估内容，并召开常规性的"价值链峰会"。此外，WTO 可着手建立一个基于全球价值链的横向工作项目，构建 WTO 理事会之间的对话平台，整合并融入当前 WTO 所有理事会（货物、服务和知识产权）以及贸易和发展委员会的工作，并通过"事实审查"①筛选出应优先引入多边谈判的主要议题，为在适当的时候以适当的形式开启新规则谈判做好必要的前期磋商、分析与酝酿准备。

三、应对诸边谈判模式

鼓励与推广在其框架下进行的诸边谈判模式，通过"探路者＋实质性多数＋开放性"方式促使新议题和新规则早日达成协定并实现多边化。

WTO 中 ITA 协定的巨大成功以及在其他复边谈判上取得的飞速进展，为 WTO 在未来实现新议题与新规则的突破提供了极其有益的启示。诸边协定从制度上尊重 WTO 法理，在基本原则、透明度、争端解决方式上与多边贸易体制一致，同时又最大限度地减少了特惠或区域贸易协定所造成的贸易转移效应，因而可成为多边贸易体制下一个较理想的路径选择。WTO 可成立诸边协定委员会或工作组监督并指导诸边协定谈判，设计谈

---

① 此处的"事实审查"是指对影响全球价值链高效运行的现有规则进行综合评估，包括投资、竞争政策和数字贸易等在 WTO 以外的议题以及自然人的流动等虽处于 WTO 框架内，但现有承诺非常有限的议题。

判方案,并在多边框架内设定"诸边协定谈判行为准则"①,以便更好地在短期内发展各种"贸易俱乐部",以诸边模式在意愿相投的成员方之间开展对新议题的诸边协定谈判。值得注意的是,新的诸边协定谈判应确保协定收益在 WTO 成员方之间的合理分配,并为不具备协定执行能力的成员方提供特殊和差别待遇,及能力建设援助和支持,以体现"包容性"贸易理念。但是,目前"一致同意"原则已经成为发起和推广诸边谈判的重要障碍,WTO 可尝试采用"实质性多数"原则或"满足 2/3 多数"原则改变这一状况,避免个别成员方恶意阻止诸边谈判的发起,从而达成符合多数成员国利益的协定成果。②

从具体的优先谈判议题来看,数字技术正在迅速改变着商业模式,而当前对数字贸易的监管机制严重滞后并呈现出碎片化态势。可将《数字经济贸易协定》的诸边谈判纳入后多哈议程,建立与数据传输和隐私要求等内容相关的谈判框架,并将隐私、跨境数据、消费者保护以及安全问题等一系列"深度一体化条款"纳入协定中,同时兼顾规制因素对各种类型的数据传输的制约影响。在自然人流动领域,除扩大 GATS 中模式 4 的准入承诺外,还可通过诸边协定设立"创新区"(Innovation Zone),建立不同职业和不同成员国间技术认证的相互承认体制,并允许长期的工作签证在所有成员国之间有效。在对外投资领域,随着新兴市场的外商直接投资输出的增加,母国和东道国之间的投资政策利益诉求点逐渐融合,通过启动一个综合性的"诸边投资框架"将缩小新兴市场与发达国家的投资法在实质上和程序上的差

---

① "行为准则"可包括以下内容:(1) WTO 成员方参与谈判的自主自愿性;(2) 任何符合条件的 WTO 成员方均可加入谈判;(3) 透明度机制;(4) 诸边谈判的成员国应具备执行协定的能力,在不具备相应能力的条件下,需为该成员国提供相应援助;(5) 不要求协定规定对非成员国的利益分配,但允许此类条款的存在等。资料来源:Bernard Hoekman, *Supply Chains*, *Mega-Regionals and Multilateralism-a Road Map for the WTO*, London: CEPR Press, 2014; Peter Draper and Memory Dube, Plurilaterals and the Multilateral Trading System, E15 Background Paper, International Centre for Trade and Sustainable Development, 2013.

② Bernard Hoekman and Petros C. Mavroidis, "Embracing Diversity: Plurilateral Agreements and The Trading System", Vol.14, No.1, 2015, pp.101 – 116.

异,并在长期中,实行观察国制度以便协定外其他国家的加入,逐步扩展为世界范围内的投资体系。

四、应对高标准 FTAs

在应对高标准 FTAs 网络方面,完善并强化对区域/自由贸易协定的通报、审查与评估机制,鼓励并推广"软"法律和"最佳实践准则"的使用,谋求区域贸易协定中特定条款或区域贸易协定的"多边化"。

第一阶段:WTO 应依据 GATT 第 24 条[①]进一步完善并强化对区域/自由贸易协定(RTAs/FTAs)的通报、审查与评估机制。WTO 的透明度机制是多哈回合最早期成果之一[②],该机制要求协定缔约方在协定执行日期前向 WTO 通报相关信息,并就条款内容以及贸易自由化路径等具体信息逐一向 WTO 进行"事实陈述"(factual presentation),同时授权 WTO 秘书处行使贸易审查职能。该机制确保了所有 RTAs 相关信息的透明度、一致性与标准化,有助于开展对协定的评估、监管与比较。但是目前透明度条款仅散见于各个不同的协定中,WTO 可开启专门的《透明度协定》谈判,加强和整合透明度原则,明确各成员国应履行的透明度义务,并就各项规则的贸易影响进行事前评估和事后评估与调整。同时,WTO 可拓展 GATT 第 24 条第 7 款要求(即主动披露协定各项信息,并及时通知全体成员方协定内容的实质性变更),进一步完善面向所有成员方开放的综合性 RTAs 信息交换网站和数据库(RTAs 信息交易所),汇集所有关于区域贸易协定的信息,促进成员间的对话、经验共享和知识创新,以加强区域贸易协定和 WTO 之间的连贯性与包容性,为发展中成员和最不发达国家从知识共享中获取巨大收

---

① GATT 第 24 条中规定,RTAs/FTAs 需满足:(1) 实现"实质"上所有贸易的自由化(至少在所有货物贸易领域);(2) 对协定以外其他成员方执行"实质"上相同的关税水平和贸易管制水平;(3) 就协定的计划和时间表的任何"实质性"变更通知其他 WTO 成员方。

② RTAs 的透明度机制于 2006 年 12 月被 WTO 总领事会采用,该机制统一了 WTO 对 RTAs 的监管程序,并在 WTO 体系内引入一系列新规则以提高 RTAs 的透明度。

益。此外,WTO应引入对RTAs的外部评估与审评机制,研究分析其对成员方与非成员方造成的经济影响,并将其补充为现行WTO贸易政策审评的一个部分。

第二阶段:鼓励并推广"软"法律和"最佳实践准则"在RTAs/FTAs中的使用。由于RTAs/FTAs中的"规制融合类"新议题触及各国法律主权管辖下的国内政策领域,在改革过程中面临着巨大的执行成本和不确定性,大大降低了发展中成员对其进行谈判的动机和热情。在此背景之下,不具有"强制执行力"的"软"法律一方面可保障各国在某些特定议题上获得非约束性共识,另一方面为各国预留一定的司法空间,保障其国内司法主权的独立性,成为补充多边贸易体制"硬"法律的有效途径[①]。WTO应鼓励RTAs/FTAs谈判方根据不同议题谈判的具体发展阶段和形式采取不同模式的"软"法律(如表8-3所示),实现信息和资源共享,寻求化解现有谈判困境的非约束性途径,缓解政府间对话模式的"断层"问题,加强WTO"非谈判性、非司法性和审议性职能"。特别是,WTO可进一步仿照APEC的模式,制订、分享并推荐"RTAs/FTAs最佳实践准则",并就该"准则"的执行目标、信息共享程度、能力建设等设置非约束性的规范,同时借鉴OECD引入"第三方评估机制",基于各方实际情况分别评估其现行法律规制体系与"最佳实践准则"的执行差距,并制定建议执行策略。此外,可对"最佳实践准则"辅之以必要的监管条款和"问责制",确保其承诺的执行效果,以避免在执行过程中可能出现的各种偏差。当各类"软"法律出现向"硬"法律过渡的趋势时,应事先阐明适用"软"法律的经济条件和其他条件,并在过渡期根据成员方的发展程度和需要为其提供所需的技术援助。

[①] "贸易政策审议机制"是多边贸易休制运用"软"法律的成功案例,该机制以非诉讼审议平台形式保障各成员国国内政策的透明度。一方面,该机制将加深成员国之间货物、服务和知识产权政策的相关了解;另一方面,该机制将作为能力建设工具,提高成员国对与贸易相关的国内政策的认识。

表 8-3　多边贸易体制中不同类型的"软法律"形式

	"软法律"的分类	举　　例
1	"硬"性法律文件中的"软"条款	GATT 和 GATS 中均存在此类表述,如:"在合理的期限内""提供充分的机会""尽快"等
2	"尽最大努力"性条款	GATT 第 4 部分"贸易与发展";普惠制待遇;特殊和差别待遇条款
3	最佳实践、指导原则和自愿性标准	《技术性贸易壁垒协定》的附件 3"关于制定、采用和实施标准的良好行为规范"
4	审议机制	贸易政策审议机制;区域贸易协定的透明度机制
5	信息与资源的互换与共享	GATT 第 4 部分"贸易与发展";特殊和差别待遇条款

鉴于 RTAs/FTAs 中所涵盖的某些新议题与新规则("软"法律和"最佳实践准则")成果能为 WTO 的未来改革发展提供经验借鉴,WTO 可授权秘书处或 RTAs 委员会行使贸易审查职能,研究和汇报 RTAs 谈判与执行中可被 WTO 吸收或借鉴的做法,包括合作的具体形式、缔约方之间相互影响及执行 RTAs 所需成本的相关信息等,并评估 RTAs 相关协定条款对经济与贸易绩效的改善和促进作用。

第三阶段:首先,谋求区域贸易协定中特定条款或区域贸易协定的"多边化"。通过"多边影响申明"鼓励 RTAs 谈判方磋商,将使缔约方和第三方同时受益的 RTAs 条款。充分利用 RTAs 平台推进贸易便利化、海关现代化理念,利用其作为公共品产生的巨大外溢效应,使协定收益惠及协定以外的第三方。其次,有意识地培养开放性的区域主义理念,推进区域贸易协定之间的协同性,统一各区域贸易协定中类似的贸易便利化规则,设计允许跨区域贸易协定或跨特惠关税制度的原产地累积规则(如对角累积),进而加速其在多边层面的并轨。最后,可通过设计"连接机制"(linking mechanism)实现"开放性"RTAs,允许基于 MFN 原则,将 RTAs 中的各项承诺延伸至愿意遵守这些承诺的第三方，并设计区域贸易协定的多边化发展路线图，以推广协定内规制在广泛的成员范围内被接受使用。一旦参加方达到实质性多数，则可逐渐地实现协定的"多边化"①。

五、应对发展议题

在发展议题方面，提高发展中成员和最不发达国家使用特殊和差别待遇的效率，拓宽对发展中成员和最不发达国家的援助项目与模式。

WTO 现行的特殊和差别待遇采用"一刀切"模式，即仅对发展中成员和最不发达国家加以区分，而不同组群内部所获得的过渡期和灵活度则完全相同(Neufeld，2014)，这极大提高了特殊和差别待遇"错配"的概率。WTO 可借助改革执行与监督机制平台来有效落实特殊和差别待遇，这既为各成员方提供透明、中立、客观、综合性的信息共享，也可确保中低收入成员国获取援助的平等权益，从而提高 WTO 内部的资源配置效率。从长期来看，WTO 可纳入主要成员国与发展中成员和最不发达国家启动《促进包容性可持续性贸易路线图的协定》(Agreement to Facilitate Inclusive Roadmap for Sustainable Trade)谈判，并参照《电信服务参考文件》(Telecommunications Services Reference Paper)和《补贴与反补贴措施协定》(Agreement on Subsidies and Countervailing Measures)第 27 条内容，充分考虑发展中成员和最不发达国家的可持续发展，将协定高标准条款的执行与较长过渡期、最低门槛值水平、基于明确或非明确标准的国别差异化灵活度等结合。进一步的，WTO 可借鉴在《贸易便利化协定》中的特殊和差别待遇模式②，针对不同发展中成

---

① 区域贸易协定可采用类似于诸边协定的模式实现协定的多边化。

② 《贸易便利化协定》根据发展中成员和最不发达国家是否需要过渡期和提供技术支持，将协定条款分为三类：(1) 协议生效后发展中成员须立即执行，最不发达国家可在一年后执行(A 类条款)；(2) 在一定过渡期后发展中成员和最不发达国家开始执行(B 类条款)；(3) 在协定生效后的一定过渡期并获得相关能力建设援助和支持后方才执行(C 类条款)。协定允许发展中成员和最不发达国家各自自行指定 A、B、C 类分别包含的条款，并将其执行协定的能力与执行协定的行动相联系。

员和最不发达国家的每一项条款的执行能力、所需各项支持、获得发达国家提供援助的可信承诺等进行"订制式"客观评估、援助支持与实施执行,并将其执行协定的能力与所需获得的各项援助相结合。

此外,WTO 可将贸易援助项目(Aid for Investment Initiative)扩展、升级为投资和贸易援助项目(Aid for Investment and Trade Initiative),创造可持续性 FDI 的一体化平台、改善发展中成员和最不发达国家的国内 FDI 监管框架与营商环境、增强投资促进能力以期为发展中成员和最不发达国家赢得持续投资流,并将其引向亟须资金的基础设施、气候减缓和适应、劳动力技能提升等领域,实现可持续发展。进一步的,建立独立的国际投资法独立顾问中心(Advisory Centre on International Investment Law)和中小企业的小型诉讼法庭,为发展中成员和最不发达国家提供行政和法律援助,以帮助其营造公平竞争的商业环境,并在其中小企业面临争端解决时,启动快速程序,降低中小企业应对争端解决的时间成本和经济支出。

六、应对 WTO 机制改革

在对内进行渐进式改革 WTO 治理与决策体系方面,WTO 应拓展委员会的工作职能;提高商业组织的参与度;重申协商一致原则,并引入多数原则。

第一,拓展委员会的工作职能,增强其作用与影响力。在 WTO 成员方和委员会的力量博弈中,委员会的工作职能始终受到各成员方的制衡。WTO 应加强委员会的作用和影响,充分发挥 WTO 秘书处的信息枢纽职能,收集、汇总、编纂、分析、利用成员方海关系统所收集的数据、有关贸易政策措施的各项公告、法律文本的修订等相关信息,及时跟踪和监督各项最新变动,以增强政府组织、私人部门、学术研究以及非政府组织对各类信息的可获得性。其次,WTO 应确立以 3—5 年为委员会主席的工作任期以保证工作的连续性,同时建立正式的"主席常设机构"确保各工作组主席和 WTO

总干事之间、不同工作组主席之间的信息交流质量。此外,应采取必要的专业技能培训,提升 WTO 职员的业务水平,广泛引入"外部专家评审机制",促进交流和审议工作的执行,改善交流和审议质量,进一步鼓励 WTO 与其他国际组织的合作,利用非正式会议的渠道,妥善处理不同国际组织间的协调问题。

第二,重申协商一致原则,引入多数原则。"一致同意"原则已成为多边贸易体制履行谈判职能,发起和推广诸边谈判的重要障碍。WTO 可根据决策议题层级的差异采用不同的决策机制:一方面,在主要决议上仍通过协商一致原则进行决策,如在决定多边贸易体制的制度设计,是否需"讨价还价"式谈判,是否需开启复边谈判等议题时仍需采用一致同意原则。这在一定程度上可增强发展中成员的议价能力,保证诸边谈判遵循包容性、透明度和多边化原则。另一方面,在其他较低层面的问题上则可通过投票方式进行决策,如采用"实质性多数"原则或"满足 2/3 多数"原则表决拟将展开谈判的具体议题,避免个别成员方恶意组织诸边谈判的发起,从而达成符合多数成员国利益的协定成果;又如以最惠国待遇展开的新议题的诸边谈判仅需获得谈判方的认可即可,非成员国(主要指最不发达国家)在无偿分享谈判利得的同时,还将以技术援助和特殊差别待遇的模式逐步改善本国在本领域的现状。

第三,提高商业组织的参与度。目前,WTO 体系内尚无永久、正式的商业组织参与机制,商业组织仅需向 WTO 成员国提供其所需信息,并不直接参与谈判。WTO 的谈判议题与工商企业利益诉求相分离是多边贸易体制在国际贸易治理体系中地位降低,难以与 RTAs/FTAs 相抗衡的一个主要原因。WTO 应延续巴厘部长级会议期间已进行过的有益探索[1],将在部

---

[1]　WTO 第九届部长级会议期间曾在 WTO 内首次召开巴厘商业论坛(Bali Business Forum),此次论坛除讨论与贸易相关的议题外,还试图寻找"能够促使商业组织更为有效的融入 WTO 的有效途径"。

长级会议期间或会议前夕召开"商业论坛"（Business Forum）这一议程常规化，将其作为各国代表与企业进行信息互换和交流学习的平台，同时为各方政府部门提出相关政策咨询和建议。具体来看，该商业论坛可由 WTO 和私人部门的代表共同组成（应充分考虑商业实体的类型、公司规模及区域的代表性）。在论坛期间，商业领袖和企业团体代表应与议题的工作组成员、各国部长或其他政府高层代表定期会面，为相关议题的谈判、贸易政策的制定提供实质建议，并签署相关承诺，以期在最终的部长级会议决议中得以解决。此外，该商业论坛还应充当衡量各成员方履行协定的"校验器"，获取商业组织对协定利用程度、受益程度的第一手资料以衡量各成员国在协定达成后的履约程度。

第六节　本　章　小　结

自《关税与贸易总协定》达成以来，多边贸易体制始终以谈判促改革，提升世贸组织的运行效率、贸易相关度、法制程度。第一阶段，世贸组织成立以前，GATT 通过扩大谈判议题，确立决策机制，顺利达成乌拉圭回合谈判成果，实现从 GATT 向 WTO 的过渡；第二阶段，为应对东南亚金融危机，迎接 21 世纪国际贸易和投资的新变化，世贸组织启动以"发展"为导向的多哈回合谈判，扩大谈判边界，多元化谈判途径；第三阶段，为应对"多哈发展回合"谈判屡屡受挫的困局，世贸组织通过收缩谈判内容，放松谈判模式，以期取得谈判突破；第四阶段，为自全球金融危机发生至今，世贸组织改革加强对国际贸易和投资的监管，并对特殊和差别待遇领域改革做出探索。

然而 21 世纪以来，随着价值链贸易和数字贸易的蓬勃发展，新兴经济体的迅速崛起，发达国家对国际贸易的主导权不断削弱，成为此轮"逆全球化"浪潮的主要推手。特别是近年来，特朗普政府表现出的单边主义倾向及对世贸组织争端解决机制的质疑挑战了世贸组织作为全球经贸治理核心平台的法律地位。在这一背景之下，美欧等发达国家及中国分别提出对世贸组织进行改革的方案和倡议，其中"非市场经济"议题、国有企业和工业补贴、强制性技术转移、"发展中国家"议题、争端解决机制等成为中国与美欧之间的核心利益分歧点。

着眼中国，自展开"复关"（"加入WTO"）谈判以来，中国通过自主性的改革开放与加入世贸组织进程逐步融入多边贸易体制，实现市场化改革的宏大转型。在经历了1992—2001年努力对标国际经贸规则和2001—2007年充分享受加入WTO红利之后，中国在2008年全球金融危机之后迎来了主动引导谈判、积极承担大国义务的重要转折。在此轮世贸组织改革中，作为世界第二大经济体和最大的发展中国家，中国提出世贸组织改革应遵循的"三项基本原则和五点主张"，同时指出当前世贸组织改革的四大行动领域。针对目前中国方案与美欧等发达国家方案之间的分歧和对立之处，笔者提出：第一，在中短期内，中国应坚定拥护多边贸易体制的核心地位，确保全球经济与贸易稳定的运行环境和开放的发展环境；第二，从贸易理念上看，中国可在世贸组织内推动国际贸易理念从追求"双边平衡"向实现"多边平衡"转变；第三，从特殊和差别待遇角度看，中国可正式在世贸组织内提出"新兴经济体"概念，对世贸组织中的发达国家和发展中国家成员进行进一步的区分，同时强调"特殊和差别待遇"的执行问题；第四，从谈判议题上看，应以危及世贸组织存亡的议题以及在世贸组织成员国中具有基本共识的议题为世贸组织改革的突破口；第五，从谈判模式上看，中国可在世贸组织框架内鼓励并推广通过"探路者＋实质性多数＋开放性"方式对符合21世纪新型国际贸易模式的新规则展开谈判。

最后，本章立足长期视角，从21世纪新型国际贸易模式出发，在第五章、第六章、第七章所得结论的基础之上，为WTO破解"多哈困局"，在多边贸易体系内引入国际贸易新规则，同时进行自身机制设置改革，重回国际贸易治理体系的核心地位提供可行政策建议。(1)在传统谈判议题与模式方面,WTO应以全球价值链贸易为切入点,尝试改进以价值链贸易为导向的市场准入与规则谈判。(2)在应对21世纪"价值链贸易导向型"新议题的谈判方面,WTO可考虑建立"信息共享平台""全球价值链委员会""价值链峰会"等多渠道的正式或非正式的对话途径,一方面加强监管合作,提高各成员国国内政策透明度;另一方面为发展中成员提供能力建设援助和政策咨询,促进其国内政策自主地融入全球价值链,为逐步在多边贸易体制中引入新规则谈判做好准备工作。(3)鼓励与推广在其框架下进行的诸边谈判模式,通过"探路者+实质性多数+开放性"方式促使新议题和新规则早日达成协定并实现多边化。(4)在应对高标准FTAs网络方面,完善并强化对区域/自由贸易协定的通报、审查与评估机制,鼓励并推广"软"法律和"最佳时间准则"的使用,谋求区域贸易协定中特定条款或区域贸易协定的"多边化"。(5)在发展议题方面,提高发展中成员和最不发达国家使用特殊和差别待遇的效率,拓宽对发展中成员和最不发达国家的援助项目与模式。(6)在对内进行渐进式改革WTO治理与决策体系方面,WTO应拓展委员会的工作职能,提高商业组织的参与度,重申协商一致原则,引入多数原则。

第九章
结论和政策建议

　　本书从 WTO 陷入多哈困局,双边、诸边和区域贸易协定中的"新规则"受到发达国家跨国公司追捧的时代背景出发,全面系统地考察了国际贸易新规则在多边、诸边、巨型区域协定中的发展与演进模式、特点,结合当前世贸组织面临的新风险,本书分别提出在中短期内应对世贸组织运行风险的应对方案,以及长期内在多边贸易体制续构国际贸易新规则的可能模式及途径。本章将对全文进行简要总结,归纳概括本书的主要研究结论,并在此基础上提出中国应对新规则冲击的政策建议;最后本章将分析在研究过程中所存在的不足与局限之处,并指出未来的研究方向。

第一节　主要结论与政策建议

一、主要结论

　　第一,贸易协定的"深度"一体化对全球生产网络有显著的正向促进作用,并且其对全球生产网络和价值链贸易的促进作用显著大于传统贸易;进一步地,发现适用于争端解决机制的"约束力"条款对全球生产网络的促进作用约高达"覆盖力"条款的两倍。具体来看,(1) 与贸易直接相关的"核心议题"是推动中间品贸易发展的主要动力,"第二代"贸易政策对全球生产网络的促进作用高于"第一代"贸易政策。（2）本书通过考察协定签订5年和10年后对中间品贸易的影响效果，发现在短期内，"软"法律将在一定程度上奏效，但在FTAs缔约后的长期内对贸易的促进作用将迅速降低，具有法律强制约束力并适用争端解决机制的"硬"条款才能切实保障协定的执行，其中"第二代"贸易政策受争端解决机制的影响最为明显。（3）本书根据OECD的分类标准，将制造业分为高技术和中高技术行业、中低技术行业、低技术行业三类，测算贸易协定的"深度"一体化对不同技术含量的商品出口的影响，研究结果表明贸易协定的"深度"一体化对高技术和中高技术行业、低技术行业的价值链贸易有明显的正向影响，对低技术行业的正向促进作用更高达对高技术和中高技术行业的2倍以上，而对中低技术行业的影响则不显著。

第二，价值链贸易中，贸易协定通过规制融合类议题内部化市场风险，规避了由不完全契约引致的政府行为的动态不一致性，最终化解了跨国公司关系型专有投资被发展中成员政府"锁定"而面临的"套牢风险"。在传统贸易中，"互惠"和"非歧视"原则作为世界贸易组织的两大基石，在完全竞争和垄断竞争市场环境中，分别通过化解"贸易条件效应"及"生产再分配效应"，保持世界相对价格水平和各国相对市场份额不变，从而破解传统贸易中的"囚徒困境"，促使市场准入型的贸易自由化取得显著成果。然而，价值链贸易对规制融合类议题的强烈诉求则是出于完全不同的逻辑。本书发现跨国公司和发展中成员间所签订的贸易合同具有"不完全契约"性质，发展中成员国的短视型政府及其面临的反向锁定风险促使发展中成员具有强烈的违约动机，套牢跨国公司的专有性投资。最终，这一"套牢困境"将阻止发达国家的专有性投资流向发展中成员，从而阻碍价值链贸易的发生。此时，贸易协定通过规制融合类"新规则"，一方面促进发达国家和发展中成员商品、信息、资本、劳工的双向流动；另一方面保障有形资产、无形资产，创造公平、公正的商业环境，从而化解价值链贸易中由于不完全契约与不可信承诺导致的"套牢困境"。

第三,本书将WTO《贸易便利化协定》与目前区域贸易协定中的"贸易便利化"条款进行对比,发现:(1)区域贸易协定中的"贸易便利化"章节与《贸易便利化协定》谈判框架逐渐接近,但是协定所包含的平均贸易便利化措施数目不足WTO《贸易便利化协定》改革措施的1/5。同时,大量RTAs中包含WTO《贸易便利化协定》未涉及的领域和措施。(2)从贸易便利化措施的承诺深度来看,与WTO《贸易便利化协定》相比,区域贸易协定中同时存在着承诺程度更深和更浅的贸易便利化措施。(3)区域贸易协定中争端解决机制的无力性制约了RTAs中仅存在以"过渡期"形式向发展中成员和最不发达国家提供特殊和差别待遇。相反,WTO争端解决机制保障了WTO《贸易便利化协定》在特殊和差别待遇的创新及执行。

对世界经济与贸易而言,《贸易便利化协定》具有以下优势:一是将有力促进全球经济与贸易增长,其对中间品与零部件贸易的推动作用远远大于最终产品贸易。具体来看,不同改革措施对不同收入水平的经济体的贸易影响不同,其中程序类手续、单证类手续、自动化手续和预裁定的影响最为显著。二是贸易便利化措施将显著并有效降低贸易成本,不同贸易便利化措施对不同收入水平经济体的贸易成本的影响不尽相同。整体来看,随着国家收入水平的提高,对一国贸易成本产生重要影响的贸易便利化措施将逐渐从行政手续类措施升级为规制类措施。三是贸易便利化将有助于各成员方实现出口多样化,特别是促进发展中成员的出口结构逐渐地向多元化的制成品过渡,并逐步实现在全球价值链中位置的攀升。

《贸易便利化协定》对多边贸易体制具有重要的启示意义:一是谈判采用了完全不同于以往小范围、集团式和封闭式的谈判模式,相反,采用了所有成员方共同参与并主导谈判议题、自下而上的谈判模式以保证了各成员方政治经济利益的最大化。二是WTO《贸易便利化协定》证实多边贸易体制可与RTAs相互补充,《贸易便利化协定》拓宽了贸易便利化改革措施的执行范围和执行程度,为所有 WTO 成员方和 RTAs 统一设定共同标准,有效缓解不同 RTAs 同时存在产生的"意大利面碗"现象。《贸易便利化协定》对区域贸易协定中特定议题的多边化具有较强的启示意义。三是《贸易便利化协定》将发展中成员和最不发达国家对协定的执行程度和时间与其执行能力相关联,并根据需求为其所需能力建设援助和技术支持提供"定制式"服务,创新了为发展中成员和最不发达国家提供特殊和差别待遇的模板。

第四,本书剖析了四种不同类型的代表性诸边贸易协定,分别为《国际服务贸易协定》《信息技术产品协定》《政府采购协定》《环境产品协定》。本书发现诸边谈判是化解多边困局的有效途径,这一模式从制度上尊重 WTO 法理,在议题上可拓展多边框架内规制融合类条款的广度与深度,同时保证多边和诸边贸易规则的一致性,更兼具跨区域属性。但是与此同时,本书认为在进行诸边贸易协定谈判时应注意:(1)在议题的筛选上,应围绕价值链贸易模式,确保谈判议题与贸易直接相关,符合发展中成员和发达成员的共同利益,以吸引大型新兴经济体的参与以满足"实质性多数"门槛。(2)在形式上,应保证协定向所有 WTO 成员方开放,从而为协定的多边化铺平道路。同时,诸边协定应执行"有条件的最惠国待遇",一方面无条件地向最不发达国家提供最惠国待遇,另一方面避免大型新兴经济体"搭便车"行为。(3)在协定条款的覆盖度和深度上,应鼓励在相关行业和部门采用"最佳实践原则",在一定程度上整合并完善现有双边及区域自由贸易协定,缓解"意大利面碗"对不同缔约方产生的生产率抑制效应及差别歧视效应,同时尊重不同成员方的发展阶段,就协定条款的执行内容和执行期限提供多样的灵活度。

第五,本书对 TPP 协定、CPTPP 协定和 TTIP 协定的结构、条款内容进行分析。发现 TPP 协定、CPTPP 协定和 TTIP 协定作为高质量、高标准和高水平区域协定,在知识产权、竞争、投资者—国家争端解决机制、电子商务、中小企业、发展等新规则领域均有不俗表现,可视为 21 世纪贸易协定的标杆和引领者;在市场准入和传统规制领域,巨型区域协定同样超越 WTO 协定和其他自由贸易协定,实现了更高水平和更全面的市场准入,设定了更为严苛的纪律要求。尽管随着美国退出 TPP 协定、TTIP 协定谈判陷入停滞,巨型区域贸易协定全面步入"冬眠期",但是其谈判内容、议题及模式仍对多边贸易体制具有重要的启示意义:(1)巨型贸易协定为全面、平衡、先进、高水平的 FTAs 谈判提供了重要模板,对 WTO 推进现有工作议程和开展新议题的磋商提供了有效标尺与借鉴。(2)协定首次在巨型区域贸易协定中系统地体现"包容性发展"理念,可成为南北经济和贸易一体化的模型。特别是协定将技术和创新纳入能力建设援助的范围,发展中成员可主动向合作与能力建设联络点提出执行协定所需的特定合作和能力建设请求,由专门委员会保障能力建设援助的落实。(3)巨型区域贸易协定将通过统一的市场准入、规制条款、要求与标准实现"化零为整",加快特定区域贸易协定的整合,有效缓解 FTAs 的"意大利面碗"效应,这是推进区域贸易协定实现多边化的必经阶段。但是本书认为现行巨型区域主义所具有的体制缺陷注定其无法成为国际贸易和投资"新规则"谈判的最佳平台,原因如下:一是目前巨型区域主义呈非对称特征,中国、印度、巴西等巨型新兴经济体均被排除在协定之外,发达国家具有"新"规则制定的绝对领导权,发展中成员将在既有巨型区域协定之外另起炉灶,以提高本国在国际贸易和投资新规则制定领域的领导力,这一模式将加速国际贸易治理体系的碎片化。二是巨型区域贸易协定在原产地规则、技术性贸易壁垒等传统贸易规则领域和知识产权保护、数据保护等新型贸易规则领域提出了更为严格的纪律要求,对价值链低端国家产生低端锁定效应,同时对域外国家产生歧视效应。三是巨型区域贸易协定可在缔约国之间形成封闭的价值链,提高集团内部的福利水平。但是与此同时,协定中的投资规则将域外更具生产效率的企业锁定在生产价值链以外,跨国公司仅限于在缔约国内部寻求次优的资本流入国,从而造成投资的扭曲效应。四是巨型区域协定的谈判、生效及执行均以缔约方为导向,缺乏有效的监督和执行机制保障协定的生效与执行。此外,协定"半开放"式的争端解决机制仅适用于缔约方之间分歧较小的传统贸易规则领域,协定在"新"议题领域的争端处理具有潜在的风险与不确定性。

第六,本书提出当前世贸组织面临的三大现实风险:一是随着价值链贸易和数字贸易的蓬勃发展,新兴经济体迅速崛起,发达国家成为此轮"逆全球化"浪潮的主要推手。二是美国单边主义行为违反世贸组织规则,挑战多边贸易体制的法律基石。三是世贸组织争端解决机制及上诉机构随时面临彻底瘫痪的风险,进而引发 WTO 的系统性风险。对世贸组织进行改革已在各国之间形成广泛共识,但是中国方案与美欧等发达国家方案存在明显的分歧和对立之处,"非市场经济"议题、国有企业和工业补贴、强制性技术转移、"发展中国家"议题、争端解决机制成为中国与美欧之间的核心利益分歧点。

二、政策建议

(一) 对多边贸易体制的政策建议

针对当前中国方案与美欧等发达国家方案之间的分歧和对立之处,本书提出在中短期内世贸组织可采取以下措施应对当前国际经贸环境的新变化和世贸组织的新风险。

第一,坚定拥护多边贸易体制的核心地位,确保全球经济与贸易稳定的运行环境和开放的发展环境。

第二,从贸易理念上看,中国可在世贸组织内推动国际贸易理念从追求"双边平衡"向实现"多边平衡"转变。

第三,从特殊和差别待遇角度看,中国可正式在世贸组织内提出"新兴经济体"概念,对世贸组织中的发达国家和发展中国家成员进行进一步的区分,同时强调"特殊和差别待遇"的执行问题。

第四,从谈判议题上看,应以危及世贸组织存亡的议题以及在世贸组织成员国中具有基本共识的议题为世贸组织改革的突破口。

立足长远,为破解"多哈困局",回应价值链贸易与数字贸易的新发展,本书提出以下政策建议以期在多边贸易体制内续构 21 世纪国际贸易新规则,促使世贸组织重回国际贸易治理体系的核心地位。

第一,在传统谈判议题与模式方面,WTO 应以全球价值链贸易为切入点,尝试改进以价值链贸易为导向的市场准入与规则谈判。

第二,在应对 21 世纪"价值链贸易导向型"新议题的谈判方面,WTO 可考虑建立"信息共享平台""全球价值链委员会""价值链峰会"等多渠道的正式或非正式的对话途径。一方面加强监管合作,提高各成员国国内政策透明度;另一方面为发展中成员国提供能力建设援助和政策咨询,促进其国内政策自主地融入全球价值链,为逐步在多边贸易体制中引入新规则谈判做好准备工作。

第三,鼓励与推广在其框架下进行的诸边谈判模式,通过"探路者+实质性多数+开放性"方式促使新议题和新规则早日达成协定并实现多边化。

第四,在应对高标准 FTAs 网络方面,完善并强化对区域/自由贸易协定的通报、审查与评估机制,鼓励并推广"软"法律和"最佳时间准则"的使用,谋求区域贸易协定中特定条款或区域贸易协定的"多边化"。

第五,在发展议题方面,提高发展中成员和最不发达国家使用特殊和差别待遇的效率,拓宽对发展中成员和最不发达国家的援助项目与模式。

第六,在对内进行渐进式改革 WTO 治理与决策体系方面,WTO 应拓展委员会的工作职能;提高商业组织的参与度;重申协商一致原则,并引入多数原则。

(二) 对中国的政策建议

第一,坚定支持并推动多边谈判。多边贸易体制作为全球贸易治理的唯一具有法律地位的平台,具有双边或区域层面无法比拟的天然优势。多边谈判议程受到全体成员方的广泛认可,中国作为发展中成员的领军者,应倡导对现有谈判议程进行适应性调整,以符合 21 世纪贸易体系中各成员方的普遍利益。同时,联合其他"金砖国家"组成谈判集团,认清共同利益所在,加强在与发达国家对话中的地位,谋求与初始成员方的对等地位,避免接受歧视性要求或被迫接受更高承诺。

第二,对双边、诸边、区域、巨型区域贸易和投资协定中的"新规则"进行跟踪研究和评估,把握国际贸易与投资新规则的前沿和发展趋势。客观来讲,目前中国尚不具备接受某些高标准条款的成熟条件(如劳工、环境、知识产权、国有企业、政府采购等条款),但是中国仍应主动加强对国际经贸新规则的研究和认识,对相关议题的市场准入要求、规制与纪律融合程度进行评估,考察中国现阶段相关的立法与执法情况及与此类"新规则"条款的差距,分析中国对"新规则"的适应程度,就可能出现的问题进行风险评估,并设立风险预警机制。此外,提前针对高标准条款可能对中国造成的各种冲击制定应对预案,在国际规则许可的范围内,考虑采取必要的保障与应对措施保护国内受冲击的产业。

第三,抓住国际政治经济格局的新机遇,积极推进区域经贸合作,构建以中国为轴心的面向全球的贸易协定网络。美国退出 TPP 协定极大地改变了亚太区域的政治经济格局与力量分配,中国应利用亚太区域大国的优势,强化对 RCEP 的参与度,力促 RCEP 的破局,同时应积极推进中日韩FTA、中美 BIT、中欧 BIT 谈判,化解其他巨型区域贸易协定的贸易与投资转移冲击。此外,深入实施"一带一路"倡议,加强与沿线国家的经贸合作,在深化已有双边 FTAs 的同时,签订新的双边 FTAs 和 BITs,开拓新的市场空间。进一步地,中国可在 APEC 框架下努力推进亚太自贸区(FTAAP)建设,实现超越亚太地区的区域经济一体化。在此基础上,中国可分阶段、有目标地推行符合中国国家整体利益及发展理念的贸易与投资规则,主导制定介于 WTO 和 TPP/TTIP 标准之间、体现大多数发展中成员利益诉求的平衡性规则。此外,中国可借助"一带一路"倡议,加强与沿线国家的经贸合作,以"中国模板"签订双边 FTAs 和 BITs,开拓新的市场空间,构建合作共赢的大市场。

第四,加快国内经济体制改革,积极发挥中国自贸试验区的制度创新功能,对贸易协定中的部分"新规则"和"新条款"进行压力测试和综合试验。以开放倒逼改革,推动国内制度与国际规则接轨,是入世以来中国在经济建设以外取得的伟大成就与宝贵经验。中国对外开放与改革的重心应顺应时代潮流与趋势,从以市场准入为核心的"第一代"政策转向以规制融合为核心的"第二代"政策。中国自贸试验区应充分发挥"为国家试制度"的特色功能,在充分研究与评估国际贸易与投资新规则的基础上,积极开展不同领域的制度创新性先行先试,为中国逐步、分阶段构建市场化、国际化与法治化的现代化营商环境提供有益标尺和参考。

第二节　不足和研究展望

受资料和研究方法的限制,本书仍存在较多不足及值得挖掘和改善的地方。

第一,未能针对各方的世贸组织改革倡议进行深入研究。本书完成于世贸组织上诉机构停摆、巨型区域贸易协定受到重创、诸边协定谈判纷纷搁置,美国、欧盟、日本、加拿大、中国等多方分别提出世贸组织改革倡议的时代背景下,本书提出了在多边贸易体制内续构新规则的长期方案,同时分别提出了中国在短期和长期内的应对策略。但是受研究资料的限制,未能针对各方提出的改革倡议进行深入研究。事实上,世贸组织核心成员方的改革倡议和提案是决定 WTO 未来改革目标、改革路径、改革方向的重要因素。在未来的研究中作者将围绕各方提出的世贸组织改革倡议进行进一步深入研究。

第二,针对具体议题的研究不足。本书从不同类型的协定为出发点,对信息技术产品、环境产品等行业进行剖析,基于协定文本内容将贸易便利化议题、服务议题、政府采购议题作为考察对象。但是,本书未能以特定议题为分析对象,就不同协定中的同一谈判议题进行横向剖析与比对。今后可以符合发达成员和发展中成员共同利益,能够体现发展导向,同时迎合价值链贸易的谈判议题为出发点,对可能在多边框架内启动谈判的特定议题进行综合、全面、翔实的分析和谈判。如目前呈爆炸式增长的跨境电子商务,不仅在美国-韩国 FTA、TPP 协定中设定专门章节对其市场准入、规制融合议题进行全面规范,同时多边框架内"WTO 电子商务工作计划"及 GATS 及若干附件、《贸易便利化协定》《信息技术协定》和《政府采购协定》均涉及"数字贸易"的不同方面,这为在多边维度启动"数字贸易协定"的谈判奠定了良好基础。

第三,对于尚处于谈判过程的协定的考察不足。本书主要以协定文本为基础,但是 GATT 第 24 条仅要求协定谈判方对谈判内容进行有限披露,同时目前国际贸易治理体系中更存在大量未向 WTO 通知、备案、披露的贸易协定,如 TISA、TTIP 等,这极大地制约了对第一手研究资料的获得。此外,协定谈判的发起、磋商过程、最终的达成涉及不同国家之间的利益博弈、分配与平衡,仅通过协定文本不足以充分洞悉其动态发展及利益置换条件。虽然本书通过对现有文献梳理,及对专家学者、政府官员、国际组织的工作人员进行访谈以保证研究的客观、真实、翔实性,但仍然无法充分揭示谈判背后(及谈判陷入困境)的故事全貌。

第四,缺乏结合中国自贸区、"一带一路"倡议对以中国为轴心构筑的贸易规则而进行的深入分析。我国 11 个自贸试验区作为践行贸易和投资新规则的综合实验田,在贸易、投资、金融等领域逐步展开制度改革,提高市场准入程度,推动国内制度与国际规则的逐渐并轨。目前,中国自贸区在贸易、投资便利化等领域取得的成就有目共睹。未来的研究中可将中国自贸区贸易便利化改革措施与《贸易便利化协定》进行横向结合,一方面依托《贸易便利化协定》为中国自贸区的贸易便利化改革提供方向;另一方面将中国自贸区的改革经验逐步、分阶段在全国推广,更可为发展中成员推动贸易便利化措施的改革、执行《贸易便利化协定》提供可借鉴的经验。此外,可将中国的"一带一路"倡议与中国自贸区网络结合,考察如何在深化国内改革的同时,提高中国在"一带一路"沿线国家和地区的规制影响力。

附　录

第三章附表

表1　控制变量含义、预期符号和理论说明

控制变量	含　义	理　论　说　明	预期符号
进口国国民收入水平	—	反映一国或地区的进口需求能力,经济规模总量越大,其潜在的进口能力越大,双边的贸易流量越大	+
出口国国民收入水平	—	反映一国或地区的出口供给能力,经济规模总量越大,其出口潜力越大,进而双边的贸易流量越大	+
进口国的人均GDP	—	反映进口国家或地区的经济发展水平,随着进口国的人均GDP增加,该国对进口产品的需求将增加	+
出口国的人均GDP	—	反映出口国家或地区的经济发展水平,随着该国的人均GDP增加,该国对出口品的供应能力将增加	+
距　离	两国首都之间的物理距离(千米)	代表两国之间贸易的运输成本的高低,距离越远表明两国间贸易的运输成本越高,双边贸易额越小	—
殖民关系	虚拟变量,代表两国是否曾在历史上具有殖民关系,是取1,否则取0	若两国之间曾存在殖民关系,则其在政治、经济、文化、历史等多方面均存在共同特征,进行双边贸易的可能性提高	+
边　界	虚拟变量,代表两国是否拥有共同的边界,是取1,否则取0	当两国具有共同边界时,贸易成本将大幅度下降,双边贸易流量会明显增加	+
语　言	虚拟变量,代表两国是否拥有共同的语言,没有共同的语言取1,否则取0	当两国并未使用共同的语言,贸易成本将大幅度提高,显著降低双边贸易流量	—

表2 FTAs的"深度"一体化对中间品贸易的PPML回归估计结果

模型 因变量	(1) lninterim	(2) lninterim	(3) lninterim	(4) lninterim	(5) lninterim	(6) lninterim
totaldepth	0.000 328*** (2.44e−05)					
coredepth		0.000 639*** (5.41e−05)				
wtoplusdepth			0.000 843*** (7.32e−05)			
wtoxdepth				0.000 466*** (3.19e−05)		
tariffdepth					0.002 05*** (0.000 179)	
nontariffdepth						0.000 370*** (2.68e−05)
lndist	−0.096 5*** (0.002 16)	−0.096 2*** (0.002 20)	−0.096 0*** (0.002 22)	−0.097 2*** (0.002 09)	−0.095 4*** (0.002 27)	−0.096 8*** (0.002 13)
contig	0.043 7*** (0.007 40)	0.042 8*** (0.007 34)	0.042 1*** (0.007 32)	0.044 6*** (0.007 43)	0.041 7*** (0.007 30)	0.044 1*** (0.007 41)

续 表

模型 因变量	(1) lninterim	(2) lninterim	(3) lninterim	(4) lninterim	(5) lninterim	(6) lninterim
comlang_off	0.090 4*** (0.003 77)	0.089 8*** (0.003 77)	0.089 6*** (0.003 77)	0.090 8*** (0.003 78)	0.088 7*** (0.003 78)	0.090 6*** (0.003 77)
colony	0.051 5*** (0.007 64)	0.050 6*** (0.007 64)	0.050 4*** (0.007 63)	0.052 1*** (0.007 66)	0.050 8*** (0.007 61)	0.051 7*** (0.007 65)
lnGDPimporter	0.076 5*** (0.000 910)	0.076 7*** (0.000 901)	0.076 8*** (0.000 899)	0.076 4*** (0.000 911)	0.076 7*** (0.000 897)	0.076 5*** (0.000 911)
lnGDPexporter	0.085 0*** (0.000 625)	0.085 1*** (0.000 626)	0.085 1*** (0.000 625)	0.085 0*** (0.000 627)	0.085 0*** (0.000 623)	0.085 0*** (0.000 626)
lnperGDPimporter	−0.015 3*** (0.001 07)	−0.015 3*** (0.001 07)	−0.015 3*** (0.001 06)	−0.015 2*** (0.001 08)	−0.015 2*** (0.001 06)	−0.015 3*** (0.001 08)
lnperGDPexporter	0.002 50 (0.001 60)	0.002 46 (0.001 58)	0.002 45 (0.001 57)	0.002 66 (0.001 62)	0.002 49 (0.001 57)	0.002 55 (0.001 60)
Constant	−0.299*** (0.027 5)	−0.307*** (0.027 8)	−0.309*** (0.027 9)	−0.291*** (0.027 4)	−0.313*** (0.028 1)	−0.296*** (0.027 4)
时间固定效应	是	是	是	是	是	是
Observations	348 075	348 075	348 075	348 075	348 075	348 075
Number of conpair	19 065	19 065	19 065	19 065	19 065	19 065

表 3　FTAs 的"深度"一体化对最终品贸易的 PPML 回归估计结果

模型 因变量	(1) lnfinalim	(2) lnfinalim	(3) lnfinalim	(4) lnfinalim	(5) lnfinalim	(6) lnfinalim
totaldepth	0.000 223*** (3.61e−05)					
coredepth		0.000 476*** (7.19e−05)				
wtoplusdepth			0.000 640*** (9.53e−05)			
wtoxdepth				0.000 279*** (5.07e−05)		
tariffdepth					0.001 65*** (0.000 230)	
nontariffdepth						0.000 237*** (4.07e−05)
lndist	−0.082 9*** (0.002 25)	−0.082 4*** (0.002 28)	−0.082 2*** (0.002 30)	−0.083 6*** (0.002 19)	−0.081 5*** (0.002 35)	−0.083 3*** (0.002 22)
contig	0.066 0*** (0.007 36)	0.065 2*** (0.007 33)	0.064 7*** (0.007 32)	0.066 5*** (0.007 38)	0.064 3*** (0.007 31)	0.066 2*** (0.007 37)

续　表

模型 因变量	(1) Infinalim	(2) Infinalim	(3) Infinalim	(4) Infinalim	(5) Infinalim	(6) Infinalim
comlang_off	0.080 7*** (0.003 83)	0.080 3*** (0.003 83)	0.080 1*** (0.003 83)	0.080 9*** (0.003 84)	0.079 3*** (0.003 83)	0.080 9*** (0.003 84)
colony	0.082 1*** (0.007 89)	0.081 4*** (0.007 90)	0.081 2*** (0.007 89)	0.082 5*** (0.007 90)	0.081 4*** (0.007 86)	0.082 2*** (0.007 90)
lnGDPimporter	0.058 0*** (0.000 950)	0.058 2*** (0.000 939)	0.058 2*** (0.000 938)	0.057 8*** (0.000 956)	0.058 2*** (0.000 941)	0.057 9*** (0.000 951)
lnGDPexporter	0.079 8*** (0.000 721)	0.079 8*** (0.000 722)	0.079 8*** (0.000 721)	0.079 7*** (0.000 724)	0.079 8*** (0.000 716)	0.079 8*** (0.000 723)
lnperGDPimporter	0.011 5*** (0.001 04)	0.011 4*** (0.001 04)	0.011 4*** (0.001 04)	0.011 7*** (0.001 05)	0.011 5*** (0.001 04)	0.011 6*** (0.001 04)
lnperGDPexporter	0.004 44*** (0.001 46)	0.004 33*** (0.001 45)	0.004 31*** (0.001 44)	0.004 63*** (0.001 48)	0.004 30*** (0.001 44)	0.004 52*** (0.001 47)
Constant	−0.153*** (0.027 2)	−0.161*** (0.027 5)	−0.163*** (0.027 6)	−0.145*** (0.027 0)	−0.168*** (0.027 7)	−0.149*** (0.027 1)
时间固定效应	是	是	是	是	是	是
Observations	324 789	324 789	324 789	324 789	324 789	324 789
Number of conpair	18 377	18 377	18 377	18 377	18 377	18 377

表 4　贸易协定的"深度"一体化对国外附加值的回归估计结果

模型 因变量	(1) lnFV	(2) lnFV	(3) lnFV	(4) lnFV	(5) lnFV	(6) lnFV
totaldepth	0.002 09*** (0.000 195)					
coredepth		0.003 78*** (0.000 382)				
wtoplusdepth			0.004 73*** (0.000 477)			
wtoxdepth				0.003 51*** (0.000 321)		
tariffdepth					0.010 6*** (0.001 10)	
nontariffdepth						0.002 53*** (0.000 235)
Observations	31 451	31 451	31 451	31 451	31 451	31 451
R-squared	0.966	0.966	0.966	0.966	0.966	0.966

表 5　贸易协定的"约束力"条款对国外附加值的回归估计结果

模型 因变量	(1) lnFV	(2) lnFV	(3) lnFV	(4) lnFV	(5) lnFV	(6) lnFV
totaldepth	0.003 32*** (0.000 291)					
lecoredepth		0.005 87*** (0.000 579)				
lewtoplusdepth			0.007 33*** (0.000 722)			
lewtoxdepth				0.005 52*** (0.000 469)		
letariffdepth					0.016 3*** (0.001 65)	
lenontariffdepth						0.004 02*** (0.000 348)
Observations	31 451	31 451	31 451	31 451	31 451	31 451
R-squared	0.966	0.966	0.966	0.966	0.966	0.966

表 6 协定签订 5 年后贸易协定的"深度"一体化对中间品贸易的回归估计结果

模型 变量	(1) logimport	(2) logimport	(3) logimport	(4) logimport	(5) logimport	(6) logimport	(7) logimport	(8) logimport	(9) logimport	(10) logimport	(11) logimport	(12) logimport
Totaldepth(−5)	0.002 38*** (0.000 250)											
Coredepth(−5)		0.003 78*** (0.000 439)										
Wtcplusdepth(−5)			0.004 81*** (0.000 558)									
Wtoxdepth(−5)				0.004 03*** (0.000 419)								
Tariffdepth(−5)					0.010 7*** (0.001 25)							
Nontariffdepth(−5)						0.002 89*** (0.000 303)						
Letotaldepth(−5)							0.003 71*** (0.000 395)					
Lecoredepth(−5)								0.005 90*** (0.000 677)				

续　表

模型变量	(1) logimport	(2) logimport	(3) logimport	(4) logimport	(5) logimport	(6) logimport	(7) logimport	(8) logimport	(9) logimport	(10) logimport	(11) logimport	(12) logimport
Lewtoplusdepth(−5)									0.007 50 *** (0.000 858)			
Lewtoxdepth(−5)										0.005 85 *** (0.000 653)		
Letariffdepth(−5)											0.016 2 *** (0.001 89)	
Lenontariffdepth(−5)												0.004 41 *** (0.000 478)
国家对固定效应	是	是	是	是	是	是	是	是	是	是	是	是
进口国时间固定效应	是	是	是	是	是	是	是	是	是	是	是	是
出口国时间固定效应	是	是	是	是	是	是	是	是	是	是	是	是
时间固定效应	是	是	是	是	是	是	是	是	是	是	是	是
Observations	285 760	285 760	285 760	285 760	285 760	285 760	285 760	285 760	285 760	285 760	285 760	285 760
R-squared	0.887	0.887	0.887	0.887	0.887	0.887	0.887	0.887	0.887	0.887	0.887	0.887

表 7 协定签订 10 年后贸易协定的"深度"一体化对中间品贸易的回归估计结果

模型 变量	(1) logimport	(2) logimport	(3) logimport	(4) logimport	(5) logimport	(6) logimport	(7) logimport	(8) logimport	(9) logimport	(10) logimport	(11) logimport	(12) logimport
Totaldepth(−10)	0.000 704 ** (0.000 318)											
Coredepth(−10)		0.001 47 ** (0.000 590)										
Wtoplusdepth(−10)			0.001 85 ** (0.000 745)									
Wtoxdepth(−10)				0.000 997 * (0.000 519)								
Tariffdepth(−10)					0.004 50 *** (0.001 65)							
Nontariffdepth(−10)						0.000 788 ** (0.000 383)						
Letotaldepth(−10)							0.000 875 * (0.000 503)					
Lecoredepth(−10)								0.002 14 ** (0.000 909)				

续　表

模型 变量	(1) logimport	(2) logimport	(3) logimport	(4) logimport	(5) logimport	(6) logimport	(7) logimport	(8) logimport	(9) logimport	(10) logimport	(11) logimport	(12) logimport
Lewtoplusdepth(−10)									0.002 67** (0.001 15)			
Lewtoxdepth(−10)										0.000 980 (0.000 807)		
Letariffdepth(−10)											0.006 52*** (0.002 50)	
Lenontariffdepth(−10)												0.000 893 (0.000 601)
国家对固定效应	是	是	是	是	是	是	是	是	是	是	是	是
进口国-时间固定效应	是	是	是	是	是	是	是	是	是	是	是	是
出口国-时间固定效应	是	是	是	是	是	是	是	是	是	是	是	是
时间固定效应	是	是	是	是	是	是	是	是	是	是	是	是
Observations	216 904	216 904	216 904	216 904	216 904	216 904	216 904	216 904	216 904	216 904	216 904	216 904
R-squared	0.901	0.901	0.901	0.901	0.901	0.901	0.901	0.901	0.901	0.901	0.901	0.901

表 8　协定签订 5 年后贸易协定的"深度"—体化对最终品贸易的回归估计结果

模型变量	(1) logfinal	(2) logfinal	(3) logfinal	(4) logfinal	(5) logfinal	(6) logfinal	(7) logfinal	(8) logfinal	(9) logfinal	(10) logfinal	(11) logfinal	(12) logfinal
Totaldepth(−5)	0.000 8 *** (0.000 224)											
Coredepth(−5)		0.001 43 *** (0.000 394)										
Wtoplusdepth(−5)			0.001 89 *** (0.000 500)									
Wtoxdepth(−5)				0.001 17 *** (0.000 375)								
Tariffdepth(−5)					0.003 87 *** (0.001 12)							
Nontariffdepth(−5)						0.000 95 *** (0.000 272)						
Letotaldepth(−5)							0.001 23 *** (0.000 354)					
Lecoredepth(−5)								0.002 22 *** (0.000 606)				

续　表

模型 变量	(1) logfinal	(2) logfinal	(3) logfinal	(4) logfinal	(5) logfinal	(6) logfinal	(7) logfinal	(8) logfinal	(9) logfinal	(10) logfinal	(11) logfinal	(12) logfinal
Lewtoplusdepth(−5)									0.002 92*** (0.000 768)			
Lewtoxdepth(−5)										0.001 63*** (0.000 584)		
Letariffdepth(−5)											0.005 68*** (0.001 69)	
Lenontariffdepth(−5)												0.001 44*** (0.000 428)
国家对固定效应	是	是	是	是	是	是	是	是	是	是	是	是
进口国-时间固定效应	是	是	是	是	是	是	是	是	是	是	是	是
出口国-时间固定效应	是	是	是	是	是	是	是	是	是	是	是	是
时间固定效应	是	是	是	是	是	是	是	是	是	是	是	是
Observations	281 158	281 158	281 158	281 158	281 158	281 158	281 158	281 158	281 158	281 158	281 158	281 158
R-squared	0.903	0.903	0.903	0.903	0.903	0.903	0.903	0.903	0.903	0.903	0.903	0.903

表 9　协定签订 10 年后贸易协定的"深度"一体化对最终品贸易的回归估计结果

模型 变量	(1) logfinal	(2) logfinal	(3) logfinal	(4) logfinal	(5) logfinal	(6) logfinal	(7) logfinal	(8) logfinal	(9) logfinal	(10) logfinal	(11) logfinal	(12) logfinal
Totaldepth(−10)	0.000 122 (0.000 284)											
Coredepth(−10)		0.000 300 (0.000 526)										
Wtoplusdepth(−10)			0.000 330 (0.000 664)									
Wtoxdepth(−10)				0.000 132 (0.000 462)								
Tariffdepth(−10)					0.000 561 (0.001 47)							
Nontariffdepth(−10)						0.000 139 (0.000 341)						
Letotaldepth(−10)							2.76e−05 (0.000 448)					
Lecoredepth(−10)								0.000 385 (0.000 810)				

续 表

模型 变量	(1) logfinal	(2) logfinal	(3) logfinal	(4) logfinal	(5) logfinal	(6) logfinal	(7) logfinal	(8) logfinal	(9) logfinal	(10) logfinal	(11) logfinal	(12) logfinal
Lewtoplusdepth(−10)									0.000 379 (0.001 02)			
Lewtoxdepth(−10)										−0.000 176 (0.000 719)		
Letariffdepth(−10)											0.000 590 (0.002 22)	
Lenontariffdepth(−10)												−4.89e−06 (0.000 536)
国家对固定效应	是	是	是	是	是	是	是	是	是	是	是	是
进口国-时间固定效应	是	是	是	是	是	是	是	是	是	是	是	是
出口国-时间固定效应	是	是	是	是	是	是	是	是	是	是	是	是
时间固定效应	是	是	是	是	是	是	是	是	是	是	是	是
Observations	215 034	215 034	215 034	215 034	215 034	215 034	215 034	215 034	215 034	215 034	215 034	215 034
R-squared	0.916	0.916	0.916	0.916	0.916	0.916	0.916	0.916	0.916	0.916	0.916	0.916

参考文献

[1] Alberto Osnago, Nadia Rocha and Michele Ruta, "Deep Agreements and Global Value Chains", *Policy Research Working Paper* No. WPS8491, Washington, D. C.: World Bank Group, 2016.

[2] Alberto Portugal-Perez, Jose-Daniel Reyes and John S. Wilson, "Beyond the Information Technology Agreement: Harmonization of Standards and Trade in Electronics", World Bank *Policy Research Working Paper 4916*, 2009.

[3] Alexander J. Yeats, *Just How Big Is Global Production Sharing? // Fragmentation: New Production Patterns in the World Economy*. Oxford: Oxford University Press, 1998.

[4] Andreas Dür, Leonardo Baccini and Manfred Elsig, "The Design of International Trade Agreements: Introducing a New Dataset", *The Review of International Organizations*, Vol. 9, No. 3, 2014.

[5] Benjamin Klein, *Hold-Up Problem*, The New Palgrave Dictionary of Economics and the Law, 1998.

[6] Benjamin Klein and Keith B. Leffler, "The Role of Price in Guaranteeing Quality", *UCLA Economics Working Papers No. 149*, 1981.

[7] Bernard Hoekman, *Supply Chains, Mega-Regionals and Multilateralism-a Road Map for the WTO*, London: CEPR Press, 2014.

[8] Bernard Hoekman, "The Bali Trade Facilitation Agreement and Rulemaking in the WTO: Milestone, Mistake, or Mirage," *European University Institute Working Paper*, RSCAS 2014/102, 2014.

[9] Bernard Hoekman and Ben Shepherd, "Who Profits from Trade Facilitation Initiatives," *European University Institute Working Paper*, RSCAS 2013/49, 2013.

[10] Bernard Hoekman and Petros C. Mavroidis, "Embracing Diversity: Plurilateral Agreements and The Trading System", Vol.14, No.1, 2015.

[11] Beverelli Cosimo, Simon Neumueller and Robert Teh, "Export Diversification Effects of The WTO Trade Facilitation Agreement," *Forschungsschwerpunkt Internationale Wirtschaft Working Paper*, No.137, 2015.

[12] Brian Bieron and Usman Ahmed, "Services, International Rulemaking, and the Digitization of Global Commerce", E15 Program, Geneva: ICTSD and World Economy Forum, 2015.

[13] Carlos Kuriyama and Azul Ogazon, "Expanding the Information Technology Agreement", *APEC Policy Support Unit POLICY BRIEF No.6*, 2013.

[14] Christopher S.P. Magee, "New Measures of Trade Creation and Trade Diversion", *Journal of International Economics*, Vol.75, No.2, 2008.

[15] Claude Chase, Alan Yanovich, Jo-Ann Crawford and Pamela Ugaz, "Mapping of Dispute Settlement Mechanisms in Regional Trade Agreemtns-Innovative or Variations on a Theme?", *WTO Staff Working Paper ERSD－2013－07*, 2013.

[16] Claudia Hofmann, Alberto Osnago and Michele Ruta, "Horizontal Depth-a New Database on the Content of Preferential Trade Agreements", *World Bank Policy Research Working Paper 7981*, 2017.

[17] Collier Paul and Venables J. Anthony, "Rethinking Trade Preferences: How Africa Can Diversify Its Exports," *The World Economy*, Vol.30, No.8, 2007.

[18] Craig VanGrasstek, *The History and Future of the World Trade Organization*, Geneva: WTO, 2013.

[19] David Hummels, Jun Ishii and Yi Kei-Mu, "The Nature and Growth of Vertical Specialization in International Trade", *Journal of International Economics*, Vol. 54, No.1, 2001.

[20] Deborah K. Elms and Patrick Low, *Global Value Chains in a Changing World*, Geneva: WTO, 2013.

[21] Dennis Allen and Shepherd Ben, "Trade Facilitation and Export Diversification," *The World Economy*, Vol.34, No.1, 2011.

[22] Francois Joseph, Hans V. Meijl and Frank V. Tongeren, "Trade Liberalization in the Doha Development Round," *Economic Policy*, Vol.20, No.42, 2005.

[23] Gary Clyde Hufbauer, J. Bradford Jensen and Sherry Stephenson, "Framework for

the International Services Agreement", *PIIE Policy Brief No. PB12 - 10*, April 2012.

[24] Gianluca Orefice and Nadia Rocha, "Deep integration and Production Networks: An Empirical Analysis", The World Economy, Vol.37, No.1, 2013.

[25] Henrik Horn, Petros C. Mavroidis, and Andre Sapir, "Beyond the WTO? An Anatomy of EU and US Preferential Trade Agreements", *The World Economy*, Vol.33, No.1, 2010.

[26] Hufbauer Gary and Schott Jeffrey, "Payoff from The World Trade Agenda 2013," *Report to the ICC Research Foundation*, 2013.

[27] International Centre for Trade and Sustainable Development (ICTSD), "Environmental Goods Agreement Trade Talks on Track for Negotiation Stage", Bridge Weekly, 2015 - 03 - 26(7).

[28] International Centre for Trade and Sustaibable Development (ICTSD), *Identifying Products with Climate and Development Benefits for An Environmental Goods Agreement*, Geneva: ICTSD, 2014.

[29] International Centre for Trade and Sustaibable Development (ICTSD), *The Information Technology Agreement, Industrial Development and Innovation: India's and China's Diverse Experiences*, Geneva: ICTSD, 2014.

[30] International Centre for Trade and Sustaibable Development (ICTSD), "TPP - 11 Trade Talks Approach Finish Line Under a New Name", Bridge Weekly, 2017 - 11 - 16(11).

[31] International Centre for Trade and Sustainable Development (ICTSD), *Transforming The APEC Outcome on Environmental Goods into a Broader Sustainable Energy Trade Initiative: What Are the Options?*, Geneva: ICTSD, 2013.

[32] International Centre for Trade and Sustaibable Development (ICTSD), "*WTO Ministerial: In Landmark Mone, Country Coalitions Set Plans to Advance on New Issues*", Bridge Weekly, 2017 - 12 - 13(1).

[33] International Monetary Fund (IMF), *Globalization: Threat or Opportunity?*, Washington: IMF, 2000.

[34] Isidro Soloaga and L. Alan Winters, "Regionalism in The Nineties: What Effect on Trade?", *The North American Journal of Economics and Finance*, Vol.12, No.

1，2001.

[35] Jaime De Melo and Mariana Vijil，"The Critical Mass Approach to Achieve a Deal on Green Goods and Serbices：What Is on The Table? How Much to Expect?"，*Development Policies Working Paper 107*，2014.

[36] Jane Drake-Brockman and Sherry Stephenson，*Implications for 21st Century Trade and Development of the Emergence of Services Value Chains*，Working Paper for the ICTSD，2012.

[37] Jan Tinbergen，*Shaping The World Economy*，New York：Twentieth Century Fund，1962.

[38] Jeffrey Frankel，Ernesto Stein and Shang-Jin Wei，"Trading Blocs and The Americas：The Natural，The Unnatural and The Super-natural"，*Journal of Development Economics*，Vol.47，No.1，1995.

[39] Jeffrey Frankel，"Regional Trading Blocs in The World Trading System"，*PIIE SIBN Paper 0 - 88132 - 202 - 4*，1997.

[40] Joao Santos Silva and Silvana Tenreyro，"The Log of Gravity"，*The Review of Economics and Statistics*，Vol.88，No.4，2006.

[41] Juan A Marchetti and Martin Roy，"The TISA Initiative：An Overview of Market Access Issues"，*WTO Staff Working Paper No.ERSD - 2013 - 11*，2013.

[42] Julian Alexander Sanner，"Asset Specificity and the Hold-Up Problem"，*SSRN Working Paper series*，2011.

[43] Kyle Bagwell and Robert W. Staiger，"An Economic Theory of GATT"，*American Economic Review*，Vol.89，No.1，1999.

[44] Martin Roy，"Endowments，Power，and Democracy：Political Economy of Multilateral Commitments on Trade in Services"，*WTO Working Paper No.2010 - 11*，2010.

[45] Michael Anderson and Jacob Mohs，"The Information Technology Agreement：An Assessment of World Trade in Information Technology Products"，*Journal of International Commerce and Economics*，Vol.3，No.1，2010.

[46] Michael J. Ferrantino，"Using Supply-Chain Analysis to Analyse the Costs of NTMs and the Benefits of Trade Facilitation"，*World Trade Organization Working Paper ERSD 2012 - 02*，2012.

[47] Michitaka Nakatomi，"Plurilateral Agreements：A Viable Alternative to The World

Trade Organization?", *ADBI Working Paper Series*, No.439, 2013.

[48] Moise Evdokia, "The Costs and Challenges of Implementing Trade Facilitation Measures," *OECD Trade Policy Papers*, No.157, 2013.

[49] Moise Evdokia, Thomas Orliac and Peter Minor, "Trade Facilitation Indicators: The Impact on Trade Costs," *OECD Trade Policy Papers*, No.118, 2011.

[50] Moise Evdokia and Sorescu Silvia, "Contribution of Trade Facilitation Measures to the Operation of Supply Chains," *OECD Trade Policy Papers*, No.181, 2015.

[51] Moise Evdokia and Sorescu Silvia, "Trade Facilitation Indicators: The Potential Impact of Trade Facilitation on Developing Countries' Trade," *OECD Trade Policy Papers*, No.144, 2013.

[52] Nora Neufeld, "The Long and Winding Road: How WTO Members Finally Reached a Trade Facilitation Agreement," *WTO Staff Working Paper*, ERSD - 2014 - 06, 2014.

[53] Nora Neufeld, "Trade Facilitation Provisions in Regional Trade Agreements, Traits and Trends", *WTO Staff Working Paper ERSD - 2014 - 01*, 2014.

[54] Nuno Limao, "Preferential trade agreements", *NBER working paper 22138*, 2016.

[55] Office of the United States Trade Representative (USTR), Findings of the Investigation into China's Acts, Policies, and Practices Related to Technology Transfer, Intellectual Property, and Innovation under Section 301 of the Trade Act of 1974. March 22 2018.

[56] Office of the United States Trade Representative (USTR), Initiation of Section 301 Investigation; Hearing; and Request for Public Comments: China's Acts, Policies, and Practices Related to Technology Transfer, Intellectual Property and Innovation. Federal Register Vol.82, No.163. 24 August 2017.

[57] Office of the United States Trade Representative (USTR), Notice of Determinations; Additional Culturally Significant Objects Imported for Exhibition Determinations: "Heavenly Bodies: Fashion and the Catholic Imagination" Exhibition. Federal Register Vol.83, No.67, 6 April 2018.

[58] Office of the United States Trade Representative (USTR), 2019 Trade Policy Agenda and 2018 Annual Report of the President of the United States on the Trade Agreements Program [R]. Washington: USTR, 2019.

[59] Oliver Hart, and Bengt Holmstrom, *The theory of contracts*, in T. Bewley (ed.), *Advances in Economic Theory*, Cambridge: Cambridge University Press, 1987.

[60] Oliver Hart and John Moore, "Property Rights and Nature of the Firm", *Journal of Political Economy*, Vol.98, No.6, 1990.

[61] Organization for Economic Cooperation and Development (OECD), *International Migration Outlook 2018*, Paris: OECD, 2018.

[62] Patrick Low P, *Services and Value along Supply Chains*, Hong Kong: Fung Global Institute, 2013.

[63] Persson Maria, "Trade Facilitation and the EU - ACP Economic Partnership Agreement," *Journal of Economic Integration*, Vol.23, No.3, 2008.

[64] Peter A. Petri, Michael G Plummer, and Fan Zhai, *The Trans-Pacific Partnership and Asia-Pacific Integration: A Quantitative Assessment*, Policy Analysis in International Economics No. 98. Peterson Institute and East West Center, Washington, 2012.

[65] Peter Draper and Memory Dube, Plurilaterals and the Multilateral Trading System, E15 Background Paper, International Centre for Trade and Sustainable Development, 2013.

[66] Peter Egger, "Estimating Regional Trading Bloc Effects with Panel Data", *Review of World Economics*, Vol.21, No.1, 2004.

[67] Ralph Ossa, "'New Trade' of GATT/WTO Negotiations", *NBER Discussion Paper Series 16388*, 2010.

[68] Rene Vossenaar, "Identifying Products with Climate and Development Benefits for an Environmental Goods Agreement", ICTSD Issue Paper No.19, November 2014.

[69] Rentzhog Magnus and Emilie Aner, *The New Services Era-Is GATS up to the Task?*, E15 Program, Geneva: ICTSD and World Economy Forum, November 2014.

[70] Richard Baldwin, "A World without the WTO: What's at Stake?", CEPR Policy Insight No.84, July 2015.

[71] Richard Baldwin, "Big-Think Regionalism: A Critical Survey", *NBER Working Paper 14056*, 2008.

[72] Richard Baldwin, *Globalisation: The Great Unbundlings*. in Secretariat of the Economic Council, Globalisation challenges for Europe Helsinki: Finnish Prime

Minister's Office, 2006.

[73] Richard Baldwin, "21st Century Regionalism: Filling the Gap between 21st Century Trade and 20th Century Trade Rules", *WTO Staff Working Paper ERSD-2011-08*, 2011.

[74] Richard Baldwin, "Understanding the GATT's Wins and the WTO's woes", CEPR Policy Insight No.49, 2010.

[75] Richard Baldwin, "WTO 2.0: Global Governance of Supply-China Trade", *CEPR Policy Insight No.64*, 2012.

[76] Richard Baldwin and Michitaka Nakatomi, "A World without the WTO: What's at Stake?", *CEPR Policy Insight No.84*, July 2015.

[77] Robert D. Anderson, Steven L. Schooner and Collin D. Swan, "The WTO's Revised Government Procurement Agreement: An Important Milestone Toward Greater Market Access and Transparency in Global Public Procurement Markets", *Public Law and Legal Theory Paper No.2012-7*, 2012.

[78] Robert Koopman, William Powers, Zhi Wang, and Shang-Jin Wei, "Give Credit Where Credit Is Due: Tracing Value-added in Global Production Chains", NBER Working Paper No.16426, September 2010.

[79] Robert Z. Lawrence, *Regionalism, Multilateralism and Deeper Integration*, New York: Brookings Institution Press, 1996.

[80] Rudolf Adlung, "The Trade in Services Agreement (TISA) and Its Compatibility with GATS: An Assessment Based on Current Evidence", *World Trade Review*, Vol.14, No.4, 2015.

[81] Sacha Wunsch-Vincent, *Trade Rules for The Digital Age. in Panizzon Marion*, et al. (eds.), GATS and The Regulation of International Trade in Services. Cambridge: Cambridge University Press, 2008.

[82] Sanford J. Grossman and Oliver D. Hart, "The Costs and Benefits of Ownership: A Theory of Vertical and Lateral Integration", *Journal of Political Economy*, Vol.94, No.4, 1986.

[83] Saport C. Paulo, Otaviano Canuto and Cristiano Morini, "The Impacts of Trade Facilitation Measures on International Trade Flows," *World Bank Policy Research Working Paper*, No.7367, 2015.

[84] Saslavsky Daniel and Shepherd Ben, "Facilitating International Production

Networks: The Role of Trade Logistics," *The World Bank Policy Research Working Paper*, No.6224, 2012.

[85] Schott J. Jeffrey, Barbara Kotschwar and Muir Julia, "*Understanding The Trans-Pacific Partnership*", Policy Analysis in International Economics No.99, Peterson Institute and East West Center, Washington: 2013.

[86] Scott L. Baier and Jeffrey H. Bergstrand, "Do Free Trade Agreements Actually Increase Members' International Trade?", *Journal of International Economics*, Vol.71, No.1, 2007.

[87] Scott L. Baier and Jeffrey H. Bergstrand, "Estimating The Effects OF Free Trade Agreements on International Trade Flows Using Matching Econometrics", *Journal of International Economics*, Vol.77, No.1, 2009.

[88] Siebert Horst, "What Does Globalization Mean for the World Trading System?", *Kiel Working Paper No.856*, 1998.

[89] Stephanie J. Rickard and Daniel Y. Kono, "Think Globally, Buy Locally: International Agreements and Government Procurement", *Springer Science + Business Media New York*, 2013.

[90] Stephen J. Ezell 和 Robert D. Atkinson,《〈信息技术协定〉扩围如何使中国和全球经济从中受益》,信息技术与创新基金会,http: //www2. itif. org/2014 - ita-expansion-benefits-chinese-global-economies-chinese-version. pdf,2014 年 4 月。

[91] Sucharita Ghosh and Steven Yamarik, "Does Trade Creation Measure Up? A Reexamination of the Effects of Regional Trading Agreements", *Economics Letters*, Vol.82, No.2, 2004.

[92] Tony McGuinness, Markets and Managerial Hierarchies // Markets, Hierarchies and Networks. London: Sage. 66 - 81, 1994.

[93] Tristan Kohl, "Do We Really Know That Trade Agreements Increase Trade?", *Review of World Economics*, Vol.150, No.3, 2014.

[94] Tristan Kohl, Steven Brakman and Harry Garretsen, "Do Trade Agreements Stimulate International Trade Differently? Evidence from 296 Trade Agreements", *The World Economy*, Vol.39, No.1, 2016.

[95] United Nations Conference on Trade and Development (UNCTAD), "National Trade Facilitation Bodies in the World", *UNCTAD Transport and Trade Facilitation Series No.6*, 2014.

［96］United Nations Conference on Trade and Development (UNCTAD), *World Investment Report 2018*, Geneva: UNCTAD, 2018.

［97］United Nations Economic and Social Commission for Asia and the Pacific (UNESCAP), *Trade Facilitation in the Asia-Pacific Region: A Bright Outlook*, Bangkok: UNESCAP, 2018.

［98］US Department of Commerce, *China's Status as a Non-Market Economy*, Washington: US Department of Commerce, 2017.

［99］US International Trade Commission (USITC), "The Information Technology Agreement: Advice and Information on the Proposed Expansion, Part 2", *Investigation No.332 - 536*, *USITC Publication 4382*, 2013.

［100］World Bank, *China Foreign Trade Reform: Meeting the Challenge of the 1980s*, Washington D.C.: World Bank, 1993.

［101］World Trade Organization (WTO), Accession of the People's Republic of China. WT/L/432, 23 November 2001.

［102］World Trade Organization (WTO), *The WTO at Twenty: Challenges and Achievements*, Geneva: WTO, 2015.

［103］World Trade Organization (WTO), *Trade Policy Review Report 2006: China*, Geneva: WTO, 2006.

［104］World Trade Organization (WTO), *World Trade Report 2016: Levelling the Trading Field for SMEs*, Geneva: WTO, 2016.

［105］World Trade Organization (WTO), *World Trade Report 2015: Speeding Up Trade: Benefits and Challenges of Implementing The WTO Trade Facilitation Agreement*, Geneva: WTO, 2015.

［106］World Trade Organization (WTO), *World Trade Report 2011: The WTO and Preferential Trade Agreements: From Co-existence to Coherence*, Geneva: WTO, 2011.

［107］World Trade Organization (WTO), World Trade Statistical Review: 2018, Geneva: WTO, 2018.

［108］World Trade Organization (WTO), *15 Years of The Information Technology Agreement: Trade Innovation and Global Production Networks*, Geneva: WTO, 2012.

［109］World Trade Organization (WTO). Doha Work Programme - Decision Adopted by the General Council on 1 August 2004. WT/L/579，2004.

[110] World Trade Organization（WTO）. Informal Trade Negotiations Committee Meeting at the Level of Heads of Delegation. JOB(06)/231，2006.

[111] World Trade Organization（WTO）. Procedures to Enhance Transparency and Strengthen Notification Requirements Under WTO Agreements. JOB/GC/204. 1 November 2018.

[112] World Trade Organization（WTO）. Report of The Working Party on The Accession of China. WT/ACC/CHN/49，1 October 2001.

[113] Yose Rizal Damuri，"21st Century Regionalism and Production Sharing Practice"，*Center for Trade and Economic Integration Working Paper No.CTEI - 2012 - 4*，2012.

[114] 阿里研究院和埃森哲战略公司：《全球跨境 B2C 电商市场展望：数字化消费重塑商业全球化》，阿里研究院 http：//www.aliresearch.com/Blog/Article/detail/id/20477.html，2015 年。

[115] 白洁、苏庆义：《CPTPP 的规则、影响及中国对策：基于和 TPP 对比的分析》，《国际经济评论》2019 年第 1 期。

[116] 蔡彤娟、郭小静：《TPP 到 CPTPP：中国面临的新挑战与对策》，《区域与全球发展》2019 年第 2 期。

[117] 程卫东：《欧洲是否会走向"逆全球化"之途?》，《人民论坛》2018 年第 28 期。

[118] 戴菊贵：《敲竹杠问题的本质及其解决方法》，《中南财经政法大学学报》2011 年第 4 期。

[119] 东艳：《全球贸易规则的发展趋势和中国的机遇》，《国际经济评论》2014 年第 1 期。

[120] 贺小勇、陈瑶：《"求同存异"：WTO 改革方案评析与中国对策建议》，《上海对外经贸大学学报》2019 年 3 月。

[121] "后巴厘进程与中国"课题组：《后巴厘进程与中国：中国在结束多哈回合与重振 WTO 中的作用》，对外经济贸易大学中国 WTO 研究院，2015 年。

[122] 克劳德·巴菲尔德：《TPP 与美国在亚洲的战略角色》，《国际经济评论》2015 年第 3 期。

[123] 李伍荣、周艳：《服务贸易协定（TISA）市场开放承诺的机制创新》，《国际贸易》2015 年第 3 期。

[124] 刘国民：《专家呼吁重启环境产品协定谈判》，《中国贸易报》2017 年 8 月 31 日。

[125] 刘洪愧：《区域贸易协定对增加值贸易关联的影响——基于服务贸易的实证研究》，《财贸经济》2016 年第 8 期。

[126] 刘玮、徐秀军：《发达成员在世界贸易组织改革中的议程设置分析》，《当代世界与社会主义》2019 年第 2 期。

[127] 陆燕：《未能如期结束的谈判——WTO"多哈发展议程"启动三年评析》，《国际贸易》2005 年第 1 期。

[128] 茹玉骢、金祥荣：《合约实施制度与国际贸易文献综述》，《国际贸易问题》2008 年第 2 期。

[129] 上海社会科学院国际贸易投资新规则与自贸试验区建设团队：《全球数字贸易促进指数报告(2019)》，立信会计出版社 2019 年版。

[130] 盛斌：《WTO 体制、规则与谈判：一个博弈论的经济分析》，《世界经济》2001 年第 12 期。

[131] 盛斌：《迎接国际贸易与投资新规则的机遇与挑战》，《国际贸易》2014 年第 2 期。

[132] 盛斌、陈帅：《全球价值链如何改变了贸易政策：对产业升级的影响和启示》，《国际经济评论》2015 年第 1 期。

[133] 盛斌、果婷：《亚太地区自由贸易协定条款的比较及其对中国的启示》，《亚太经济》2014 年第 2 期。

[134] 盛斌、果婷：《亚太区域经济一体化博弈与中国的战略选择》，《世界经济与政治》2014 年第 10 期。

[135] 屠新泉、莫慧萍：《服务贸易自由化的新选项：TISA 谈判的现状及其与中国的关系》，《国际贸易》，2014 年第 4 期。

[136] 王受文：《加强贸易政策合规 全面提升开放质量》，《行政管理改革》2018 年第 9 期。

[137] 王中美：《MEGA 与全球供应链：变化、响应与反作用》，《世界经济研究》2017 年第 6 期。

[138] 杨瑞龙、聂辉华：《不完全契约理论：一个综述》，《经济研究》2006 年第 2 期。

[139] 张琳：《贸易便利化协定对中国意味着什么？》，《东方早报》(上海经济评论)专栏"IWEP 国际经贸评论"系列文章，http://www.thepaper.cn/newsDetail_forward_1375341，2015 年 9 月 15 日。

[140] 张向晨、徐清军、王金永：《WTO 改革应关注发展中成员的能力缺失问题》，《国际经济评论》2019 年第 1 期。

[141] 赵春明、陈昊、李淑萍：《从"套牢"角度看当代双边自由贸易浪潮的兴起》，《国际

经济合作》2009 年第 7 期。

［142］赵梅：《美国特朗普政府移民政策改革及影响》，《当代世界》2018 年第 9 期。

［143］中华人民共和国国务院新闻办公室：《中国与世界贸易组织》，人民出版社 2018 年版。

后　记

从现在眺望未来,总觉得一切遥不可及;从此刻回望过去,一切却历历在目。恍恍惚惚,我好像变回了那只渴望自由与奔跑的小鹿,逆流而上,回到了我踏入南开园的第一天。

感谢我的导师盛斌教授。硕博 6 年来,盛老师在研究、学习、生活、工作中都给予了我莫大的支持和帮助。这篇博士论文从选题的确定,到研究框架的设计,再到论文初稿的撰写,直至最终的定稿,获得了老师无数次的指导与修改,我的每一点小小的进步都蕴藏着老师倾注的心血。在政策研究这条于博士研究生而言较为小众的路上,是盛老师不断地鼓励和认可平复了我内心的纠结,驱散了途中的孤独,坚定了我继续前行的信心。在老师的引领与见证下,那个我很小很小时就萌生的"博士"梦想,终于不再那么虚幻缥缈。盛老师不仅治学严谨、学识渊博,更教会了涉世未深的我做人的智慧与格局。我内心与生俱来的小清高与间或陷入的小纠结,不时使我停下脚步,是盛老师不断鞭策我前进,追求更优秀的自我。这里也要感谢我的师母袁老师 6 年来给予我的关切与照顾。

感谢我的外导 Sandra Lavenex 教授。初到日内瓦这片未知而陌生的土地,是 Sandra 用温暖化解了我独自一人在异国他乡的孤独,并以最快最好的状态迎接新的生活。感谢老师对我博士课题研究的支持,他尽可能为我提供可使用的研究资源,并鼓励我参与 GSI 的科研项目中。Sandra 对学术研究的热情、专注、执着将始终指引我未来的研究之路。感谢我在世界贸易组织贸易政策审议司的老师 Masahiro Hayafuji 真切地让 WTO 从书中走进了我的生活。在得知我正在进行博士课题的研究后,Hiro 支持我在工作之余参与各类会议,和各国的官员、学者、工作人员进行交流与访谈,这为我博士论文的撰写提供了丰富的研究资料与素材。Hiro 与我分享的在WTO 工作 10 余年来的经历与见闻,让我的研究课题不仅仅是停留在纸面上的文字,而是成了一个个鲜活、灵动而有生命的故事。在此,感谢易小准老师、成帅华老师、Thomas Friedheim 老师在我访学和实习期间对我的帮助,同时感谢陈勇兵老师在我求学期间给予我的关怀。除此以外,感谢南开大学国经所的每一位老师,是你们的无私奉献和指导让我在学术和成长的道路上不断前行。

感谢一直以来陪伴我、支持我、鼓励我的各位同窗好友。感谢迟楠、李娜、李莹、刘梅、刘桐、卢春艳、卢琳芳,是美好的你们开启了我在南开的生活,与你们一起学习、生活的两年,我收获了最真挚的友谊。感谢曾经给我过帮助的张国峰博士、刘帅光博士、张时坤博士、吕云龙博士、欧山博士。特别感谢唐诗博士,4 年来我们分享喜悦、分担压力,是你的朝夕陪伴让我的博士生活多了一些缤纷,少了一些枯燥;感谢陈帅博士对我学术上的帮助和生活中的照顾;感谢果婷博士对我研究课题的帮助;感谢 Maria 在我几近崩溃的那半年时光中的陪伴,你对我的每一次拥抱,每一次倾听都无比温暖,是你让我面对内心最真实的声音,鼓励我抓住机会;感谢 Max 的"雪中送炭"。感谢各位同门师兄师姐师弟师妹,每一次讨论课上大家学术上的交流与碰撞为我博士论文的撰写提供了很多新的思路。

最后,我要感谢我的家人一直以来对我的支持和爱。在我成长的过程中,父母尽可能地为我创造良好的学习环境和生活条件,同时最大限度地给予我自由的空间,我的父母为我树立了正确的人生观与价值观,言传身教地教会了我自尊、自爱、自强,更不断鼓励我对独立人格的追求。感谢我的三位姐姐,她们是我成长过程中最好的伙伴,你们对我的爱丝毫不亚于父母对我的爱。我的家人永远永远是我最坚不可摧的依靠。我要感谢张先生 10年来的陪伴与等待,你对工作的热情和认真始终感染着我,感谢你一直以来对我的鼓励和照顾,正是有你对我骄傲、任性、叛逆的照单全收,有你在我遭遇挫折、不安、迷茫时的安抚,才能让我顺利完成博士学习,并对生活无所畏惧。

6 年的南开生活即将落幕,南开精神赋予我的南开记忆将陪伴我继续奔向人生的下一个旅程。愿我对自由的渴望、对知识的追求、对人类苦难不可遏制的同情,这三种纯洁而强烈的激情能够始终支配我的一生。

图书在版编目(CIP)数据

多边贸易体制、全球贸易治理与国际贸易新规则 /
高疆著 . — 上海 : 上海社会科学院出版社,2020(2023.1重印)
ISBN 978 - 7 - 5520 - 3172 - 0

Ⅰ. ①多… Ⅱ. ①高… Ⅲ. ①多边贸易—贸易体制—
研究 ②国际贸易—贸易管理—研究 ③国际贸易—规则—研
究 Ⅳ. ①F74

中国版本图书馆 CIP 数据核字(2020)第 073295 号

多边贸易体制、全球贸易治理与国际贸易新规则

著　　者:高　疆
责任编辑:温　欣
封面设计:夏艺堂艺术设计
出版发行:上海社会科学院出版社
　　　　　上海顺昌路 622 号　邮编 200025
　　　　　电话总机 021 - 63315947　销售热线 021 - 53063735
　　　　　http://www.sassp.cn　E-mail:sassp@sassp.cn
排　　版:南京展望文化发展有限公司
印　　刷:四川森林印务有限责任公司
开　　本:720 毫米×1000 毫米　1/16
印　　张:18.75
插　　页:1
字　　数:245 千字
版　　次:2020 年 8 月第 1 版　　2023 年 1 月第 2 次印刷

ISBN 978 - 7 - 5520 - 3172 - 0/F·614　　　　定价:88.00 元